Framing Migrant Workers

News Media and Discursive Construction of Citizenship in Transitional China

C 大众传媒与现代中国（第二辑）

公民权的话语建构

转型中国的新闻话语与农民工

黄典林 著

中国传媒大学出版社

·北京·

目　录 Contents

序:身份和权益

农民工是在中国的改革开放过程中所产生的一个数量最庞大的社会阶层或流动人群。三十多年来,从农村、农业和农民中分流到城市的农民工群体至少已经延续了两代,但并没有完成从自在到自为的过渡。他们在社会权益和文化身份上成为一种复杂的现象,并成为相关学科研究的重点对象。

黄典林博士的这本著作试图讨论中国农民工的公民身份问题。

公民身份的概念定义是一个不断被讨论却又很复杂的问题,与政治学、法学、哲学和社会学的语境差异相关,可以被看作是连接国家与个人之间的想象方式,属于意识形态范畴;也可以认定为社会共同体的成员资格问题,被纳入包容或排斥的制度设计讨论;还可以是社会地位和社会权利的诉求,即经济福利、社会保障和充分参与社会事务的权利的利益分配机制。简而言之,公民身份的理想目标是让阶级出身、就业职位和家庭背景所构造的社会差异的身份被单一的、共同的公民身份所取代,由此至少有两种理论取向,即"立足于自由主义立场并强调个人拥有的权利最为重要的公民身份理论,与更为强调个人对于更广泛社群所承担的责任和义务的公民共和主义/社群主义方法"。①

从中国国情出发,作者重点提出了三个问题线索,第一个线索是价值秩序,即作为中国新民主主义革命主力军的农民阶级的身份

① 〔英〕彼得·德怀尔:《理解社会公民身份》,蒋晓阳译,岳经纶校,北京大学出版社2011年版,第4页。

话语在改革开放前后的连续性和断裂性的问题。第二个线索是身份秩序，围绕着践行多年的城乡二元户籍制度的身份限制，社会包容和制度排斥的百家争鸣如何被聚焦为一个公共话题。第三个是媒介秩序，即农民工阶层与社会保障和公共福利的资源再分配的接近性差异所产生的话语议程设置，形成有关分配正义、利益表达和身份建构的话语框架。

总体上来说，上述问题的展开构成两个相互交叉的视角：一个是中国当代社会有关农民工的制度安排和社会治理所体现的国家与社会的互动关系；一个是在媒体实践和公共表达方面，呈现农民工的社会身份变迁、意识形态定义、生产生活方式、社会资源救助和文化自我意识，由此演绎出各种相应的亚制度板块和亚文化状态。作者试图从取景不同的媒体话语框架中再现农民工，尤其是他们的社会身份建构中的制度性障碍和媒介性机遇所引发的话语论争。

就当今社会的发展逻辑而言，政府、市场和社会是三大机制。而在本书所提示的“社会寓于国家”(society－in－state)的执政党—国家—社会的关系逻辑中，政府的政策主导和资源运作的国家治理能力需要一个整体上的制度建构的平衡。如果社会力量弱小，那么社会自治能力的不足就有可能让社会矛盾和社会问题抬高行政管理和政策调控的成本，从而在整体上制约市场改革和社会建构的进程。

本书的架构分析力图从观念、制度和话语的三元结构出发来推论和再现农民工的公民权建构。意识形态话语的历史变迁和历史制度主义的路径依赖还原出农民工身份再造的曲折过程，而户籍制度的权利限制和城乡隔离的身份歧视勾勒出社会资源的金字塔景观。在字面规定的权利和义务的集合之外，公民身份的落实其实是一个社会实践过程，在当今任何国家，这个社会学命题的言说往往都会联系到不平等、利益区隔和社会分层的讨论，不可避免地牵连社会资源再分配的不平等问题。

在本书的案例分析中，无论是大工厂的工业心理学困境所引发的非正常死亡，还是农民工子女教育不能被系统纳入公共教育体系而演化的穷二代再生产场景，抑或是出身草根的娱乐明星对主流文化的挪用被解构为商业化娱乐的市场化收编，都不得不引发我们思考农民工的社会权利的内容、类型和形式的问题，以及参与这些事务的各种社会力量的组合或介入，相关的各种制度安排和责任程序问题等等。简单说来，就是工业社会学、教育社会学和文化社会学的议题最后都在拷问农民工群体是否能够通过使用公共物品和公共服务来获取他们希望的社会权利，这种问题意识不仅寄希望于这一群体能够在当下社会转型的进程中实现自我认同和社会认同的高度统一，更企盼他们真正成长为从乡村走向城市的自然化历史进程中的庞大生力军和积极建设者。

是为序。

中国传媒大学教授，博士生导师

2016 年 8 月 22 日

导 论

当代中国自1970年代末开始的改革开放，推动经济体制由政府主导的计划经济体制向市场经济体制转变。在长期被禁锢的农村社会，经济体制改革极大地提高了劳动生产效率，释放了大量富余劳动力，从而形成了当今中国规模宏大的流动劳动力大军，即一般所谓的农民工群体。在充分完善的市场经济体制下，劳动力的自由流动本是社会经济发展的固有特征和内在需求。但在当代中国社会转型过程中，由于新旧体制间错综复杂的交织关系，特别是由于计划经济时代人口与社会原子化管理的核心制度——户口制度①依然在发挥着管理人口、维系社会稳定、界定福利分配边界等诸多功能，农民工这一群体的劳动力流动过程因此始终处于悖论性和相对不公正的体制环境之中。户口制度将全体国民人为划分为农业人口和非农业人口的基本制度安排，这导致处于不对等权利关系中的农民工无法获得基本的城市公民权。在中国语境下，“农民”作为一种特定的政治经济和文化身份标签，在近代以来的价值秩序中处于相对低劣的地位。“农民工”这一特定社会政治经济和文化范畴继承了“农民”这一定语的负面意涵，与这一标签所命名的群体的具

① 当前的户口制度起源于1950年代中后期，其主要目的是控制和调节城乡间的劳动人口流动，并逐渐演变为绝对禁止自发性的城乡人口流动，特别是农村人口向城市的流动。这一制度的核心本质是要有效服务于指令经济下对不同行政区域间不同的资源分配的严格控制，进而与国民的身份、社会地位、资源和社会流动机会相挂钩。户口制度导致城乡分化为两个完全不同的社会。改革开放后，长期以来，户口制度引发了不少争论，也受到严厉的抨击。参见本书第六章相关论述。

体职业活动没有必然联系，更多地成为一种文化和政治属性的身份定位。但无论如何，这一群体在城市主流社会空间中以巨大数量形式存在的基本事实，具有政治经济和文化象征层面的双重重要性。一方面，这涉及如何定义或重新定义革命意识形态及其阶级话语在当今中国社会转型中所遭遇的话语裂痕。另一方面，同样重要的是，如何理解这一群体在努力建构自身主体身份的过程中，对国家和权力话语做出回应。这一群体本身如何面对政治、经济和象征层面的不平等现实中自我主体身份的缺失成为矛盾冲突、戏剧化叙事、政治经济权利斗争和错综复杂的公共话语建构的源泉之一，亦是决策者、媒体话语、学术反思和大众舆论瞩目的焦点之一。从这个角度出发，本书着眼于通过个案式把握公共媒体和其他话语主体针对农民工这一庞大弱势群体所展开的话语表达，来考察当代中国媒体与关涉弱势群体的公共话语建构之间的复杂关系。

改革时代的农民工

众所周知，自 1970 年代末开始的改革开放以来，中国作为世界上人口最多的国家经历了前所未有的深刻变化，经济体制的转型造就了“中国奇迹”。但与经济体制改革相比，政制安排和国家治理体系改革相对迟缓，使得中国社会在整体上处于公民权保障的制度化水平较低的状况，特别是对农民工这类在改革进程中逐渐被边缘化的群体而言，更是如此。在此三十多年的时间内，集体农业模式改革所释放的巨大劳动力成为漂流在飞速发展的城市和他们世代生存的乡村之间的亿万农民工。他们在城里从事建筑工、服务员、保姆、清洁工、小贩等城里人眼中的所谓“又脏又累”的工作，其数量十分庞大。根据官方的统计数据，截至 2014 年年底，中国大约有 2 亿 7395 万农民工（国家统计局，2015），这是人类历史上规模最大的流动人群。

从其出现之初，农村城市间自发性人口流动这一去集体化和市场化改革引发的社会现象就已经引起了国内外公众、政府以及媒体的广泛关注。自 1980 年代以来，特别是 1992 年邓小平南方谈话并全面启动市场经济改革以来，每年逐步增长的农民工人数，以及随之而来的与这一新兴现象[①]相关的一系列问题，始终是公共讨论、媒体报道和政府政策制定活动所关注的焦点之一。以“春运”期间的民工潮为代表的大规模人口移动，不仅成为当代中国社会转型的一个象征性缩影，同时也成为新闻媒体和其他不同类型的文本再现的一个持久的话语对象。

中国现有的人口流动管制模式，是从前改革时代以计划经济为基础的农村城市严格二元对立的户口制度中演化而来。但在市场经济条件下，这一体制包含了许多相互矛盾的要素。随着千百万农民从农村自发流向城市，国家机器在改革初期试图努力控制“民工潮”潜在的“颠覆性”力量。最终，两者间的拉锯式博弈关系在市场经济的蓬勃发展对劳动力的强大需求和农民自发寻求新收益来源的驱动下，以农民获得相对“自由地”向城市流动的权利而告终。但与此同时，短期内，进城的农民在现有制度安排中无法找到获取城市户口及其所附带的一系列基本社会福利待遇的途径。市场化改革并没有改变高度僵化的户口制度及其城市公民权制度安排，因此，改革时期的国家对农民工平等公民权的保障没有提供实质性的制度条件，从而使其长期处于较为弱势的边缘社会地位。

这种情形产生了深远的社会后果，并导致了一系列与对农民工群体的不公正待遇紧密相关的社会问题，例如，拖欠工资、恶劣的工作生活环境、被排斥在城市社群之外、昂贵的医药费用、子女教育问题，等等。围绕农民工群体产生的这些社会不公和矛盾议题，与当代中国发展主义话语所追寻的现代性许诺，特别是与传统社会主义意识形态所强调的平等主义价值之间产生了反差，从而对执政者所坚持的核心意识形态原则，尤其是努力构建和谐社会的政治秩序话语的合法性构成一种潜在的挑战。这些矛盾，不仅需要通过政治经济手段加以解决，同时需要通过文化和象征性手段加以调和，从而修补意识形态修辞中出现的裂痕。

① 这并不是说在近代中国历史上，人口流动是一个新鲜事物。即便是社会管控僵化、政治不稳定的前改革时代，涉及亿万国民的大规模人口迁移在全国都有发生。但是，与改革后的人口流动相比，改革前的人口流动很大程度上是被动进行的，是意识形态灌输或政府强制性动员的结果。例如，“文革”期间，数百万城市知识青年响应毛泽东的号召迁往广大的农村地区，开展“上山下乡”运动。关于这一时期的人口迁徙的变化，参见 Lary，D.，1999。

移民/人口迁移与媒体研究

与移民和人口流动相关的议题，在政府政策和媒介话语的公共论争中，获得了极大的关注，同时也成为相关学术研究领域的焦点议题之一。传媒研究及其相关学科（例如，文化研究）已经就媒体如何再现流动工人（migrant worker）①等弱势群体展开了许多研究。与移民和流动人口相关的研究中，研究者从政治、经济和文化等不同角度对劳动力社会流动的各个方面展开考察。而媒体与移民研究这一跨学科交叉研究领域，则结合了两者共同关心的议题，着重探讨象征再现和移民与移民群体的社会结构层面之间的关系。

但是，尽管存在一些例外（例如，Florence，2006；Li，2004；Sun，2009），总体来说，大多数此类研究主要关注点是国际和跨文化背景下的移民和人口迁移问题。这些研究大多把考察重点放在媒体在这些方面所扮演的角色上：影响移民群体对迁移目的地的认知和想象，将移民群体建构为文化的“他者”（Others），强化刻板印象和排斥，或者相反，通过互联网和卫星为“高速公路”的全球传播来创造文化身份和散居移民社群（diasporic communities）（Wood & King，2001）。相比之下，关于在诸如中国这样的特定转型社会中的媒体再现和内部移民与人口流动之关系的研究则比较少见。与跨国移民相关议题相比，在中国这一特定民族国家的语境下，相关研究处于不同的背景条件之中：文化传统较为统一和具有持久性，威权体制较为稳定和强势，经济则日益市场化和全球化。这些差异都对相关研究提出了不同要求。

在中国国内人口流动和移民相关的研究中，大多数研究主要关注的是政治经济议题，而话语与再现层面的问题则处于相对边缘化的位置。在传媒研究中，居于主导地位的是一种媒介中心主义的视角。通常研究者所探寻的对象多是一些较为表层的媒介文本的特征，媒体表述中的刻板印象，或者是对文本倾向性的定量描述。相比之下，更为深层的意识形态和议题架构层面、社会话语

---

① 英文的 migrant worker 一词，泛指一切在不同地域间流动的工人。本书用“流动工人”泛指这一群体，而用“农民工”来特指中国语境下的流动到城市的农村劳动力。

论争的过程以及文本/话语、制度/组织背景和执政党一国家一社会构型之间的关系,则较少触及。

研究问题与关键概念

在上述社会和学术背景下,本书将中国农民工相关的议题作为分析的案例,试图分析当代中国社会中各种不同的行动者一言说者(actors-speakers)(包括执政党一国家、市场、社会以及贯穿所有这些层面的媒体行动者)如何通过话语建构对农民工群体所处公民权状况展开表述。主要的研究问题包括:在过去30年的时间内,执政党一国家在不同时期如何对自发性的农民工人口流动做出不同的界定,如何重构了其对农民以及农民工的意识形态再现从而合法化农民工的弱势公民权地位的发展主义现实;作为现有制度安排中公民权排斥机制的核心要素,户口制度及其与农民工的关系在政策与媒体话语中是如何被界定和讨论的;具体而言,围绕着重要的社会事件或政策议题,农民工公民权的主要方面,例如基本的民事、社会和文化权利,在公共话语中是如何被广泛讨论的。

本书的主要关注点是特定媒体和官方政策话语中所再现的关于农民工公民权的公共话语呈现。但这并不是说社会制度和结构的层面是不重要的。相反,本书遵循的是一个相互构成(mutually-constitutive)的分析框架,从方法论上来说,对话语建构所处的社会背景和相关的制度要素的历史分析是与对媒体和政策文本的话语分析相互补充的。

这些研究问题中涉及一些重要的概念或术语,有必要在此做出说明。首先,"农民工"这一词汇在英文中常常对应于"migrant worker"(流动工人或移民工)一词。但这个词在不同的语境下具有不同的含义,一般来说,它指的是跨越地区或国家边界寻求工作机会的劳动力人群。在当代中国语境下,国内的移动人口通常视不同的情况有不同的命名方式。这些不同的名称反映了建构这些群体和强调该群体某些特征的特定方式。其中,"流动人口"含义最广,大体上囊括了所有不同类型的跨越传统或现代国家界定的社区和地区边境的人口。在目前的语境下,这一界定以人口户口所在地的边界为衡量的基准。其中,只有那些起源于农村社会背景,具有农业户口,流向城市寻求劳动工作机会且没有城市户口身份的人，才被称之为“农民工”或简称为“民工”。就其社会身份和公民权处境来说，不管其从事的工作的具体内容如何，农民工本质上并没有改变农民的社会身份，因此在制度上，他们并不具备无条件的合法的城市居住权和福利权。围绕户口制度展开的诸种门槛准入制度应运而生。从历史上来说，污蔑性的词汇，例如“盲流”，曾经被用来妖魔化农民工群体。正如我们在第四章要看到的，这些不同的命名方式的基础是有关中国农民和流动人口的不同假设和文化认知图式，因此它们也表达着不同的意识形态含义。本书沿用“农民工”这一目前广泛使用的词汇来定义文中所涉及的特定社会对象，并不表示作者认同这一命名模式所传达的意识形态和文化认知方式，而只是出于表述方便性之考量。

另一个重要的概念是公民权(citizenship)。尽管存在诸多不同的定义，本书中所提及的公民权主要是指一个特定政治共同体内一套关于接纳和排斥的制度安排，以及与之对应的一整套对全体成员发挥作用的权利和责任界定。这里主要包含两方面的含义：第一个方面是成员资格的含义，即融入和排斥的机制。就中国语境下的农民工议题来说，这主要指的是户口制度。户口及其一整套相关的制度安排赋予农村和城市人口不同的公民权类型，由此奠定了一系列附着在其上的复杂的准入和排斥机制。第二个方面是这一成员资格的质量问题，包括基本的民事、社会、政治和文化等公民权的主要方面(Turner，1993)。

所谓的公共论争(public contention)则是指这样一个动态过程：具有不同利益诉求的社会行动者一言说者(包括媒体)以话语手段参与到相关公共议题的公开讨论之中，意图建构符合自身利益倾向的社会现实。用来分析这一话语论争过程的方法之一是架构分析(framing analysis)[①]。关于架构的定义有许多，而架构分析本身则是一个跨学科的分析领域，缺乏一个统一的定义和操作模式，甚至被称为一个“断裂的范式”(Entman，1993)。但一般来说，可以认为，所谓架构是社会行动者一言说者利用不同的框架(frame)或核心的组织观念(core organizing ideas)来建构关于某一特定社会议题的话语的过程。

---

① 关于 framing 和 frame 这两个术语的中文翻译，这里采纳潘忠党(2006)教授的观点，即相对于 framing 所指的动态过程，frame 是用来组织话语结构的核心观念。据此，把 frame 译为框架，而把 framing 译为架构。

此外，本书对当前国家一社会关系主要特征的界定是：威权主义政治秩序处于稳定的主导地位，但随着经济和社会环境的变化，在政治体系和社会领域已经发生了一些变革。更重要的是，政治权力自我运作和展现的方式也呈现出一定的自我调节性，以回应不断变化发展的社会形势，从而呈现出有限的开放性和韧性。在这个框架下，本书在背景和制度分析部分，考察了当代中国的媒体话语及其制度局限性，对媒体和政策话语之外的意识形态和权力关系所界定的话语边界的建构和解构，以及一个准多元化公共话语空间所呈现出的活跃主体性所标示的公共话语论争的动态过程。

各章概要

与主要研究问题对应，本书各主要章节的内容概述如下：

第一章主要探讨与一般社会变革、媒体制度和人口流动等相关的背景。与其他多数前社会主义国家的转型模式相比，中国改革开放的主要特征是渐进主义策略。随着与新自由主义信念紧密相关的发展主义意识形态的崛起，渐进主义策略同时包容了市场模式和国家社会主义政体。整体上，国家放松了对经济领域的全面干预和管制，市场化的经济活动不再是被国家严格控制和中央计划的经济体系的一部分。但尽管过去数十年的改革催生了快速的经济成长和社会发展，发展主义策略同时也在中国社会转型过程中逐渐导致了自我冲突的负面后果。

这一双轨制特征在传媒和国内人口流动管制方面均有所体现。媒体被允许进行商业化运作并实现了基本的财务独立，但本质上维持了政治喉舌的制度身份。其目的是要从根本上保证执政党一国家对舆论和公共论争的绝对主导权。但商业化运作的改革也导致了一些非预期后果。其中之一是媒体话语空间的相对扩大和话语边界的模糊性。其结果是，媒体在维持喉舌功能的前提下，能够容纳更多的不同利益表达，虽然这种表达依然是高度局限的。与此类似，在人口流动方面，基于市场化和发展主义的逻辑，农村劳动力获得有限的流动权，可以流动到城市寻求工作机会，但他们所应该拥有的平等市民待遇依然受到制度性剥夺。在整个国家的经济发展战略中，农民工本质上作为一种劳动力资源在发挥着工具性要素的功能，而不是被视为拥有同等公民身份、社会价值和权利待遇的社会成员。这些内在矛盾构成了下面几个章节中考察与农民工相关的话语建构的背景或语境层面。

第二章主要分析综述了有关公民权概念、公共领域和协商、媒介话语和框架以及媒体和流动人群研究领域的主要文献。直接把西方理论范畴或研究模式套用到中国问题上往往会导致许多问题，因此在本章中，中西批判对比的视角贯穿于文献综述的各个部分。有关公共领域和协商的讨论与公共论争的历史制度维度紧密相关，而关于媒介话语和框架的讨论则与文化实践的建构主义层面紧密相连。同时，本章还将从媒体和移民这两个不同的角度(制度与话语)出发展开代表性著作研究。

在前面两章关于背景和主要理论文献讨论的基础上，第三章进一步解释主要研究问题以及相关的方法论和资料搜集方法。为了把对社会结构和语境的历史制度分析和对象征再现的话语分析结合起来，本章提出了一个相互构成(mutually-constitutive)的分析框架。建构主义的话语分析作为总体方法，可以用来分析有关农民工子议题的话语建构和论争的过程，而历史制度分析则是一个语境化分析工具，用来定位这些话语斗争以及不同行动者一言说者所拥有的不同的特定的话语机会(discursive opportunities)。就具体的研究方法而言，本研究将使用批判话语分析的方法对通过目的抽样获得的媒体文本和政策文件展开研究。具体分析围绕一些具有重要社会影响的社会事件或政策议题展开。同时，通过对相关媒体从业者的访谈所获得的背景信息也会被用来进一步验证支撑相关话语分析的结论。

第四章对应于第一个研究问题，即过去 30 年的时间里，执政党一国家意识形态是如何重构与农民工相关的话语边界的。分析的资料来源主要是《人民日报》近 30 年与农民工议题相关的新闻报道和言论文章以及中央政府颁发的相关政策文件。主要目的是试图分析执政党一国家如何将其以阶级为基础的革命合法性意识形态重新语境化(recontextualize)，使之能够适应晚期威权主义市场社会条件下弱势农民工群体所表征的发展主义现实。分析的结果表明，在不同的时期，官方话语以不同的方式对农民工群体在国家一社会关系中的定位做出界定。从 1980 年代中后期到 1990 年代中期，市场化改革全面启动之前的十年多时间内，官方喉舌所界定的农民工是消极的、具有潜在危险性的“盲流”。但随着市场化改革的深入，到新千年的第一个十年，通过在新情境下对传统阶级意识形态话语的挪用，这一曾经被视为社会不稳定因素之一的群体逐渐在官方话语中被视为中国工人阶级的重要组成部分，是一股对城市生活和国家发展做出了巨大贡献的积极的生产性力量。但这一新阶级话语与发展主义意识形态所要求的以人口“素质”为基础的具有文化霸权属性的话语秩序之间存在不可协调的冲突。因为这一在官方政策逻辑中处于主导地位的话语模式通过衡量人的身体的内在“素质”，即人体所具有的物质价值潜能（特别是在社会经济发展中的贡献），将一切社会个体的价值简化为经济冲动和经济效能，并以此来衡量其在共同体中所处的位置。根据这种意识形态，农民工这一群体只是代表着价值有限的低素质劳动力。只有他们作为体力劳动者的巨大数量，而非质量，更非其成员所具有的个体性与主体性特征，使得他们的存在具有国家主义意义上的经济价值。

第五章处理的是农民工公民权问题的第一个方面，即以户口为核心的排斥和融合问题。以对户口制度的历史起源及其社会影响的讨论为基础，这一章考察了中国社会代表不同利益的主要言说者是如何参与到公共论争中，运用不同的定义框架对这一制度及其与农民工的关系提出相应的表述。对相关媒体话语的分析表明，不同的言说者对户口制度改革理由的解释调用了不同的框架，包括经济发展框架、社会稳定框架以及平等公民权框架。代表城市既得利益阶层的言说者倾向于使用危机框架来捍卫当前的户口制度安排的必要性。而对来自倾向于改革的媒体话语的分析则表明，危机框架遭遇了不同言说者从逻辑和事实出发的双重解构。在有关各种流于表面价值的措施的讨论中，通过将户口商业化以服务于特权群体的倾向受到严厉批评。而与农民工相关的各类改革措施，则无一不受制于“素质”话语主导的发展主义意识形态。围绕户口制度及其改革措施，这一话语遭遇了来自平等公民权框架的有限但却是十分重要的质疑。

第六章分析了农民工公民权几个主要方面的具体情况在媒体话语和公共商议中的再现。在对与公民权中再分配和文化维度紧密相关的重要社会事件或政策议题的个案研究中，本章分析了不同言说者如何参与到媒体话语中，对这些方面提出不同的界定，以及这些不同的定义方式之间是如何互动的。首先，在民事权方面，本章以富士康工人自杀事件的媒体报道作为分析的典型案例。分析结果表明，心理压力的个体归因叙事框架与准军事化工厂控制体制乃至与整体发展模式弊端相关的社会归因叙事框架之间存在彼此竞争和相互论辩的关系。其次，就公民权的社会维度来说，农民工子女教育问题（特别是官方政策对于民工子弟学校的态度）是一个十分具有代表性的议题。对这一议题的分析表明了政治经济层面的阶层固化和阶级再生产是如何通过媒体话语在象征互动层面上得到具体体现的。再次，是公民权的文化层面。在本章中，与此相关的案例是近几年农民工亚文化的发展，特别是不少民工参与到大众媒体文化生产（例如“春晚”）并引发巨大社会反响的现象。这里着重关注的是春晚与民工之间具有文化景观意义的关联。对相关个案的分析表明，农民工群体的边缘文化表达所体现的主体性与主流商业化文化机制之间存在着矛盾关系。

最后，第七章则回到制度结构层面与话语实践层面相互构成的分析框架，以及前述所有媒介话语建构所处的特定的国家与社会关系，对整个研究提出的结论和不足之处做出归纳总结，并进一步探讨关于农民工的个案研究对其他弱势群体相关的媒体建构分析，具有什么样的理论与现实意义。

第 1 章
改革时代的媒体与农民工

改革时代中国内部的劳动力流动以及关于这一现象的公共话语，特别是关于农村流向城市的农民工的公民权状况问题的公共论争，是在深刻而广泛的社会政治经济变革的背景下发生的。农民工群体所涉及的人口数量之巨，堪称人类史上最大的人口流动现象。为了更好地理解现代中国语境下关于农民工现象的公共话语，本章首先对这一问题所涉及的一般历史和社会背景做一概要讨论，从而为后面几章的分析提供语境。随后，本章还将讨论两个与本书主题紧密相关的问题，即中国的传媒体制和国内人口流动政策，尤其是改革开放后的农民工问题。以改革时代的一般社会变迁为背景，本章所涉及的三个方面，即中国改革总体进程、宣传－市场驱动的媒介体制，以及蓬勃发展的城乡劳动人口流动及其所引发的问题，为后续几章对相关理论文献的讨论和对与农民工相关的媒体话语的批判分析提供了历史和社会语境参照。

改革与社会转型

大变革

自 1978 年 12 月召开的中共第十一届三中全会启动“改革开

放”国策以来，中国社会经历了翻天覆地的变化，从一个中央计划经济体制转变为一个威权一市场化社会，即“中国特色的社会主义”。这一社会经济转型的复杂过程的核心要素包括“市场、流动性、现代化和国际化的扩张，与此相伴的是集体和国有经济部门的瓦解”(Selden & Perry，2010，页 3)。市场化经济改革的影响极其深远。在许多方面，当代中国的国家和社会与前改革时代相比，正变得日益以利益为主要驱动因素，其中占据核心的是一种“幸福主义”意识形态，即将人生和社会发展的目的定义为对消费品和个人物质成就的追求。尽管这一观念与传统上厉行的贫穷主义革命意识形态与政治合法性逻辑之间存在明显的冲突，但市场化改革时代总体性意识形态导致的观念真空，使得这一消费主义逻辑在极短的时间内得到认可并迅速内化为社会的主流价值。市场经济及其带来的实用主义心态极大地解构了前改革时代的社会结构、意识形态、生活方式和社会关系(参见 F. Chen，1998)。随着全面市场化改革的推进，自1990 年代以来，中国社会经历了经济重组与多样化、双位数经济快速增长、低效率国有企业的改制、不断提高的社会流动性和人口迁移、社会阶层的碎片化和两极分化、日益多元化的大众文化、国际和地区要素的结合，以及穷人与新富阶层、城市与农村、沿海经济发达地区和内陆地区之间在社会发展和空间上日益增长的鸿沟(Pei，1994，2006a；G. White，1993)。

必须肯定的是，30 年的改革开放所带来的巨大变化从总体上极大地增加了国家的物质财富和国际地位，使得中国能够在新世纪的第一个十年成为超越日本、仅次于美国的第二大经济体。这在一定程度上实现了自从 1840 年遭遇列强宰割的屈辱近代史以来，数代优秀中国人所追求的“国富民强”的理想(Schell & Delury，2014)。同样必须肯定的是，改革极大地改善了普通人的生活水准，使得他们在绝大多数经济和文化实践中具有更大的个体自由度，更多的生活机会，以及更多自主选择的权利。由邓小平所领导的这场改革使得 20 世纪的中国社会第一次能够进入一段相对稳定和繁荣的历史时期。经过改革发展，中国人的生活达到了相对较高的水平，同时国家在国际社会的地位也得到了极大的提高。这些改革带来的成果被称之为“中国奇迹”(例如 Lin，Cai，& Li，2003 [1996])。[①]

① 但是，关于这一“奇迹”是否可持续，是否值得肯定，存在不同的批评意见，例如 Jha，2009。

除了引人注目的经济增长，30 年的社会经济和政治变革至少在三个方面给中国社会带来了影响深远的变化(Selden & Perry，2010，页 9—10)。第一，自 1970 年代末以来，虽然依然存在一些意识形态斗争的周期性反复和政治动员，但总体来说，改革时代的执政党已经放弃了前改革时代那种大规模动员群众参与的政治斗争运动。在多数情况下，国家试图通过现有的稳固的官僚体制来协调解决矛盾冲突。而且，改革时代出现的大规模的政治运动总体来说是比较节制的，并不涉及绝大多数普通人。在多数情况下，正常的社会生活与生产秩序并未遭到干扰(参见 T. White，1990)。第二，国家不再直接控制人民的日常生活和绝大多数经济事务，尽管执政党一国家依然牢牢控制着经济和重要社会事务的关键领域(参见 Zhu，Webber，& Benson，2010)。第三，尽管户口制度依然对公民的自由迁徙具有限制作用，制造不公和歧视，严格限制流动人口获得超出其出生地之外的公共资源的权限，但总体来说，在改革时代，人们获得了相对自由的跨地区流动的权利。这一变化的直接结果是上亿农民工进城的劳工迁移浪潮，而正是这些廉价的劳动力，成为中国沿海地区外向型经济的基石和大规模城市化发展的生力军，极大地改变了当代中国的经济和社会景观(参见 Murphy，2002；Solinger，1999；F. -L. Wang，2010；Xiang，2004)。

与早期共产主义运动从农村包围城市的策略相类似，改革时代的序曲也从农村奏响。在农村，尽管在原则上土地依然属于集体所有[①]，但 1978 年到 1983 年的去集体化农业改革极大地放松了国家和集体组织对土地经营决策的严格控制，同时也放松了基本的农业生产要素市场和劳动力流动。最终，这些改革导致公社体制以及集体耕种和计划分配体制的解体(Lin，1988；Nolan，1983)。与此同时恢复的是以家庭为基础的农业经营模式，通过家庭联产承包责任制的方式得以合法化。这一重大变革使得农村家庭能够自主有效地管理其通过分

---

① 名义上，中国的土地属于全民所有，但是在实践中，土地产权和使用权的实际控制者是代表人民行使各项权力的各级政府。在国家控制下，农村人口所获得的只是土地使用权，而不是完整的所有权。根据法律规定，农村土地的所有权掌握在乡镇和村级政府机构或村民自治组织手中。乡村土地始终是集体所有而非私有化的。其结果是，乡村政权机关和村民自治组织的负责人或基层干部往往成为土地使用权的实际支配者，不公平的征地事件因此泛滥。这已经成为农村矛盾冲突和群体事件的一个重要制度源头。关于土地纠纷引发的农村抗争，参见 Ho，2010。关于为解决这一问题而提出的诸种改革措施，如将土地承包经营权流转制度化，参见 Deininger & Jin，2005 以及 Kung，2002。

配得到的小块土地，并有效支配税后农业产出。[①] 这样，前改革时代低效率的集体农业模式被家庭独立承包经营的新体制所取代，这一新体制的实质是一种集体所有和国有土地所有制条件下国家与农民间的“雇佣”经济关系（Riskin，1987，同时参见 Dong，1996；Krusekopf，2002；G. Li，Rozelle，& Brandt，1998 等）。随着国家逐步放松了对农村市场和人口流动的控制，农民的自主性得到极大提高，释放出巨大的生产力和极高的生产效率。其结果是农民的收入水平在 1980 年代的前半期获得了极大的提高。更为重要的是，大量廉价的农村富余劳动力得到了解放，成为日益繁荣的乡镇企业以及东南沿海私营企业和城市建设大军的主力（Byrd & Lin，1990）。

由于改革阻力相对较小，农村改革进展较为顺利。改革前农民受到公社和村庄集体的严格限制，与城市户口居民相比，他们从国家那里得到的福利待遇要少得多。在家庭为基础的农业经营模式获得合法化之前，处于饥饿边缘的农民冒着极大的风险以不同的方式进行了分田实验。因此，他们以极大的热情欢迎对农村以及整个国家产生巨大影响的去集体化改革措施。对比之下，城市的改革则遇到了巨大阻力，特别是对国有企业的重组。这些产业是中央和地方政府部门的主要税收来源，同时按照计划经济时代的制度安排，城市国有企业的员工应当享有国家提供的几乎囊括一切的福利待遇，包括工作保障、住宅、子女教育、医疗、养老金等（Selden & Perry，2010，页 6）。因此改革面临来自国有体制的既得利益集团的巨大阻力。1990 年代后的国有企业改革由于缺乏公正合理的程序和监督，出现对国有资产的贱卖或私人占有现象。同时，工人的利益遭到不同程度的损害。他们曾经奋斗一生所要努力挣得的种种福利待遇随着转制而成为无法兑现的诺言。这在下岗职工群体中造成了经济不公，甚至演变为影响政治稳定的因素，引发了大量借助体制外手段进行的维护自身权益的斗争行动（参见 C. K. Lee，2000；Pei，2006a）。

改革的局限性

随着城乡改革的深入发展，腐败、贫富和地区间经济发展差距等问题日益

---

① 2006 年，国务院决定取消农业税。

突出(Knight & Song,1999)。在地区经济的不平衡以及增加收入的驱动下,大量农村富余劳动人口涌向北京、上海、广州以及其他东南沿海城市,寻求打工机会或从事各类规模不等的经营活动。大规模的劳动力人口流动在1990年代中后期与大批刚刚失去铁饭碗的国有企业工人下岗潮相互冲突,引发了一系列的矛盾、歧视、反抗,甚至暴力。改革与城市化造就了一个由国企下岗职工、农民工、郊区失地农民和流浪者组成的充满愤懑和不满的城市下层社会(Solinger,2006;Xue & Zhong,2003)。尽管在市场化经济改革的影响下,金融、房地产业的繁荣、融入世界经济体和出口导向的外向型经济已经极大地改变了中国的城市社会面貌,但与此同时,在过去的几十年内,不平衡且在一定程度上不公正的经济改革和社会重组所导致的社会紧张和矛盾冲突已经逐步浮出水面。在特定情况下,甚至出现了恶化的趋势。无论是社会舆论还是执政者都意识到,如果不能采取必要的深层次制度改革来平衡社会利益关系,缓解和解决弱势群体的利益诉求,那么这些问题将不可避免地破坏经济改革所带来的成果,甚至威胁到社会的稳定(Pei,2006a)。

不少学者(例如,Lai,2010;Lewis & Litai,2003;Twining,2011)认为,与令人瞩目的经济变革相比,中国政制和国家治理体制改革的步伐虽然没有完全止步,但与快速发展的经济相比,相对缓慢。总的来说,尽管改革时期国家对社会生活的控制有了极大的减弱,但在有限多元化的"社会寓于国家"(society-in-state)的执政党一国家一社会关系中(Mertha,2010),执政党一国家对社会的总体性控制能力并没有发生本质性的变化。当然,我们不应该忽视对作为政治体系一部分的官僚和行政体制的改革,因为正是这些改革,确保了一个可控的有限公共表达领域的存在是可以被接受的。同时,改革也维护了不同层面的政府机构,促使草根阶层在村庄和城市社区进行有限的政治参与,以及对官员渎职行为的有限的法律限制(Goldman & MacFarquhar,1999;O'Brien,2002;Selden & Perry,2010)。不过,这些积极的变化并没有超出一元化权力结构的边界,从而保证了执政党一国家对经济、文化和社会生活领域的关键议题保持最高和最终的决定权。从根本上说,改革时期各项改革措施之所以能够被付诸实践,正是因为这些措施都是在这一根本性制度框架边界之内进行的,它们并没有削弱国家制度的核心要素;相反,从后者的角度来说,这些措施是服务于这一核心制度安排且维系自身稳定性所需要的。因此,当代中国国家政体的核心逻辑及其制度安排从根本上决定了改革的愿景、范围和效力的有限性。虽然中国社会广泛存在着一些能在一定程度上确保政府履行职责的非正式行为原则和问责规范(Tsai,2007),但正式制度安排中由上往下的监督机制所存在的固有局限性,已经造成了范围广泛的治理问题。其中,最突出的问题在于不受法治约束的权力意志限制并扭曲了尚不完善的市场体制,削弱了有效的社会治理,导致腐败和道德滑坡,侵蚀国家能力,并扩大了社会发展与制度安排之间的裂隙。所有这些问题都亟待审慎的制度改革来化解(参见 Lu,1999;Pei,2006a,页 6—7,11—16)。

因此,1970 年代末以来的改革呈现出快速变革发展的市场经济与相对滞后的政治秩序和社会治理体制改革并存的现象。这直接导致出现了一个高度二元化和充满内在矛盾的发展与治理模式。无论冠以何种称号(参见 Yasheng Huang,2008;Jayasuriya,2001;Litzinger,2002),这一中国特色的渐进主义增量改革(Goldstein,1995;俞可平,2005)与社会转型模式,成为与新自由主义主导的所谓"华盛顿共识"(J. Williamson,1990)相对立的"北京共识"(Ramo,2004)的基础。许多人高度赞赏中国在这一模式下所取得巨大经济发展成就,同时也有学者对这一模式的负面后果或日益不平衡的改革所带来的"外部性"(externality)(如环境污染、贫富差距、腐败等)提出批评(Pei,2006b)。渐进主义的不均衡改革模式的前景因此显得晦暗不明,充满不确定性(Selden & Perry,2010;Yao,2010)。

由此可见,尽管在经济领域取得了巨大的成就,但是把当代中国的改革看作一个纯粹的经济过程则是有问题的。相反,这是一个高度政治化的具有特定限度的经济与社会改革过程,也是执政党及其主导的国家体制通过发展主义逻辑重塑合法性的过程。前改革时代无休止的政治斗争和低效率的计划经济体制所导致的经济衰败和治理危机危及到基本的政治秩序和制度基础,从而推动了旨在重塑合法性的全面改革。1980 年代初期的改革成功地实现了这一点,将合法性的基础从革命与阶级斗争转移到以经济发展为基础。换言之,革命意识形态、通过个人崇拜塑造的最高领导人的政治魅力以及道德优越性等传统的合法性资源到前改革时代末期已基本上消耗殆尽,经济改革和发展主义方案是更新和延续合法性的理性选择(参见 Shirk,1993)。

改革时代的执政党一国家采取了一系列制度化举措，包括高层权力更替的日益规范化、可控的草根政治参与、持续的意识形态调整以及其他方面的制度变化。纳森(Nathan,2003)将这些变化称为“威权主义的韧性”(authoritarian resilience)。尽管这些举措也存在矛盾和局限性(Gilley,2003)，但正是通过这些措施，执政党一国家能够做到与时俱进，成功地维持了政治合法性，并使自身能够适应不断变化的政治社会环境。面对改革前危机和改革时代快速变化的社会环境所带来的巨大挑战，执政党一国家采取了包括放弃乌托邦主义意识形态和依靠领袖人物的人格魅力来维系政治合法性，强化技术官僚精英阶层的权力，实现官僚体系的常规化、复杂化和专业化，以及减少对私人言论和行为的直接控制等类似于帕森斯功能主义的调适性措施(Lowenthal,1970；Parsons,1951,页525—535,引自Nathan,2003)。为了使得这些措施能够行之有效并处于可控状态，执政党一国家以极其审慎的态度提出了关于其自身合法性的意识形态逻辑框架。在法理名义上，传统革命意识形态依然在政治铭文中占据制高点，在历史合法性意义上依然具备一定的现实价值，但在改革时代与全球资本秩序相勾连的发展主义现实下，这些话语已经主要成为一种政治修辞术。在实际行动中，经济发展成就、人民福利保障、社会秩序以及以防范外来威胁和反复阐述历史屈辱为特征的民族主义已经成为几个最主要的合法性基石(Holbig & Gilley,2010；Laliberté,2008)。

上述政治和经济状况，以及政治合法性策略，对当代中国社会生活的各个方面产生了深刻影响，并导致了与媒体和人口流动紧密相关的各种现象。正是在上述背景下，当代中国媒体在作为意识形态喉舌的政治角色得以延续的前提下，逐渐实现了商业化和多样化经营，并因此在一定程度上扮演了有限的舆论监督角色。同时，也是在同一宏观政治经济背景下，当代中国农民和其他社会成员在户口制度所附加的诸种限制下，开始跨越城乡或不同行政区划间的区隔，以寻求更大的发展空间，从而对国家实施的严格人口控制政策提出了挑战。在这一颇具矛盾性的连接处，与当代中国农民工相关的议题进入大众媒体和公众关注的范围之内，成为公共话语关注的焦点问题之一。

传媒制度:变化与延续

为了更好地理解今日中国与农民工议题相关的公共论争,我们有必要考察这些论争展开的主要场域:新闻媒体及其所生产的话语空间。当代中国媒体制度的变革与影响广泛且不平衡的社会变迁同步展开。特别是1990年代以来,随着市场改革的深入,媒体的运营机制进一步商业化。从1980年代最初的商业化到1990年代后期和本世纪最初十年的集团化运营,当代中国媒体体制经历了数个不同的发展阶段。在商业化条件下,为了满足日益多元化的受众需求,中国媒体的新闻话语和媒介内容逐步软化,不再是只有刚性宣传的内容(Chan,1993;X. Yu,1994;Y. Zhao,1998,2000)。但无论发生了何种变化,媒体依然维持着官方政治宣传渠道的基本属性,始终被定义为“党和人民的喉舌”(郭超人,1997;童兵,1994)。这一定义是中国传媒制度的底线,不容任何形式的反对和抵触。这一制度安排在很大程度上受制于改革时期形成的宏观政治经济结构,并反过来服务于这些结构。媒体在为自身争取生存空间的同时,与执政党—国家、市场要素以及日益多元和富有活力的公众之间发生着持续的复杂互动。

历史渊源

对改革时代中国媒体体制的分析和评价,不能将当前的制度安排单纯地视为改革的产物。相反,这一制度模式的基本要素与近代中国新生的传媒业的不同实践路径相关。近代中国传媒业的使命与国家寻求现代性的历史要求紧密相连,现代传媒业在中国的起源和发展历程是过去一个半世纪里中国革命和改革的宏观社会改造工程的一个重要的有机组成部分。

中国现代报业和新闻实践源自19世纪一些由西方传教士出版的最早具有现代形式的报纸和杂志。尽管帝制时代的中国有印刷出版的悠久传统,但是几乎所有的中国新闻史家都认为近代中国报业的出现是西方影响的结果(例如,方汉奇,1991;方汉奇、丁淦林、黄瑚、薛飞,2004;戈公振,1935;李彬,2008;吴廷俊,2008;许正林,2008)。虽然在历史上也存在通过“小报”的流行而出现的局部商业化操作的空间,但总体来说,以"邸报"为代表的帝国时代官方传播体制主要服务于帝国官僚精英阶层对行政和其他专门政治信息的需求,并不直接面向普通民众。在19世纪,这一体制逐渐被各种社会团体创办的更有活力、更开放的大众报刊所替代,普通民众由此第一次成为大众信息传播诉求的直接对象(X. Zhang,2007)。在此后的发展中,从晚清到民国时期,逐渐出现了三种主要报刊类型,分别代表着近代中国不同的几种媒体传统:自由知识分子报刊、商业化报刊以及党营报刊。①

第一类是中国士绅精英阶层模仿西方媒体实践的产物。其基本理念是,新式报业通过新闻和评论以及对新知识和现代观念的传播,来教育普通大众,重塑国家的精神面貌,以应对西方的挑战。近代中国知识分子重构了西方报业模式,以使之适应经过调整的儒家框架,从而实现重塑国家富强的梦想。设立这些报刊是为了服务于启蒙大众、文化重建和国家现代化之类的世俗目标,而非宗教目的。这些报刊的出现具有重要的历史意义(X. Zhang,2007,页5)。总体来说,这一传统把现代媒体和新闻业视为类似于哈贝马斯所说的公共领域,是信息和观念可以自由传播的重要的公共论坛,大体上代表着主张通过渐进改革实现中国的现代化和社会向宪政民主变革的自由主义思想和政治运动。该传统在20世纪30至40年代对政府持有批判性立场,但在国共对峙后随着新政权的建立而很快被"彻底肃清"(张育仁,2002)。虽然存在时间相对较短,但自由主义传统所强调的新闻自由和批判的独立媒体理念的历史遗产,依然对今天中国的新闻实践产生着重要影响。

第二类是商业报刊模式,同样也受到西方传教士新闻业的启发。但这些报

---

① 需要指出的是,在整个中国现代新闻事业史上,除了一些不同历史时期的断裂,这些不同传统实际上一直是彼此相互影响的。例如,梁启超作为近代中国著名的自由派改革家和思想家,同时也是近代中国报业最早的办报人、评论家和活动家之一。尽管他具有强烈的政治运动背景并因此强调媒体在国家变革中的政治功能,但他大体上对现代媒体持有一种温和的自由主义立场,视媒体为自由的公共辩论的空间。根据他的观点,一个功能良好的报业应当能够促进民主自由的理念,帮助民众培养批判思考其自身所处的政治和社会状况的能力,并促使他们意识到自己拥有不可剥夺的个人权利(Y. Zhang,2002)。与此相反,更为激进的革命主义者,宣扬颠覆性革命意识形态,把改革派和保守主义观点视为旧体制的代表。对他们来说,媒体只是革命政党用来动员大众推翻旧体制、建设新社会的工具。奉行革命主义意识形态的国、共两党均持有类似的观点,其主导的新闻业成为党营新闻业的主要代表。党营媒体模式主导了中国的新闻业,直到1970年代末的市场化改革启动,商业化媒体的经营模式才重新浮出水面。改革时期的部分新闻从业者继承了早期知识分子新闻业的某些历史遗产,开始有意识地培育和实践新闻专业主义理念,主张新闻传播实践的首要宗旨是维护公众利益。

刊的首要任务不是启蒙大众、拯救国家，而是为大众提供新闻和其他服务信息，为日益蓬勃发展的商业和都市经济文化生活需求服务。本质上，这些报刊是“利润驱使的商业公司”（X. Zhang，2007，页 8），它们所宣扬的是西方商业主义大众文化和生活方式。这些内容经过中国本土文化和生活语境的过滤和重构，塑造着社会和文化大变革时代对现代性和全球性的中国式想象（例如，Forges，2007；Jones，2001；L. O. －f. Lee，1999；Wagner，2007；Yeh，2007）。

第三种是党营报刊模式。随着彼此相互竞争的共产主义乌托邦和民族主义国家主义意识形态的出现，从激进的革命主义者阵营中出现了列宁主义式的党报模式。其核心观点是强调现代新闻业在传播革命意识形态、动员群众参与政治斗争以及联合国民抗击外敌入侵等方面能够发挥至关重要的作用。在1910 年代后期到 1920 年代革命工人阶级政党初创阶段所留下的激进革命主义遗产的基础之上，在数十年间激进革命斗争和游击战争的过程中，共产主义革命政党及其军事组织在不同的组织层面建立了一系列报刊和大众舆论机关，并在长期的对敌和内部政治斗争中，形成了一整套延续至今的关于新闻和信息传播的刚性意识形态原则：“党性第一”、反对“虚假真实性”、新闻信息的发布快慢应以是否有利于党的事业为标准、报刊指导运动的原则，以及新闻保密和信息近用权的等级化原则（参见，高华，2000，页 373－374）。在这些原则的指导下，共产主义革命政党所领导的全部媒体本质上构成了一个控制严格和高度科层化的准军事化信息网络管控体制，其目的是主要服务于内部的信息思想管控和改造动员，以及外部的对敌宣传斗争的需要。党媒强大的策略性宣传攻势为共产主义革命政党赢得公众同情和支持，以及最终夺取全国政权，发挥了极其重要的作用（Y. Zhao，1998，页 14－16）。1949 年后的社会主义改造，建立起一个由执政党全面管理协调的中央计划经济体制，从而保证了执政党－国家对社会资源的全面调控。这样的制度安排实际上使得任何独立经营的商业化媒体无法获得生存的空间，很快被重组和整合进党营传媒体制之中。[①] 这一制度模式至今依然是媒体、舆论、教育和文化事务领域中最核心的制度基础。

回顾历史可以看到，尽管 20 世纪上半叶曾经有过一小段混乱但相对开放

① 根据孙旭培（1988）的统计，经过 1950 年代全面的社会主义改造，商业报刊的数量急剧减少，从 1950 年 3 月的 58 家减少为 1951 年的 25 家，最后到 1952 年这一数字变为零（转引自 Y. Zhao，1998，页 16）。

的报刊和公共言论的繁荣期，但由于推动宪法政治和议会民主的努力遭到失败并以内部混战的方式结束，现代中国自由主义知识分子所推崇的新闻和言论自由观念，作为以个体为基础的现代公民权概念的有机组织部分，很快遭到削弱并受到质疑。随着近代两大革命政党的兴起，党营传媒体制逐步建立，而自由报刊和公共言论实践模式则被彻底边缘化，商业报刊模式也一度遭到全面禁止，直到重新进入全球化市场进程的改革时代，这一局面才有所改变。[①] 在改革之前 30 年的时间内，随着执政党一国家制度的建立，这一模式达到顶峰状态。以此为基础的政治传播逻辑和高效运作的宣传系统，为个人崇拜和大众政治运动动员提供了舆论保障(Chin，1954；King，1966；A. P. L. Liu，1971)。这些历史遗产作为一种具有强大惯性的制度偏好，在改革时代实施的对媒体行业准入和职业行为的惩戒性管控机制和对有效公共舆论监督和公共争论话语边界的监管上，得到了鲜明的体现。

改革时期的变化和延续性

与用来解决广泛社会政治危机的发展主义策略(Karmel，1995)相一致，早在 1970 年代末期到 1980 年代初，中国的媒体体制已经得到了初步的调整，逐步吸收了广告、娱乐和新闻时事报道等新的传播形式，以回应和巩固改革时代新的经济和政治政策(Robinson，1981)。特别是自 1992 年邓小平南方谈话之后市场化改革得以加速发展，中国传媒业在维持政治喉舌的核心本质的前提下，经历了 30 年改革期间最深刻的变化，在内容生产和管理经营方面变得日益商业化、多样化和以受众需求为导向。

一方面，为了缓解日益减少的财政补贴所带来的经济压力，在维持喉舌属性的前提下，传媒业在改革后逐步引入了市场机制，以实现媒体运营的商业化和财务独立。这一策略可以归纳为将管理企业的方式运用到对非营利或事业

---

① 虽然偶有间断和重构，1949 年后中国媒体的党政管控制度涉及各级许多不同的政府和党务机构，包括宣传部、文化部、广电总局、出版总署、政府新闻发布机构等。所有这些机构都是以一种高度科层化和官僚化的方式加以组织起来的。从最高层的中央政府和执政党中央委员会到地方的县级或者乡镇级，所有这些机构都有其相应的地方分支，从而形成了一个遍布全国的对媒体日常运作、人事、公共信息传播和文化事务进行监管的网络。其中，党的宣传机构是这一网络的神经中枢(de Burgh，2003a，页 19—21)。

性机构的管理之中。一系列财务和管理改革措施得以实施，例如，重新引入广告并将之作为媒体收入的主要来源，对新闻和非新闻性内容的生产采取不同的管理方式，进行结构重组和集团化运营，将非节目制作部门业务上市等等。通过这些措施，改革时代的中国媒体实现了高度商业化，其角色也从纯粹的政治意识形态灌输工具转变为宣传工具和经济发展助推器的双重角色（Chan，1993；Chu，1994；Yu Huang，1994；C.-C. Lee，1990；E. K.-W. Ma，2000；Pan，2000，2005b；Winfield & Peng，2005）。

但市场社会主义体制支撑着但同时也撼动着媒体所遵循的国有企业模式。自从1990年代市场化改革加速以及中国在新世纪加入世贸组织之后，这一模式本身由于低效率和其他诸多问题而陷于危机（C. Huang，2007a；Pei，1994；G. White，1993）。过多的行政干涉和绝对垄断不仅提供了媒体权力寻租的机会并进而严重败坏了传媒的公信力，同时也极大地限制了传媒对资本的获取途径，使其在面临后世贸时代挑战和日益增加的财务问题时，显得后劲不足（C. Huang，2007b；X. Li & Yang，2007；Y. Yang & Lee，2007）。为了解决这些问题，后世贸时代的第一个十年中，媒体改革深化了内部的结构调整，实现了部分面向私有和外国资本的开放，以图缓解低资本化水平，从而提高效率。执政党一国家对媒体所有权的控制从绝对垄断逐步转变为多数控股模式（C. Huang，2007a，2007b）。

作为市场化改革的产物，中国媒体已经日益成为财务上独立自主、趋于受众导向的新闻、公共信息、娱乐和商业服务的提供者。媒体所赢得的有限的财务和管理独立性，以及制度变迁的张力，在一定程度上软化了执政党一国家对不直接触及政策底线的媒介内容的限制，从而逐渐培育出一个文化上富有创造性的媒介实践空间（Keane，2001；Pan，2000），并促发了以新兴的新闻专业主义观念为支撑的深度调查式新闻舆论监督实践（de Burgh，2003b；Z. Zhang，2010）。随着市场化改革的推进，政治与经济活动在一定程度上得以分离，而这不可避免地使得“国家的新闻管制政策多多少少受到世俗化、形式化和常规化的特定过程的制约”（C.-C. Lee，2000，页561）。自从1990年代中后期以来，以媒介产业（特别是影视业）为支柱的大众文化市场日益繁荣，而传统革命主义或正统党控文化形式则逐渐与大众消费的逻辑拉开了距离（例如，Fung，2003；

Keane，2006；J. Wang，2008；Jing Wu，2006；Zhu & Berry，2009）。与不断变化的社会经济和文化形势相适应，媒体本身的新闻和娱乐话语方式同样也经历了巨大的变化（例如，孙玮，2008；孙玉胜，2003）。

但另一方面，非政治性内容生产机制的相对开放、财务和管理结构以及话语方式的变化，并没有触及媒体作为一种社会制度的国家主义属性。尽管宣传也只是新时期媒体的诸多功能之一，而不像改革前那样具有绝对的主导性和广泛渗透性（Lynch，1999），但在本质上，媒体依然是受到刚性政治原则制约的国家主义意识形态调控者（Brady，2008；Cheek，1989；C. －C. Lee，He，& Huang，2008）。1980年代之后，在汲取历史经验的基础上，执政党重申、强化并改进了其对媒体和公共信息渠道的管理，全面巩固"意识形态和思想政治工作"（例如，Brady，2005，2006；Brady，2008；陈力丹，2008；Q. He，2008；Y. Zhao，2008a）。通过由物质性和象征性惩戒系统同时支撑的防御性措施（C. Huang，2007b；G. Wu，1994；Y. Zhao，2008a），执政党一国家成功地杜绝了私营或外资对媒体和其他关键意识形态领域的全资或多数控股，确保了市场化改革不会削弱其在宣教大众、维持发展主义策略、建构国家认同和团结、维系政治合法性、防止和边缘化异端意识形态的出现等方面的权威和主导地位。与世界其他地区右翼官僚威权体制（例如 Canak，1984；Harbeson，1998；O'Donnell，1978；Sen，2008）下的情况类似，以发展主义为指导的中国媒体始终被要求无条件地追随政治党一国家的政策路线。政治服从始终是媒体发挥其他功能（广告的传播者、基层官员渎职行为的揭发者或大众娱乐产品的提供者）的前提。因此，无论改革时期媒体的宣传方式已经变得如何软化和具有策略性，更加世俗化和具有批判性，媒体以及其他一切能够发挥象征性互动中介功能的手段（如教育、艺术）都始终处于执政党一国家的严格监督之下，并在体制身份上始终成为后者的一部分或忠诚的合作者。市场化的目的是通过驯服市场手段来服务于新形势下有限多元化文化消费的大众需求和重构合法化意识形态叙事的国家需求。

因此，改革时期的中国媒体呈现出矛盾的双重属性："既是市场中的商品，同时也是意识形态机器"（Winfield & Peng，2005，页261）。换言之，媒体必须同时侍奉执政党一国家和市场这两个主体（Y. Zhao，1998），或国家主义面孔和市场主义身体相组合的（C. -C. Lee，et al.，2008，页28－29）"党营舆论有限公司”(Z. He,1998;C. -C. Lee, et al. ,2008)。在执政党特许的条件下,媒体的运营结构变为逐利的商业模式,同时传媒业也逐步演变为一个寡头垄断的市场结构,享有巨大的垄断利益(邓炘炘,2006)。这一市场化运作的党营舆论体系以一系列有限创新(Pan,2005a)为基础,包括对不同媒体内容类型、广播电视频道、同一媒体的不同版面或时段之间的分离,并对其分别采取不同的管制规则,使其能够分别完成服务于宣传任务和满足市场需求的目标。以报业改革为例,其中突出的现象之一是都市报或所谓的“国营小报”(C. Huang,2001)的兴起。正如陈卫星(1998)所指出的那样,从理论意义上说,这些报纸的出现表明:

> 信息资源的扩大化和社会化是中国社会转型的重要特征,新闻传播不再仅仅限于一个单独的宣传使命,而是重新建构社会的一个重要工具,一个真正的社会纽带。各种社会信息的开发和交换有利于为市场经济的发展创造更大的社会参与的可能性,在象征层面上成为社会再生产的重要资源。

这种差异化策略在各种不同类型的媒体中均有应用,使得中国媒体在总体上演变为一种双层结构。这种结构代表着改革语境下“权力与资本间的复杂共谋关系”,其目的是“在消解政治压力的同时最大化经济利益”。其中,作为母体的政治宣传是第一层次的目标,而第二层“由‘软性’部分构成”,目标则是“娱乐大众,提供信息告知服务,同时服务于人伦关系和知识的社会建构”。这种具有不同功能和目的的双层制度创新,相对有效地调适了具有内在矛盾的双重功能属性相互嵌入所带来的体制性阵痛(C. -C. Lee,et al. ,2008,页 28)。

中国媒体体制分析的不同路径

关于中国媒体改革的性质及其后果以及国家一媒体一市场三者间的复杂关系,媒体研究领域已经出现了大量从比较分析的视角探讨非西方社会语境下,特别是改革语境下分析中国媒体体制及其传播实践的学术论著(例如,邓炘炘,2006;胡正荣,2003;C. Huang,2007b;Pan,2000,2005b,2008;Sparks,2008;孙旭培,2010;Winfield & Peng,2005)。这些研究以不同的方式,对改革时期中国媒体的制度结构和实践模式加以界定:市场和执政党一国家力量间的推拉关系或协商(例如 Z. He,2000;C. Huang,2007a;Polumbaum,1994;X. Yu,1994),功能差异化的双层模型的'党营舆论有限公司'(Z. He,1998;C. -C. Lee,2003;C. -C. Lee,He,& Huang,2007),展现执政党—市场法团主义(corporatism)[①]制度安排的领域(C. -C. Lee,et al. ,2007),与市场宰制为特征的全球新自由主义紧密相关的权力与资本互动的场所(例如 B. Zhao,1999;Y. Zhao,1998,2000,2003,2008a),或标志着中国搁置或停滞的政治现代性的一项未完成的改革工程(例如,甘惜分,2007;林晖,2004;孙旭培,2010)。根据李金铨(2000)的看法,这些不同的论点可以归纳为三种主要的分析路径:自由多元主义观点、批判的新左派观点以及马克思主义改革派观点。

以承认并捍卫个体独立自主性和言论出版自由的传统为基础,自由多元主义的观点对市场经济发展和相应的媒体体制改革大体持有肯定的态度,对市场因素所带来的松绑和潜在的解放力量持有积极的评价。但与此同时,自由多元主义观点的支持者同样对政治层面改革的相对滞后导致的媒体改革停滞表示失望(例如 J. M. Chan,1993;Chu,1994;Pei,1994)。根据这一路径,市场的发展虽然不会必然带来政治秩序的重构,尽管制度核心维持了原有的基本样态,但市场化改革给传媒业所带来的积极变革之一是从"动员的极权主义"(mobilized totalitarianism)到"非动员的自由化"(demobilized liberalization)的转变(C. -C. Lee,2000,页 560)。[②]但同时自由派担心市场有被无限制的国家权力扭曲的风险,导致权力和资本间的

---

① 法团主义这一概念被广泛用来分析不同时空语境中各种不同的制度现象。因此,对某些人而言,它已经成为一个一般化的概念(Williamson,1999[1985])。法团主义描述的是这样一种政治、经济或社会组织系统:由国家组织和规制的法人团体被视为是以有机的社会团结、功能区分和个体间的不同角色为基础的集体主体。法团主义强调阶级和群体利益的和谐,而非群体间的利益冲突,并试图将代表不同社会组成部分利益的群体纳入民主的政策制定机构之中,从而实现社会和谐的目标(Wiarda,1997)。尽管这一概念源自西方,在中国语境下,由于执政党和国家对社会的严格控制和市场社会变革的艰难推进,法团主义逻辑和实践被视为是在处于萌芽状态的中国准公民社会中广泛存在的一种现象。这一现象以官方批准的准非政府组织和私营经济联合体为代表。实际上,相关的经验研究表明,"中国非政府组织发展的一个显著特征就是,与其较弱的政治角色相比,这些组织大多与国家之间保持一种合作的关系"(Q. Ma,2006,页 207)。

② 根据李金铨(2000)的观点,"非动员的自由化"过程有三个特征:首先,媒体所处的一般政治体制是"威权而非极权性质的",因此,媒体的任务不再是"毛时代群众运动中那种对统领一切的绝对主义的社会主义意识的重塑"。第二,随着市场的扩张,媒体的受众群体日益呈现出多样化的不同需求,同时国家意识形态的影响力逐渐减弱。作为对这些变化的回应,传媒业展开了各种改革实验和新闻业务的自发创新。第三,媒体的功能已经从纯粹的喉舌转变为"党营舆论公司",其政治忠诚是其经济特权的前提条件。媒体的要务是通过维护政治合法性来交换市场利益,而不是简单的宣传工具。

合谋关系(吴敬琏,2009;周瑞金,2009)。同时,中国媒体制度和新闻从业者在中国政体中“悬而未决的地位”(de Burgh,2003b)导致对新闻业者权利缺乏基本的制度保护,同时也使得以道德和行业规范自律为基础的健全的新闻专业主义难以在中国传媒业成熟发展(陈力丹,2010;Pan & Lu,2003)。

第二个路径是马克思主义改革派观点。鉴于自由派观点在体制内部长期受到限制,体制内改革派成员必须在主流政策与制度框架范围内审慎地表达观点。自从1970年代末期以来,执政党抛弃了极左激进政治路线,转而采取了市场化改革政策。这一大环境的变化,在1980年代给了倾向于自由派观点的“新启蒙运动”以发展的空间(许纪霖、罗岗,2007)。以媒体和知识界为主,这一运动与中国自由主义传统,同时也与体制内改革力量相呼应。在新闻传播学界,这一思潮的主要成员,大多有曾经在党营媒体或在宣传部门工作的经历。因此,他们将自身的行为界定成为改革事业提供建设性意见。其论点也大多以对正统马克思主义经典文献的有选择的摘引阐释为基础,并以此来合法化改革主张(例如,陈力丹,1993;孙旭培,1994[1981/1984],2005)。[①] 但由于政治自由主义的挫败,同时也由于市场化飞速发展已经使得固守传统意识形态教条显得不合时宜,这一传统也处于相对边缘的地位。随着1980年代理想主义新启蒙运动的谢幕和市场威权主义的崛起,马克思主义改革派路径已经逐渐被自由派和新左派之间的激烈争论所取代(许纪霖、罗岗,2007,页194—250)。

比较而言,新左派路径对改革时代的中国媒体基本持否定的批判态度。根据这些观点,媒体已经堕落为既得利益群体在权钱合谋的资本主义全球化时代攫取利益的工具。与西方批判的左派观点一致,对中国的新左派来说,最关键的问题不是一元化政治秩序主导的国家和社会关系,而是与中国市场整合在一起的全球资本霸权及其极具破坏性的消费主义意识形态的崛起。正是这种意识形态,宰制或麻醉了曾经具有优越地位而如今却极度弱势的边缘群体,例如农民和工人(例如Y. Gan,1998;Hui Wang,1998)。在全球化和中国在全球经济中地位提升的语境下,新左派的观点把中国媒体及相关信息产业视为全球资

① 例如,作为新闻立法的主要倡导者,孙旭培等人在1980年代编辑出版了《新闻法通讯》(1984—1988)。这是改革时期最重要的专门探讨新闻立法和新闻改革的专业学术刊物(参见陈力丹,2009,第10章)。

本主义发展中的有机组成部分,"在跨国资本主义的政治经济结构重组中发挥着重要作用"(Schiller,2005,页 79)。在这样的条件下,媒体不仅仅受到国家权力的制约,同时被国家所支持的商业化和市场化过程所扭曲(例如 Y. Zhao,1998,2000,2003)。有论者甚至认为,1990 年代以来中国媒体产业的主要问题"不再是国家的过度控制,而是过度的市场化"(B. Zhao,1999,页 302)。因此,中国社会需要的是一个以社区共同体为基础的民主主义替代方案,既可以免于国家专断,也可以免于市场宰制(Y. Zhao,1998)。

尽管存在上述不同的传统和主张,但并不存在一个能够解释当前中国媒体发展和改革的复杂现象的普遍适用的模式。传媒制度类型分析的最早范例(Siebert et al,1956)源自冷战时代高度简化的意识形态需要,无法解释许多处于极速变革状态的发展中或转型国家的媒体状况(例如 Downing,1996;McQuail,1994;Merrill & Lowenstein,1971;Severin & Tankard,2001),更无法深入解释当前改革时代中国媒体的新情况。中国媒体制度显然包含有一些前所未见的特征,单纯的自由主义、威权主义或发展主义观点都无法完整把握这一转型制度的诸多特征。这对传媒规范理论提出了挑战。

总体而言,目前学术界对改革时代中国媒体的分析一般倾向于将之视为是相互交缠的执政党－国家权力与市场力量之间相互作用的产物(例如 J. M. Chan,1993;C. -C. Lee,et al. ,2008;Y. Zhao,1998)。在以执政党为核心组织的政治语境下,市场改革在塑造媒体制度方面发挥了复杂且多样化的作用。市场使得相对的自主经营管理成为可能,同时也为有限度的媒体实践创新和舆论监督提供了制度空间。但是市场只是制度变革朝向更加开放的方向演进的必要条件,而不是充分条件(Berger,1986)。如前文所述,改革的实际发展表明市场化要素的引入并没有改变中国传媒的基本制度属性,相反,市场被成功驯服为服务于国家主义使命的有利手段。不过,法团主义、市场自由主义以及威权主义要素在执政党－国家和市场力量互动中的悖论式整合,也并不意味着不存在由对公共利益的关切和理想主义动机所驱动的公共辩论和政治实践的空间。尤其是随着互联网的快速发展(G. Yang,2009),传统媒体监管的制度和技术基础都在发生快速转型,这为新的媒体制度的重构和不同实践模式的发展提供了诸多可能性。

改革时期的国内人口流动

迁徙权与前改革时代的人口流动

现代迁徙自由观念[①]是基于自然法的不可剥夺的基本人权之一。迁徙的需求根植于人类的本性，是“人类的基本特性之一”。正如世界经济合作组织(转引自 G. Liu，2007，页 14)的一份报告所指出的那样，

> 人类在本性上具有流动性。无论什么时代，什么地区，人类的迁徙现象是一切人类文明的共同特征。因此，移民和人口流动不应当被视为是干扰事物自然秩序的非正常现象。人口迁移和移动是正常的社会现象，因为迁徙是人类个体和集体生活的有机组成部分。当今世界对这一观念的认识远远不足，我们必须全面意识到它的重要性。

但是，这种典型的天赋人权和不可剥夺的个体公民权的西方观念，在近代中国并不存在。[②] 因此，自由流动和迁徙的观念及其相关的制度安排，只是随着社会的发展进步得到了部分认同，但还远远不能达到尊重和保护人民自由迁徙权的普世标准要求。我们承认国际移民政策作为国家开放程度晴雨表的重要性，但这里讨论的重点主要集中在改革时期中国社会内部的人口流动上。对这一问题的探讨，同样能够很好地说明前文所讨论的改革时代影响深远的社会变迁所取得的成就以及局限性。

改革时期大规模的人口流动基本上是自发进行的，且由于涉及的人口数量众多，因而具有巨大的经济和社会影响。不过，中国社会的人口流动和迁徙并

---

① 自由流动和迁徙也许会被看作现代观念，但是人类迁徙的实践早在 16 万年前的非洲即已开始(White，Asfaw，DeGusta，et al.，2003)。在更为晚近的时代，采取善治措施来吸引人口迁入被看作一个重要的政治策略。例如，孔子主张全面实施礼和仁是吸引人民归顺的重要前提：“上好礼，则民莫敢不敬；上好义，则民莫敢不服；上好信，则民莫敢不用情。夫如是，则四方之民襁负其子而至矣，焉用稼！”(《论语》子路篇第十三)同样，在其《政事论》(*Arthashastra*)中，古印度学者考底利耶(Kautilya)同样建议统治者努力建设国家(例如，设立医院)，由此促使邻近敌对国家的人民抛弃其统治者，转而归顺自己(Boesche，2002)。

② 关于中西公民权观念的差异参见下一章的讨论。

不是一个新现象。实际上，人口的流动在中国历史上始终扮演着十分重要的角色。一般而言，当下的人口流动在历史上有两类先例。第一个是晚清以来直到1949年的向关东地区和日益繁荣的沿海城市流动的人口迁徙。这一长期人口流动的主要驱动因素包括东部通商口岸的经济诱惑、避开战乱灾害和其他社会经济危机。大体上这一时期的人口流动是从人口稠密区向人口稀少地区迁徙，并得到了官方承认。以非正式的合法或非法的社会网络为基础的连锁式移民(chain migration)是中国社会内部人口迁徙的重要特征之一。第二个先例是从1949年到1970年代末这相对“静止”的几十年内由官方控制的人口迁徙。在这一阶段，之前那种可以自由流动的跨地区移民模式被禁止。与之前时期相比，这一阶段全体人民的自由迁徙权不复存在。绝大多数人被严格限制在其户口所在地的劳动单位之内，只有经过官方批准且大多非自愿的人口迁徙是可能的。这种迁徙的目的是服务于国家的政治和经济目标，而非增进迁徙者个体及其家庭的福祉。因此，这些迁徙“更多地是由对领袖忠诚的意识形态信念和以这些信念为基础的政策所造成的，而非实用主义的经济利益驱使的结果”(Lary，1999，页29—31)，因此，其经济意义相对较小。

国家、市场和农民工

户口制度在改革时期虽然已经得到了一定程度的“松绑”，但其分化和排斥的核心功能并没有发生实质性的改变。正因为如此，改革时期中国国内的人口流动呈现出许多矛盾冲突的特征。一方面，由于日益深化的经济市场化改革，社会流动性和城乡之间的人口移动急剧增加。在过去的十年内，中国农民工人数稳步增长。根据国家统计局(2015)的数据，截至2014年底，中国农民工的人数已达2亿7395万。大多数人的流动范围超出其户口所在地，绝大多数人的目的地是东部沿海省份。如表1.1所示(Fang & Wang，2010)，农民工几乎占2009年全部城镇就业人口的50%，这与改革初期只有两百万农民工的情形形成鲜明对比(国务院研究室课题组，2006，页3)。这些数量庞大的流动劳动力为发展迅速的发达地区繁荣的制造业、服务业、商业和其他经济部门提供了取之不竭的廉价劳动力。亿万低工资的农民工实际上成为中国在国际市场竞争力的主要来源，因此也成为国家经济繁荣的主要贡献者之一。

表 1.1 农民工与城市就业人口数量和年度增长 ①

年份	农民工		城镇就业人口	
	数量(百万)	年增长率(%)	数量(百万)	年增长率(%)
2001	84.0	7.0	239.4	3.4
2002	104.7	24.7	247.8	3.5
2003	113.9	8.8	256.4	3.5
2004	118.2	3.8	264.8	3.3
2005	125.8	6.4	273.3	3.2
2006	132.1	5.0	283.1	3.6
2007	137.9	3.7	293.5	3.7
2008	140.4	2.5	302.1	2.9
2009	145.0	3.3	313.1	3.6

但是另一方面，由于城乡二元对立的户口制度的延续性，流入城市的农村劳动力无法获得城市人口专享的基本福利待遇。由于被排斥在城市公民权之外，农民工成为中国社会最为弱势、最易被剥夺的群体之一。在城市社会，他们成为不能享有完整城市公民权的漂泊者。市场化过程虽然在一定程度上减少了国家对社会资源和经济活动的控制，但并不能必然消除这一具有中国特色的"等级制度"。

在一定程度上市场化改革促进国家放松了对社会流动性的严厉控制，因为人口流动性是市场经济发展必不可少的条件之一。但经济体制的市场化改革所带来的负面后果却引发和强化了对户口改革的抵制。这些反对力量主要来自负责治安和政治稳定的官僚、有大量外来人口涌入的较为富裕地区的地方政府、计划经济的受益者和城市主流群体等既得利益群体。任何符合流动人口利益的改革措施都会不可避免地损害这一利益联盟的切身利益。与一个背负"先前社会主义体制遗产"的依然强大的国家一道，市场"在城市人群中激起了一种计算成本的竞争性心态，其合理性在于导向收益的生成。这种心理状态强化了

① 数据来源：2001 至 2008 年的数据来自国家统计局各年份《中国统计年鉴》，中国统计出版社；国家统计局农村调查部各年份调查报告，《中国农村住户调查年鉴》，中国统计出版社。2009 年数据来自国家发展与改革委员会，2010 年《关于 2009 年国民经济和社会发展计划执行情况与 2010 年国民经济和社会发展计划草案的报告》，第十一届全国人民代表大第三次会议，北京。

对威胁到城市既有利益分配格局的外来陌生群体的歧视和恐惧症状(xenophobia)”(Solinger,1999b,页9)。

学者秦晖(2007)将这种情况称为“低人权优势”。正是这一制度安排,使得“被排斥在城市主流人群所享受的福利待遇之外的廉价且可控的劳动力成为随时可取的资源”,确保“该群体能够被轻易榨取、剥夺,甚至在经济衰退期有必要的话,可以随时被废弃”(F.-L. Wang,2010,页83)。为了服务于优先发展重工业而获取农业剩余价值的中央计划经济发展战略,国家在前改革时代建立起严密的户口制度。与此类似,改革时代对严格的户口制度的有限放开,同样服务于国家整体的发展主义经济战略。这一战略需要农村剩余劳动力能够相对自由地流动而不会失去控制,同时又需要维持这些劳动力内在的低等地位,以此吸引全球资本,并以最小的成本促进国家的出口导向型经济的发展(Fan,2008)。这一关于劳动力资本的基本事实成为“中国制造”和“中国奇迹”等主流话语中不能被言明的“不方便的真相”。由此,改革时期的国家、市场和农民工彼此相互影响,不断产生表面合理但实则自相矛盾的结果。无论国家采取何种经济政策,也不管人口流动的自由度如何,在前改革和改革时代,尽管执政党—国家不断调整自身的治理手段以适应变化的社会环境,但其对经济和社会发展大局的主导始终是一致的。

尽管如此,人口流动和社会变迁的国家或制度分析路径(例如,Amin,1999;Peck,1994;Skocpol,1979,1985)并不意味着全然否定市场化所释放的主体能动性。市场化从不能保证线性的政治和社会进步。但同时不可否认的是,1970年代末以来的市场化进程的确发挥了从高度压制性的国家控制下恢复社会要素流动性的功能,其中包括劳动力的流动。同时,市场也为一个逐渐兴起的非国家领域(non-state sector)(Zheng & Fewsmith,2008)的发展打开了一定的空间。正是在这些空间里,相对自由的社会行动者展示了巨大的能动性,他们利用市场和其他非国家空间,作为挑战甚至改变国家确立的规则从而建构属于自身的社会空间的场域。对流动人口,特别是对农村向城市流动的农民工来说,情况同样如此。一旦具备了最基本的制度条件,他们就会为了过上更好的生活,而不断通过“传统网络关系的市场化”来向外流动。通过各种日常生活抵抗策略,他们不断质疑、延展,甚至侵蚀了国家的人口管制体制所确定的制度边界(例如 Xiang,1999,2004)。

因此,对中国社会的人口流动问题的研究者来说,十分重要的是必须认识到无论是结构要素还是主体性要素,都不是静止的,不是彼此毫无影响的。尽管当前的制度安排远没有达到彻底根除针对流动人口的制度性歧视的要求,但国家在实施其管制目标的过程中,也从未毫无阻力地实现其目的。相反,它必须不断地调整体制以适应不断增长的社会压力,应对社会变化所不断释放出来的由无数个体、群体和共同体所构成的劳动力。这些行动者会利用一切能够得到的资源和可使用的手段,包括体制漏洞、寻租、游击策略、暴力,甚至是有组织的抗争,来捍卫其利益。与此相似,在媒体中和其他公共话语中展开的与农民工议题相关的公共论争,同样处于一种国家、市场和社会主体能动性所相互构成的制度型构之中。下一章将着重探讨与公民权概念、媒体和公共领域、在公共话语空间中展开的公共协商和公共论争,以及边缘群体公民权状况等相关的理论文献。

小　结

本章简要分析了自 1970 年代末以来中国社会宏观的社会经济转型及其政治局限性,宣传一市场主导的传媒体制,以及城乡劳动人口流动和户口制度对社会流动性的限制。这些分析都表明,改革时期的各种不对等、失衡和矛盾现象,无论是市场经济和威权政治秩序、商业化和专业主义动力与执政党一国家的刚性意识形态边界、快速变化的人口流动与作为限制流动和社会排斥机制的户口制度等诸多要素间的鲜明对立关系,均与突出"国家利益"的公民权概念传统相关。正如我们将在下一章所看到的那样,从这个视角看,一切短期或长期的对包括迁徙自由在内的基本权利的限制措施,都是通过国家利益或其他不同的延伸范畴(如社会秩序和稳定、社会和经济发展等)的名义加以合法化。显然,这种政治文化在对媒体和相关信息技术领域的规制中同样发挥着重要作用。所有这些方面共同构成了有关农民工的公共论争的基本制度和社会语境。以此为背景,下一章将把焦点转向对与公民权、公共领域、政治商议以及媒体和人口流动相关的学术文献的考察。

第 2 章 公民权、公共商议和话语论争

农民工议题的媒体再现与公民权问题之间存在辩证的紧密关系。作为公民权的象征侧面之一，媒体再现受制于主导性意识形态、媒体内外部的制度安排，以及这些制度再生产所在的社会结构。在公民权的建构和获得过程中，媒体既是一个独立因素，也是一个受制于其他事物的要素。一个制度化的、自由独立且多元化的公共领域，是实现民事、政治、社会和文化公民权所必不可少的必要条件。从中西对比的角度出发，本章探讨与下列四个议题相关的学术文献：公民权的观念，公共领域和公共商议，媒体与话语论争，以及作为公共领域和公共协商重要载体之一的媒体与移民群体（包括农民工）的社会再现之间的关系。首先，本章会对与中国当今改革语境紧密相连的中西不同的公民权概念做比较批判分析。然后会对媒体在其中扮演的重要角色且公民权在其中得以建构的公共领域、政治商议和话语论争等概念展开讨论。最后是对现有的有关媒体与移民群体研究的代表性著述的批判综述。

公民权及其在中国语境下的含义

为了更好地理解当前中国社会转型在诸方面存在的局限，包括

在媒体和社会流动方面存在的放松管制和强化控制并行不悖的矛盾现象，有必要对公民权这一概念的西方起源及其在中国语境下的演变，以及具有高度局限性的不同定义进行比较批判分析。

西方起源

在西方语境下，作为一个思考政治与社会生活思想和实践的框架，公民权(citizenship)的观念起源于古希腊的城邦国家(polis)和罗马帝国。如沙菲尔(Shafir，1998，页 3—4)所指出的那样，在希腊城邦国家中，公民权的出现是一个“双重解放过程”的结果。一方面是从部落束缚中解放出来进入公民联合体(civic communities)，另一方面是从“必然性的工具性领域”(instrumental sphere of necessity)进入“自由的领域”(the sphere of freedom)。在这一新的领域中，公民权使得一小部分男性公民可以自由参与到公共事务的决策过程之中。但在罗马帝国，这一公民权的概念被弱化了。新的定义使得公民权变为一种“可以免于皇帝及其代表侵犯的法律地位”，因此这一概念被理解为在法律保护下可以成为业主的权利，而非与共同体的其他成员进行政治商议的自由权利。随着时间和空间的变化，人们建构和实践公民权利的环境不断发生变革，公民权利及其相伴随的特定义务的本质和内容都发生了变化。在上述两种古代传统的基础上，现代公民权概念的发展与现代民族国家的出现和资本主义民主在西方社会的发展息息相关。“封建时代特有的那种臣服性(subjecthood)专制模式”逐渐被公民的概念所取代。公民被视为是平等、独立且自由参与“自我统治过程”的个体 (Kivisto & Faist，2007，页 15—16)。而近几十年对公民权问题的学术关注，则是对过去几十年里“西方民主国家日益增长的福利国家危机，实存社会主义制度的灭亡，对自由主义和社会民主的批判性质疑，以及信息资本主义发展”的学术回应 (Stevenson，2001，页 4)。

虽然存在诸多不同的定义且没有一个定义能够获得普遍认同，但一般来说，通常现代意义上的公民权概念指的是在一个特定的社会共同体(通常通过地理界限来定义)中一系列社会融合(或排斥)的制度安排。这些制度赋予该共同体所有成员平等的权利和责任。显然，这里有两个重要议题：成员身份或者归属问题，以及与此相关联的权利和义务(Turner，1993) 。在这个意义上，公民权始终“不可避免地涉及一个包容和排斥的辩证过程”，虽然成员身份所带来的权利和义务会随着时间和空间的变化有所不同（Kivisto & Faist，2007，页1—2）。因此，只有那些合法地进入某一共同体范围内的人有权获得完整的成员资格。而其余的在此范围之外的人，即便生活在同一地理空间之内，也无法获得成员身份，且被剥夺获得在社会成员间分配的社会资源的权利。

至于现代公民权所包含的具体权利，英国社会学家马歇尔（Marshall，1998[1950]）在他有关公民权和阶级不平等的重要论文中，从政治平等与实际存在的经济不平等之间的矛盾出发，区分了现代公民权的三个不同层面，即民事（civic）、政治（political）和社会（social）权利。到20世纪中叶，这些权利在多数西方国家已逐渐实现。马歇尔将社会变化引入公民权的研究之中，提出公民权利的逐步扩张，是将越来越多的社会成员融入国家之中的结果。在这三个方面，民事权利最早出现，包括了一系列法律赋予的个人财产和自由权利。政治公民权则指的是以选民、代表和社会运动的行动者参与政治权力运作的权利。而社会公民权，根据马歇尔（Marshall，1998，页94）的说法，则是这一概念的社会经济层面，指“共享社会财富和遗产以及过一种基于社会通行标准的体面生活的权利”。其中民事和社会权利之间既存在关联，也存在冲突。前者主要在于使社会主体免于国家权力干涉，但它与社会不平等之间并无必然对立。相比较而言，后者使得公民有权要求国家提供必要支持，因此，它是“一种与吁求者的市场价并不对等的可要求获得实际收益的普遍权利”（Marshall，1998，页107）。马歇尔因为其观点的“英国特质”（Englishness）而受到批评。他的看法是建立在20世纪英国经验的基础之上的，同时他也忽略了文化维度，将公民视为被动的权利接收者，而不是积极的参与者和能动者，忽略了动态的社会斗争过程（批评意见参考 Barbalet，1988；Rees，1996；Roche，1992；Turner，1993，1994，2001）。尽管如此，迄今为止，马歇尔的著作依然是关于公民权论争的理论基石之一。

在早期理论发展中，已有不少人尝试将公民权的政治、经济和社会层面与文化层面结合起来。例如，雷蒙德·威廉斯（Raymond Williams，1961）探讨了通过他所谓的“漫长的革命”在资本主义政治经济体制下实现一个更加民主、多元和具有参与性的大众文化的可能性（Stevenson，2003）。马歇尔的三分法公民权概念所缺少的正是这一文化维度。在新近的研究中，随着多元文化和全球化进程的发展以及民族国家边界遭遇到全球信息流动的挑战，文化公民权已经成为一个日益重要的概念。正如特纳所指出的那样，全球化“提出了与个人身份认同相关的新问题，从而使得多元文化身份以及通过公民权身份的占有而获得文化权力等议题变得十分重要”（Turner，2001，页 12）。

文化曾被认为是意义和审美实践，是一个身份认同和差异的领域，因此与公民权是截然不同的。公民权是一组更具有普遍意义的涉及特定政治共同体中的成员身份、社会融合、排斥、权利与责任的价值和制度安排。但是，随着全球化进程中信息技术和多元种族移民的快速流动，普遍意义上的公民权和多元文化身份逐渐彼此相连。在这一语境下的文化维度，不仅是对民事、政治和社会权利，即对公民权的政治经济维度的补充，而且应当被视为是公民权概念本身的一个内在组成部分。斯蒂文森指出，无论“我们讨论的是风险社会，网络资本主义，还是社会运动的关切，象征层面的挑战和社会排斥的观念始终是处于重要的核心位置。命名的权力，建构意义和对现代社会的信息流动施加控制的权力”已经成为“当下最核心的结构性分化之一”。因此，权利“不只是仅仅建立在物质维度之上，同样涉及质疑既定规则和重构共识框架的能力”(Stevenson，2001，页 2)。就此而言，在一个日益文化多元的全球化世界中，文化公民权可以被理解为一个文化赋权(empowerment)的过程。在这一过程中，社会共同体的成员不仅获得参与建构民族文化的能力，更重要的是，能够自由地、民主地、有效地、成功地创造流动的、可转化、可颠覆的不同的文化和成员身份形式(Turner，2001)。

有必要指出的是，这一四重维度的公民权概念同样是高度语境化的，其现实背景是西方发达社会。即便是在这些国家中，由于传统和文化情境的不同，对公民权特定概念的理解同样有着巨大的差异。非西方国家的差异则更为悬殊，因为支撑现代西方公民权概念和实践的诸多前提在这些国家并不存在，或者尚处于萌芽状态。这些前提包括高度成熟的宪法政治体制和基本的民主制度（公民能够参与法律制定以及政治活动），相对独立于国家的公民社会（Walzer，1998）以及公共领域（Habermas，1991），由此公民可以在不受国家权力直接干涉的情况下相对独立地参与自我组织、结社、公众辩论和其他公共事务。无论这些要素在日益全球化、碎片化、流动化的后现代西方社会语境下被如何重估，不可否认的是，正是建立在这些成就的基础之上，关于重建一个更加多元和包容的公民权形式的争论才变为可能。

尽管这些观点并不意味着否定公民权作为一个理解不同社会的分析工具所具有的优点，但社会语境的差异的确限制了西方公民权概念以及关于公民权利和责任界定的具体观念在非西方或非民主化社会中的适用性。因此，对某一社会的特定历史、制度和社会情况的具体分析是必不可少的。正如美国社会学家苏黛瑞所指出的那样，尽管不同的理论家提出关于公民权具体内容的不同界定，"迄今为止，在关于这一主题的文献中，西方学者始终占据主导地位，且在绝大多数时候，他们总是从西方视角看问题"(Solinger，1999，页8)。这一"欧美视角"的公民权概念深植于"公民与法治传统"，其所涉及的"主要是对共同体政治生活的参与"，而在其他社会情景下，因为不同的历史传统和现有制度，这些论点或许并不完全成立。公民权概念的本质和特定含义是随着不同的政治、社会和文化条件的变化而变化的(Marshall，1963；Meehan，1993；Solinger，1999)。因此，对不同国家的研究需要考虑到"为权利而斗争的历史，获得权利的社会条件，规定权利边界的政权或国家的类型，以及公民权利的特定社会构成"(Shafir，1998，页15)。苏黛瑞(Solinger，1999，页7)强调了现有制度安排的重要性。因为正是这些制度安排限定了公民权的定义和具体内容，从而影响到社会行动者的实践。但同时反过来这些制度又不可避免地受到过往制度和社会条件变化的制约。因此，对特定社会中公民权的社会建构的语境化考察，既要考虑社会制度变迁的正式层面，例如政治结构和法律体系的变化，同时也要考虑到社会意识形态的演变和社会行动者的主观能动性等非正式层面。

中国语境下的公民权观念

在中国，公民权观念的本质和内容受到政治、经济和文化等层面的结构性要素的高度限制。从长期的社会变迁视角来看，这些结构性要素同时又受制于更为广大的历史惯性以及社会变迁的力量。在这一推一拉相互作用的过程中，中国语境下的公民权概念和具体实践，呈现出与绝大多数西方国家不同的情形。在将近两个世纪追寻现代性的历程中，中国的公民权观念和实践在不同的历史时期呈现出不同的形式，因此需要从比较分析的视角加以考察。末代王朝覆灭后的现代中国国家通往宪法政治国家的道路始终处于进行时。这一基本事实对现代中国公民权观念及其实践至关重要。

在规范的意义上，正如科维斯特和菲斯特（Kivisto & Faist，2007，页 13—14）所说的那样，"所有现代国家都将其合法居住者称之为公民"，但"公民权离不开其姊妹范畴——民主"，因为在"非民主国家，国家的合法居民只是统治对象而非真正意义上的现代公民。他们拥有社会成员资格，被要求承担特定的责任，但是他们缺乏民主的权利"。因此，他们坚持认为，"只有民主国家存在公民"，尽管"实际现存的国家处于一个政治光谱上，其中有些国家比其他国家更加民主"，"这对公民权的形式，特别是其内容，具有重要的影响"。这一严格界定在西方传统下是成立的，但是也难免太过狭隘，同时在更广泛的语境下，显得比较僵化。根据这一定义，同情地理解和分析政治转型国家的公民权状况成为一种不可能之事。用这一本质主义化的概念来理解非西方或政治转型社会中的情形，实际上把公民权和公民概念本质化为某种固化的事物，而不是一种动态生成的状态。

与这一静止的规范性公民权概念不同，在他们对现代公民权观念演变的历史考察中，哈佛大学学者谷梅和裴宜理（Goldman & Perry，2002）采用了一种更加中立的方法把公民权定义为社会成员和国家之间的关系，无论国家政体的性质是民主的还是威权的。在这个意义上，公民权一方面指的是在某一政治共同体中的成员身份和资格，另一方面，它指的是"这一成员资格的质量"。这两个方面都受到诸多变量的制约。与前述方法不同，谷梅和裴宜理（Goldman & Perry，2002，页 2—3）指出：

> 政治公民权的概念强调的是职责、义务、主张以及/或权利等这些将社会成员与现代欧洲语境相结合的要素，从而使我们注意到国家—社会关系。但是公民权并不局限于此。与民主政治一样，在威权政治中，同样存在公民权，它指的是国家和社会成员之间的一系列法律、政治、社会以及经济关系。与通常被解释为相对于独立于国家控制的公民联合活动领域的公民社会不同，公民权观念的前提并不假设任何国家或者社会的独立自主性，相反，它强调的是两者之间的特定关联。而且，同样与对公民社会的某些解释不同的是，"公民权"这一概念并不

具有必然朝向自由民主政治演进的目的论内涵。

显然，这个定义使得对政治社会转型国家公民权的研究变为可能。但需要指出的是，虽然一个价值中立的公民权定义使得对非西方经验具有同情心的学术研究成为可能，但不可否认的是，现有的对民事、政治和社会权利的一般理解依然具有广泛的参考价值，是判断绝大多数国家公民权观念及其实践状况的一个参照系。在其数千年的古老文明，特别是过去两百年的革命和改革经验的基础之上，中国人发展出具有中国特色的公民权形式，从而与别国的公民权形式产生差异。但同时我们也必须意识到，这些公民权形式受到社会成员与国家之间不断变迁的关系的制约。作为对西方影响的回应，现代中国国家政权在不同的历史时期曾经对理想形式的公民权形式给出了不同的阐释。这就要求我们必须对那些在形成公民权的本质和具体内容中具有决定性影响的要素加以特别的注意，正是这些要素使得特定公民权的形式和内容变得与众不同。

同时，我们还需要对真实的社会生活实践进行考察，因为在生活过程中，社会成员并不是被动的行动者，而是积极的行动者。他们受到与公民权相关的观念的启发，进而通过形式多样的公民实践活动对公民权的话语和制度形式产生影响。用詹姆斯·斯科特(James Scott，1992)的话来说，即通过所谓"隐性文本"来挑战、甚至重写公民权的话语和制度边界。因此，即便现代中国历史上的诸种国家政权形态依然与西方政体形式存在本质区别，总体上延续了威权或晚期威权制度特征(例如 Ho，2008；吴强，2009)，故而公民权所容纳的权利和责任界定的特定内涵和内容与一般西方情形不同，但这并不意味着辨析和阐释当今中国的公民权概念的内涵与实践是毫无意义的。

有学者指出古代中国丰富的民本思想与现代意义上的公民权概念之间的潜在关联，并试图从中挖掘出论证本土民权思想的历史资源。例如，夏勇(2005)通过对先秦文献的梳理发现，"民惟邦本"的观点并不是后来被历代政治意识形态所扭曲的统治术意义上的"以民为本"语境下的"固本论"或"失本论"。相反，这一经典说法应被理解为与现代意义上的人本和人民主权观念不相上下的思想。但他也承认，从权利实现机制的角度说，中国古代的民权思想缺乏西方自由主义哲学传统中所固有的自然权利(natural rights)这一人性概念的支撑，而只能依凭儒家等学派所提出的"德"这一概念所阐发出的德行以及更重要的德性来得到模糊的实现。但这样的思想在儒表法里的实际历史政治实践中几乎湮没不闻，直到明末清初才有一定程度的复兴迹象。不过，这时已经是西学东渐的前夕，传统中华文明正面临近现代世界格局巨变的风雨飘摇。换言之，在两千多年的历史进程中，作为思想的民权意识始终没有在实际制度安排中找到切实可行的操作途径，没有成功转化为一种制度操作概念的民权观念，只是停留在非制度化的破坏性政治正当性的民权层面。

严格来说，现代意义上的公民权概念大约在一个世纪前从西方引入中国（X. Yu，2002），并对中国传统政治思想产生冲击，其内涵在现代中国历史语境下始终是不断变化的。在汉语中，其对应的词汇也有不同的表述，这使得相应的理解变得更加复杂。在诸多表达中，市民、国民、公民是最常见的与英文的citizen相关的几个词汇。[①] 但是，这些词汇所强调的重点却不尽相同，分别"基于不同的地域范围和政治原则包容和排斥不同的社会成员"。例如，"市民"这一概念基本上与在近代中国政治运动中扮演重要角色的现代城市和都市阶级的崛起有关，而"国民"则指属于一个民族国家的全体人民，从而反映出近代中国历史所面临的空前的民族危机。比较而言，"公民"这一说法更接近西方语境下的citizen一词的意思。正如谷梅和裴宜理（Goldman & Perry，2002，页5）所指出的那样，这些不同的说法以及其他相关的表达

> 突出了国家—社会关系的某些独特方面："国民"所强调的民族主义，"公民"所强调的公共精神，以及"市民"所强调的城市权利与责任。这些不同的说法被不同的人以不同的方式使用以实现其不同的政治意图，这反映了现代中国公民权争论的丰富性。

尽管西方公民权概念的界定越来越强调群体和文化的层面，但大体上是建立在对个体自由和自然权的自由主义式理解基础上的。与此相比，中国学者对公民权概念的接受与再阐释呈现出不同的面貌。在他们对现代中国政治思想史关键词的详细考察中，金观涛和刘青峰（2009，页71—99）指出，几乎所有重要

① 在西方语境下，例如在澳大利亚，citizen一词可以用来表示各个层面的公民权。一个人可以成为悉尼、新南威尔士州或者澳大利亚联邦的公民，在这些不同的政治管辖层面，个体拥有不同的权利和责任。这与其他西方多层级民主国家的情形类似。

的西方现代政治思想概念，例如权利、个体、公共领域、社会、民主、民族国家，以及其他由此演变而来的概念，当它们在清末民初被引入中国之时，都经历了被中国知识精英进行重构的过程。这些知识分子竭尽全力试图从中国思想和语言中寻找合适的对应表达来翻译这些西方概念。在这个过程中，现代中国知识分子难以避免要遭遇知识和思想上的阵痛，把西方思想与传统的维系帝国时代国家社会秩序的儒家范畴整合起来，从而使得这些舶来品在本土语境下能够被理解且具备合法性。不过，这一过程所带来的非预料性的结果之一是儒家从公共空间的退出，并在20世纪第一个十年逐渐演化出一个儒家与西方思想并列的二元局面。在这个二元格局中，宗族主导的私人领域依然受制于儒家伦理，而所谓的"士绅公共领域"①则逐渐浮出水面，并逐渐在王朝国家和宗族组成的草根社会之间形成一个独特的由可以自我结盟的教育精英所构成的独特社会空间。但最终士绅阶层试图建设君主立宪政体的失败导致了王朝崩溃。这一近代中国史上的重大事件，在某种程度上可以解释为由士绅权力的过度膨胀及其与帝国权力的不可调和性所导致的结果。随后共和国早期的混乱政治斗争同样未能实现其革命诺言，没能建立起一个稳定的民族国家，而是陷入军阀混战的内战局面。在这种情形下，在著名的五四运动和新文化运动中，西方思潮与儒家二元对立的状况遭到对传统儒家伦理和西方思潮都感到失望的知识分子的猛烈攻击。结果是，伴随着两个苏俄式革命政党的出现，一种新的激进主义革命意识形态逐渐崛起。持续的革命和内战，逐渐将王朝国家改造为一个执政党与国家体制高度同一化的政治模式。

在这整个过程中，对不可剥夺的个体权利这样的观念的中国式理解和重构，从未与这一观念的西方源头所表达的含义完全一致。在中文中，与英文

---

① 有论者(如 Rankin，1986，1990；Rowe，1984)提出，在18至19世纪的东南沿海商业繁荣地区，中国曾出现过一种近似于哈贝马斯意义上的公共领域形式。但其他人(如 Wakeman，1993，1998)则不同意此说，而是认为这种所谓的"公共领域"并不是完全独立的，相反，它完全从属于王朝权威。但金观涛和刘青峰(2009，第71—99页)则指出，完全意义上的"公共领域"并不存在，直到20世纪早期，作为西方舶来思想与儒家思想互动的产物，出现了他们所谓的"儒家士绅公共领域"。但这一所谓的"士绅公共领域"依然不是典型的以自由民主政体出现为基础的哈贝马斯意义上的公共领域。这是因为，这一"士绅公共领域"的参与者不是拥有自然权利的独立个体，而是代表着宗族利益的教育精英阶层。换言之，占据这一空间的并非自由平等的个体，而是宗族。由于横亘在儒家宗族的私人空间和受到西方思潮影响的政治社会生活公共空间之间的障碍并未消除，个体依然依附于家庭或宗族。在这种情况下，不可能出现独立平等自由的个体观念。

的 individual 对应的是“个人”或“个体”。但在将这一概念引入中文之际，对西方个人主义的中国式重构受到两种相互矛盾的力量的驱动：一方面，主导着家庭和个人事务的传统儒家伦理被颠覆了，从而将个人从宗族控制中解放出来。在本体论的意义上，个体被视为先于家庭和社会而存在。但是另一方面，当个体独立性在现代中国思想中变为一个常识观念的时候，激进知识分子倾向于根据这一常识观念来评判个体权利状况的社会现实。面对个体间巨大的政治经济不平等，激进知识分子开始质疑自由主义的个体权利观念的有效性和普世性，并突出强调权利的阶级本质。非阶级的个体权利理论逐渐被抛弃了（金观涛、刘青峰，2009，页 169—170）。这就导致中西之间在公民权定义方面出现了一个重大差异，即在现代中国的个体观念中，权利并不被视为对任何人来说是天赋且不可剥夺的。对公民权所应包含的具体权利和责任内涵的实用主义策略被用来合法化对绝大多数人利益的维护，即便这意味着对某些人群的某些权利的剥夺，甚至是彻底的社会排斥。现代中国历史上的历代统治集团都表达过类似的观念，即为了建设一个稳定、富强和繁荣的民族国家，一定程度上的权力集中及其对基本公民权利的限制是一种不可避免的代价（金观涛、刘青峰，2009，页 176）。

在这种国家主义主导的政治实践和意识形态语境下，个体公民权所应具备的权利内涵，只有在当它们对推动经济发展、维系政治稳定和社会秩序发挥工具性的积极价值时，才被视为是正当的。其正当性与建立在自然法和个体自治基础上的不可分割的自然权观念存在本质性区别。换言之，尽管公民权的中国式定义在表面上同样是由国家所赋予的成员资格和权责边界所构成的，但它缺乏一个内在的十分核心的自然（而非后天赐予的）权利和自治个体的观念作为其逻辑基础。因此，中国的公民权概念始终受制于国家、集体或国家的宏观政治目标所赋予的责任的束缚，权责边界的模糊性也随着现实政治经济目的的考量而发生变化，从而与沃伦（Warren）所谓的“拥有权利的权利”（the right to have rights）相去甚远（引自 X. Yu，2002，页 290）。正如安德鲁·纳森（引自 Goldman，2002，页 159）所言，自晚清以来的中国国家政权从未把公民权所包含的基本权利范畴视为是天赋的自然权利，而是国家赐予的。国家赋予公民民事和政治权利的目的只是为了使得他们能够为国家的繁荣做出贡献，而不是为了让他们能够限制国家权力。因此，尽管马歇尔所提到公民权的三个不同层面在中国历史上的宪法和全国性法律中被不断提及，但“它们顶多只是一些概念，并不受到任何制度、执行机制和具体法律的支撑”（Goldman，2002，页 163）。在现实中，公民权的修辞文本与被复杂的政治经济权力结构所规定的实践之间存在巨大沟壑。理论上，宪法、法律和政治意识形态文本以宏大的修辞方式表达了对公民权的基本权利和责任要素的确认，在实践中，不少立法进程也逐步对这些原则加以进一步确认（Goldman & Perry，2002；Kellogg，2008；X. Yu，2002，页 297）。但总体而言，近代中国司法体系缺乏将公民权的权责边界在制度化层面加以具体落实的政治条件。在近现代中国动荡的历史中，对公民和公民权等概念在不同历史时期的政权统治之下的定义差异很大。这充分表明了中国语境下的公民权观念及其实践的不稳定性和工具属性。

基于这样的背景，不难理解为什么公民权的民事和政治维度在中国社会历史进程中的制度化程度如此之弱。实际上，尽管传统上共同体归属意识在中国语境下尤其强烈，共同体成员身份却很少一定会为全体成员提供平等的参与政治和社会事务的权利。相反，管理权始终掌握在精英手里，先是享有特权的贵族，后是士绅阶层。普罗大众拥有的共同体成员资格只承载与其责任及其在社会等级体制中的位置相适应的一定的社会保护或基本福利功能。在中国，数世纪以来，对社会公民权的重视一直优先于民权和政治公民权。因此，与马歇尔的欧洲经验模式不同，公民权理念及其实践在中国呈现出相反的演变过程（Goldman & Perry，2002，页 5—6）。20 世纪末经历了市场化转型的中国社会，依然延续了这一倒置的发展模式。正如欧布莱恩（O'Brien，2002）对中国底层村民选举的经验研究所表明的那样，大多数普通人，与其前辈一样，并不把公民权视为是自然的和不可剥夺的，他们也没有对主流的观点持有不同的意见，即权利是国家赋予的，其目的是为了社会和国家的发展进步，而非为了让个人真正有权参与政治抉择。在他们看来，公民权更多只是一种对能够提供基本福利的共同体成员资格的承认和宣誓，而不是一种基本政治权利的主张。这充分反映了现代中国公民权实践在观念层面的局限性、复杂性和独特性。

但需要说明的是，这些局限性不意味着人们为权利而斗争的真实过程是没有价值的。规范理论意义上的差异，与日常实践的动态生成的实然性之间，存在复杂的张力。自改革开放以来，在基本体制核心并未发生变化的情况下，各种不同背景的社会群体基于各种利益或价值诉求不断展开对主导性公民权定义的重构活动。替代性界定不断涌现，这些观念始终“在边界定义(boundary definition)的过程中发挥了重要作用”(Goldman & Perry，2002，页 3)。这些观念体现在各种类型的社会实践之中，既有全面市场化之前的政治思潮及其实践，也有市场化之后对制度性腐败侵犯草根利益的底层反应。①

正如墨菲和冯文(Murphy & Fong，2006)所指出的那样，绝大多数与中国公民权相关的文献都集中关注国民身份和国家通过意识形态和法律进行的公民权的权责制度安排。对国家视角的公民权的关注突出强调了中国公民权的制度和结构局限性，但缺乏对“主体能动性和边缘行动者的经验的解释，而正是这些人群创造、抵制或者不得不生活在国家的这些策略所带来的影响之中”。在这个意义上，无论公民权的本质和范围是多么局限，依然有必要对特定社会中公民权剥夺最严重的群体加以特别的关注，以此平衡这一学术视角的偏差。各种法律、政治、民事和文化公民权的类型及其相关的各类制度障碍决定了基本的社会融合和排斥机制。但同样正确的是，在这些制度下，人们始终能够利用一切可用的资源来挑战融合与排斥的制度边界。即便是被极度边缘化的社会群体，例如城乡流动的农民工，也不只是权力的消极承受者。在这个意义上，公民权的“分化及其所带来的不平等并不是永恒不变的”、某种静止的或不可改变的结构性事物。相反，公民权的特定制度安排与特定国家—社会框架内的社会成员的能动性之间存在一种互动的、辩证的和回归的关系。换言之，公民权及其社会结果限制了社会成员的行动范围，但是它们同样“在个体和社会斗争的过程中，不断地被更新、维系、遗失或者改造”(Murphy & Fong，2006，页 4)。

基于上述讨论，在本书中，公民权这一概念主要是指与成员资格和身份相关的融入与排斥机制，以及在社会成员中不平等分布的特定的法律权利和责任。因此，这里重点强调的是成员资格和公民权要素的分配，而政治层面的公

---

① 在将近三十年的发展进程中，1970 年代(Goldman，2002)和 1980 年代(D. Zhao，2004)的政治思潮及其运动与 1990 年代的草根维权之间存在一定的差异。前者倾向于意识形态的争论且提出更为激进的要求重构体制的要求，而后者则基本上是零散的所谓的“以法抗争”(于建嵘，2007)，其基础是广泛存在的由腐败和渎职造成的深层社会怨恨与矛盾。关于当代中国的社会冲突和抗争问题的简介，参见 Selden and Perry (2010)。

民权问题则处于一个相对次要的位置。这并不是说政治公民权不重要，而是因为当前语境下的实质性政治参与尚处于一个萌芽的阶段，绝大多数政治行动很大程度上表达了某种宣誓的象征性意义。尽管如此，经济、文化和社会资源的分配仍然是非常关键的公民权要素。不断深化的市场化改革依然使得中国社会的个人，包括那些被改革边缘化的群体，能够逐渐获得追求某些社会和文化权利的能力和可能性。没有市场化改革，这些情形是无法想象的。正是在对当下国家一社会关系背景下的公民权展开同情且具有批判意识的考察的基础上，农民工这一被极度边缘化的社会群体进入我们的视野，成为研究公民权的话语论争中的一个重要考察对象。

公共领域与商议

上文考察了公民权概念在中西语境下的不同含义。但无论这些语境的差异有多大，与其他社会世界的事物一样，公民权是文化建构的产物。通过影响公共领域中公共协商和论争的重要媒介之一的传媒的话语再现(representation)方式，社会主体不断地参与到对公民权各个方面的持续的边界重构活动中。从比较批判的视角出发，本节将考察与公共领域和政治商议相关的文献。

公共领域

在新近的政治与社会理论中，与公共领域(public sphere)和商议民主(deliberative/discursive democracy)相关的理论日益成为西方学术界关注和争论的焦点之一。传媒与传播研究深受这些争论的影响。诸如对公共广播体制的挑战、全球新自由主义浪潮所驱动的媒介放松管制等议题的讨论和研究，都受到公共领域相关理论的影响(例如 Hallin，2008；McChesney，2001)。在哈贝马斯(Habermas，1991/1989)具有广泛影响的著作《公共领域的结构变迁》(*The Structural Transformation of the Public Sphere*)一书中，公共领域既是一个历史范畴，也是马克斯·韦伯意义上的“理想型”(ideal type)，是一个“分析范畴，一个概念工具，既指向一个特定的社会现象，同时也能够帮助我们对这一对象展开分析和研究”(Dahlgren，1991，页 2)。因此，这一概念既是描述性的，也是规范性的。作为一个隐喻性的概念，它指的是一个公众意见能够在其中得以形成的社会空间或社会生活领域。在这个空间中，公民"处理涉及广泛利益的事物，且不受胁迫地表达和发表自己的观点"(Habermas，1997，页 105)。这里仅简述哈贝马斯的基本观点，以为后续讨论提供参考。

哈贝马斯在历史层面描述了现代西欧资产阶级公共领域的起伏兴衰。这些领域起源于咖啡吧、沙龙、美术馆、出版物和现代印刷媒体的公民交流活动。这是一个介于国家和私人领域之间的一个新的社会空间，与此前的由封建贵族国家和君主政体通过仪式性和象征性手段所展示的"代表型的公共性"不同(Habermas，1991，页 5—14)。新型公共领域是一种社会空间或论坛，一个政治共同体的绝大多数公民，特别是中产阶级成员，应能够平等地进入这一空间，从而能够进一步参与到与涉及共同利益的公共事务相关的理性且批判的话语论争之中，进而通过公众意见的自由表达，对国家权力的运作施加公民监督。用康德的话来说，自由的公共领域中的公民参与意味着"对理性的公共运用"(引自 Bohman & Rehg，1997，页 x)。

另一方面，培育和促进资产阶级公共领域繁荣的诸条件几乎在同时又很快开始削弱公共领域，从而使得这一领域成为一个充满矛盾、冲突和悖论的空间，最终导致其衰落。"支撑公共领域崛起的一个重要历史变化，是社会，特别是国家权威从日常和家庭生活的领域分离出来"(Roberts & Crossley，2004，页 2)。但由于商业化、城市化、工业化，尤其是 19 世纪中叶以来国家与市场对私人领域的不断重新侵入，这一支撑公共领域的核心条件开始消失，资产阶级公共领域开始崩溃和衰落，并最终在现代资本主义福利国家中彻底瓦解。根据哈贝马斯的看法，这些发展极大地模糊了私人和公共的边界，而这个边界是一个充满活力的公共领域所必不可少的前提条件之一。与此同时，公众的理性的批判性的辩论成为"重新封建化"过程的牺牲品，退化为一种新型的被国家和市场权力所控制的"代表型公共性"(Habermas，1991，页 158)。

哈贝马斯(Habermas，1987，1988)将这一暗淡的图景，称为政治和经济系统对社会生活的"殖民化"。在这一过程中，福利国家日益加强对个体日常生活的干预，同时公民和国家之间的理性协商沟通也退化为一种介于政治掮客和大众消费者之间的功利主义的策略性传播。特定政治共同体内个体公民之间的自由理性的批判话语论争，演变为一场自我利益驱动的政党之间为权力而彼此竞争的政治表演。传媒和新闻业传统的“批判角色随着广告业、娱乐产业和公共关系的发展而变得消沉。公共意见不再是一个理性的话语过程，而是媒体宣传和社会工程学(social engineering)①的产物”(Dahlgren，1991，页 4)。公众意见被日益等同于民意调查的结果，而有意义的政治参与、理性的协商和批判性的争论则被极大地简化和压缩，成为片段式的和程序性的选举投票和代议制民主。

但哈贝马斯的公共领域理论作为他更宏大的沟通行动理论的一部分，也因其实践和理论瑕疵受到不少非难(参见 Roberts & Crossley，2004，页 10－17)。该理论出现于 1960 年代，因此充满着根深蒂固的“徘徊于怀旧情绪和悲观主义之间的浪漫主义特征”。一方面，他把早期资产阶级公共领域理想化为一个自由和普世的典范，没有全面考虑到这个领域的父权制和排斥性特征，忽略了出现于工人阶级、妇女和其他边缘底层社会群体中的替代性或对立性公共领域(alternative or counter public spheres)的存在及其潜力。另一方面，由于受到其法兰克福学派前辈的影响，哈贝马斯对现代大众媒体的发展持有过分悲观的判断。他对系统和生活世界殖民化的二分法论断，没能考虑到语境化的公众对媒体信息的接受和阐释、意义生产以及对社会现实的话语建构的社会心理和文化过程的复杂性。同时，他的理性主义的沟通行动模式无法将公共传播中扭曲的以及表演性的层面纳入其视野之中(Dahlgren，1991，页 5－6；Garnham，1992，页 359－360)。

尽管存在这些不足，哈贝马斯式的公共领域理论，依然是建构不同的公共领域观念的分析框架，以及推动通过公众话语论争和商议等形式展开有意义的民主参与的重要理论起点和理论基础。正如加汉姆所指出的那样，虽然这些批评“大体上是有道理的，但他们并不意味着”哈贝马斯的论题“作为一个需要持久关注的议题，在考察与大众传媒和民主政治相关的当代紧迫议题方面，不再是一个富有成效的起点”(Garnham，1992，页 359)。在这些后续的学术努力中，对商议民主以及公共政策架构(framing)中公共论争的研究成为最相关且最重要的理论与实践成就之一。

---

① 所谓社会工程学(social engineering)一般是指对大众的信息操纵，引导其思维和行为方式，诱发行动或导致个人信息的泄露。参见 Goodchild，2010。

民主商议

在尤尔根·哈贝马斯(例如 Habermas,1987,1988,1991,1996)、约翰·罗尔斯(例如 Rawls,1993,1997,1999)以及其他学者(例如 Cohen,1989,1997;Elster,1997,1998;Gutmann & Thompson,1998)的影响下,商议民主作为一个相对较新的概念,自 1980 年代逐渐成为重要的民主理论之一[①],戴泽克(Dryzek,2000)称之为"商议转向"(deliberative turn)。西方发达资本主义社会代议制民主政治导致政治疏离,由此所引发的合法性危机,导致日益增长的不满情绪。从某种意义上说,商议民主是对这种不满的一种理论和实践的回应(例如 Crozier,Huntington,& Watanuki,1975;Habermas,1988)。从理论上说,商议民主的命题是这两种思潮相互冲突后妥协的产物:一种是强调基于多元利益的公民间冲突的自由主义观点,另一种则是追求基于共同利益和价值观的社会和谐共存的共和主义观点。从实践上说,商议民主是对自由民主理念及其实践的批评所带来的产物。这些批评意见认为,自由民主的理念在实践中已经背离了西方社会古典主义的民主承诺,同时也与左派理想主义者所追求的广泛而充满活力的公民政治参与相去甚远(例如 Forester,1999;Gutmann & Thompson,2004;Jacobs,Cook,& Carpini 2009;Kramer,1972;Milbrath,1965;Rostbøll,2008;Roussopoulos & Benello,2003;Verba,Nie & Kim,1978)。

因此,商议民主是一个规范性的概念或理想,它致力于追寻一种全新的通过促进参与性的公众政治商议来建构政治合法性的方式(例如 J. Bohman,1998;Cohen,1989;Manin,1987;Marti,2005)。与社会科学中的其他许多术语相似,商议民主这个概念也不存在一个统一的界定。根据普热沃尔斯基的说法,商议(deliberation)一词是"一种试图改变偏好的讨论形式,在这个讨论的基础上,人们决定如何行动"。民主商议通常"发生在讨论导向通过投票做出决策之时"(Przeworski,1998,页 140)。而根据伯曼和瑞吉(Bohman & Rehg,1997,

① 虽然"deliberative democracy"这一表达最早是由约瑟夫·贝赛特(Joseph Bessette)于 1980 年提出的,而且这一理论在近几年的发展也使其成为当今最流行的政治理论之一,但协商民主的理念并不是全新的,而是对可追溯到 5 世纪雅典政治实践的一种古老历史传统的复兴。参见 Besson & Mart,2006;Bohman & Rehg,1997,p. xii;Elster,1998;Gutmann & Thompson,2004,p. 8。

页 ix)的观点，广义地说，商议民主指的是：

> 一种通过公民参与的公众商议来合法化规则制定过程的理想。作为一个合法性的规范理论，商议民主召唤的是一种理性立法、参与性政治以及民众自治的理想。简言之，它代表的是一种建立在公民实践理性基础上的政治自主性理想。

商议民主强调了平等参与集体判断和决策过程的重要性，公民的沟通力量成为政治合法性的主要来源。在一个成功的民主中，是理性批判的论辩和沟通理性，而非操作性权利和金钱发挥着决定的作用。正如何包钢和赖布(He & Leib，2006，页 4—5)所阐释的那样，

> 商议民主应能够决定决策过程，从而使得沟通影响的力量能够被最大化，而不平等的权力和财富关系的影响则被最小化或消除。民主程序的组织方式应能够将决策机制的决定因素从金钱与权力的影响专向参与者间的商议。政治传播——提出主张、挑战、示威、抗议以及讨价还价——应当建立在符合事实且真诚表达的内容之上。……商议民主应致力于通过将受影响的各方纳入商议过程，使其能够对所有人开放，让所有人有影响决策的机会，从而最终将沟通权力转化为国家权力。

根据古特曼和汤姆森(Gutmann and Thompson，2004，页 3—6)的看法，商议民主具有四个特性：首先是它要求在一个政治共同体中的任何决策必须给出合理化解释；第二，给出的理由必须能够为所有的公众所接触到；第三，商议民主致力于影响和产生具有长期效应的决策，因此它与一般的讨论有别；第四，公众商议的过程应该是动态的，从而使得辩论能够在一个决策做出之后依然持续下去，从而对未来的变化保持开放。考虑到这些特征，古特曼和汤姆森(Gutmann & Thompson，2004，页 7)认为，商议民主同样可以被定义为：

> 一种政府治理形式，在其中，自由平等的公民(及其民意代表)能够对彼此给出能够相互接受和被广泛的公众接触到的理由，从而将决策过程合法化。其结果是这些决策在当下对所有公民发生效力，但同时又

对未来的挑战保持开放。

概略来说，商议民主理论有两种主要的范式：一是哈贝马斯的批判路径，一是罗尔斯的政治自由主义路径。两者间的主要差异在于对自由概念的不同理解。“批判理论的基础是既强调学习自由的过程的重要性，同时对从意识形态宰制中解放出来保持关切的一种信念。”比较而言，在政治自由主义视野中的自由概念更加温和，其关注的焦点是“人们如何使用不同的世界观或广泛的不同观点”（Rostbøll，2008，页 8－9）。但是，在这些不同路径的支持者间关于商议的价值（工具性的还是表达性的）、地位（程序性的还是实质性的）、目标（共识性的还是多元化的）以及范围（代议性的还是参与性的，政府还是公民社会，国内还是国际）等方面（Gutmann & Thompson，2004，页 21－39），无论存在多少不同的观点，商议民主的支持者，至少在这一点上是意见一致的：“政治过程远不止是讨价还价和累积机制所主导的自我利益至上的政治竞争”（Bohman & Rehg，1997，页 xiii）。

商议民主的观念认为，政治“在本质上是公共的，在目的上是工具性的”。因此，它否定了政治的市场理论。后者将公民的政治参与市场竞争过程中私利驱动的理性选择过程等同起来。商议民主的观点认为，建立在论坛的原则之上，政治“必须是一种开放和公共的活动，与买卖行为中孤立的私人偏好的表达完全不同”（Elster，1997，页 11，26）。围绕商议民主的更新近的讨论，不仅保持了对纯粹抽象理论性问题的关注，同时也日益关注商议民主实践的经验性和可行性、制度设计、操作模式和工具的应用性等问题（例如 Davies & Gangadharan，2009；Warren & Pearse，2008）。虽然商议民主理论对产生合法化决策的制度安排应当是如何的这样的问题提出了具有规范性的和理想化的论断，但它也“抱有付诸实践的使命，希望能够成为一个切实可行的能够衡量真实而具体的决策在多大程度上是合法的政治模式”（Besson & Mart，2006，页 xvi）。

尽管这一理论中还存在许多理论和实践的困难需要解决（例如 D. A. Bell，1999；Fish，1999；Shapiro，1999；Simon，1999），对商议民主理论家来说，公共商议是有意义的民主政治和有效的合法性建构机制中一个必不可少的组成部分，其独特的价值值得追求。公共商议包含集体决策前的一系列与公共事务相关的讨论（Fearon，1998）。根据克瑞斯蒂阿诺（Christiano，1997）的观点，这些商议至少具有三个独特的价值。第一，公共商议具有工具性价值，因为它能够带来一些积极的结果，包括更高质量的立法、正义以及纳入公共讨论和听证的决策过程，进而能够来增加政治共同体内法律和政策的合法性，同时自由且平等地参与政治商议也能够促进公民德行。第二，公共商议具有内在的价值，因为参与商议本身对作为一个公民过一种好的公共生活来说具有重要意义。第三，商议是“政治合理化的一个条件”(Christiano，1997，页 245)，因为正是在自由平等的参与过程中，公民自身建立起评估这一参与的结果的标准。

沟通两者

相对独立于国家的自治且能够被公众平等接触的公共领域和公民社会，是民主商议的最主要的空间(Dryzek，2000)。在诸多理论家中，哈贝马斯是民主商议的最主要的推动者之一。他早期主张公共领域的著作以及他后期更趋完善涉及沟通行动理论的著作，都对商议民主理论的发展和繁荣产生了巨大的影响。在他的《事实与规范之间：对法和民主的话语理论的一个贡献》(*Between Facts and Norms*：*Contributions to a Discourse Theory of Law and Democracy*)一书中，哈贝马斯(Habermas，1996)把公共领域和民主商议的概念结合了起来。他对商议政治的讨论，目的在于回答“立法的合法化条件”(页 287)是什么的问题，即民主体制的合法性问题。为了回答这一问题，他转向民主过程中的政治传播的程序形式问题。在这一过程中，“核心的问题是沟通权力应当如何与行政的和社会权力相关联”(页 288)。用哈贝马斯(Habermas，1996，页 293—294)的话说：

> 精英阶层认为可取的东西并不能自动地说服公民。只要公众依然被视为仅仅是相互竞争的政党掠取的意识形态对象，那么，公众就很难心悦诚服地参与到民主进程中或者至少能够容忍政治现状。公众需要被说服，从而相信一个政党所提供的政策能够比另一个政党的政策带来更好的未来前景；必须有很好的理由能够说服公众选择这个政党，而不是另一个。正是在这一点上，我们看到观察者视角看上去认为可行的事物，并不能自动转化为被身在其中的参与者以同样方式接受的事物。

在回答这一问题的过程中，共和主义和自由主义的观点分别提出了一种“规范性的国家和社会概念化方式”。前者认为，国家和社会之间的沟壑可以通过具有政治意识的公民，通过其集体意志展开的自我决定的政治实践来消除。根据这种观点，“公民的观点和意志形成过程成为社会将自己形成一个整体的中介形式”。相反，自由派观点主张一种“国家为中心的政治理解方式”，根据这种观点，国家和社会之间的空隙不可能完全消除，但可以“通过民主过程加以沟通”。这一观点关注的不是“理性政治意志形成的过程[对国家的信息输入机制]，而是成功维持平衡的政府活动[的信息输出机制]”(Habermas，1996，页297—298)。

与这两种方法不同，哈贝马斯提出的民主过程的话语理论所包含的内涵，比自由派模式的观点强烈，但又比共和主义的观点温和。政治意见和意志形成的过程依然具有极高的重要性，但是话语理论坚持认为，宪法政治原则是这一过程制度化的基础。“商议政治的成功不仅依赖于集体行动的公民，也依赖于对相应的程序和传播条件的制度化，同时还依赖于制度化的商议过程与非正式的公众意见的互动”。因此，与自由派观点一样，话语理论同意国家和社会之间的区分，虽然话语理论“将公民社会视为自治的公共领域的基础，并将其与经济系统和公共行政区别开来”。这样，在宪法政治民主框架内，“一个民主的意见和意志形成过程并不只是事后监督政治权力的运作，同样或多或少可以规范其自身的程序”(Habermas，1996，页289—300)。

建立在这些论点的基础上，哈贝马斯进而在政治系统，特别是议会，以及公共领域的传播结构之间做出区分。两者分别承载不同形式的商议。在这个架构中，政治系统是“一个专门形成具有集体约束力的决策的子系统，而公共领域的传播结构则构成一个广泛的传感网络，对社会范围内的问题做出反应，并激发具有影响力的意见”(Habermas，1996，页300)。相应地存在两种不同类型的公众，分别承载不同形式的商议，并分别受民主程序和宪法政治原则的制约，即南希·弗雷泽(Fraser，1992)所谓的“强公共性”(strong publics)与“弱公共性”(weak publics)。前者作为合理化的语境(context of justification)，主要由议会制度构成，包括意志形成的各种商议形式，其最终结果是政策的制定和具有约束力的合法决策。而后者提供的则是发现的语境(context of discovery)，囊括一般公众在独立的公民社会中形成意见的商议实践，其中“公共传播的信息流通过大众媒体作为传播的通道，穿过各种不同的通过联合非正式地发展的公众群体”(Habermas，1996，页 307)。这两者之间的互动对一个能够正常运转的民主来说至关重要。用哈贝马斯(Habermas，1996，页 308)的话来说，

> 通过民主的方式建构起来的意见和意志形成机制，有赖于源源不断的非正式的公众意见。在理想的状态下，这些意见源自一个不可颠覆的政治公共领域的结构。就其本身来说，非正式的公共领域必须具有这样的社会基础：在其中，平等的公民权在社会生活中是行之有效的……因此，商议政治依赖于制度化的民主的意志形成机制和非正式的意见形成机制之间的互动。它不能仅仅依靠程序性的受到严格管制的商议和决策途径。

这两部分构成了一个理想的核心/边缘公共性结构，即包括宪法政治基础上结构化的政治系统的强公共性的核心部分，以及公民社会和私人生活领域的非正常传播的边缘部分，后者构成前者运作的语境。其中，核心层面包括行政制度、司法系统和民主的意见与意志形成机制，例如议会和选举。在这一最核心区域的边缘地带，是内层边缘的国家代理的自我组织的机构。在这一核心层面之外，则是外层边缘，分为“委托性讨价还价的”“顾客”群体，以及“供给者”群体，这些群体在决策前和决策过程中，均试图“更多地从规范性的而非特定利益的角度对政治过程施加影响”。正是在这一相对边缘的社会空间中，新闻媒体发挥着传达公众意见的重要角色，正如哈贝马斯(Habermas，1996，页 354—356)所说，那些

> 专事不同议题和激发公众影响力的意见形成群体，属于媒体主导的公共领域的公民社会基础要件的一部分。通过其非正式的、高度差异化的和相互交错关联的传播渠道，这一公共领域构成了真正的边缘空间。

这样，哈贝马斯设想了一个以国家和社会相对分离为基础的规范性架构。其中，政治系统的意志形成机制的强公共性，与公民社会力量中意见形成机制的弱公共性，在媒体和其他现代信息传播机制的监督和协调下，履行着不同但

彼此关联的功能，共同服务于一个合法且理性的代议制和商议政治并存的民主社会。

中国特色的商议政治?

上述关于公共领域和民主商议的讨论大体上是建立在西方语境基础之上的。不加批判性思考地将这些概念直接应用到诸如中国这样的非西方社会，是成问题的。与前面我们所做的比较性分析一样，这里同样需要详细分析比较中西之间的不同历史和社会语境。

离开基本的支撑性制度结构，公共领域和民主商议的观念与实践是无法存在和发展的。如前文所述，根据哈贝马斯对公共领域的定义，一个成功的政治性公共领域应当能够为公共商议提供自由且独立的话语空间。而且这个话语空间应当对特定政治共同体的所有成员开放，其运作原则应当大体上遵循理性的批判论争规则。要实现这一点，仅有商业机构、民权组织，或许多其他的非国家(non-state)机构是不够的。即使经济状况和社会结构的巨大变化肯定会对公共领域和公民社会的形成产生影响，但是它们之间存在本质性的区别。在中国语境下，国家权力的一元结构，使之始终具有以国家利益的名义来限制非国家部门的能力。这已经被 1980 年代末期之后的实践所证明。例如，1990 年代以来，通过重申和强化“喉舌论”，媒体制度逐渐固化(参见，陈力丹，2008；Q. He，2008；Rawnsley，2008)，而(准)非政府组织的发展同样也受到相当严格的管制，以排除非体制性组织结构的出现(例如 Büsgen，2005；Y. Lu，2008，2009；曾繁旭，2007)。

在西方中国研究领域，不少学者已经尝试着寻找能够证实帝国晚期到民国早期(例如 Rankin，1982；Rankin，1986，1990；Rowe，1984，1990；许纪霖，2003)以及 1980 年代以来改革时期(例如 Gold，1990；Solinger，1991；Strand，1990；M. M. —h. Yang，1989)的中国式公民社会和公共领域雏形存在的证据。这些研究在海内外学者间引发了大量的学术争论(例如，邓正来，2002；B. He，1997；P. C. C. Huang，1993；Rankin，1993；Rowe，1993)。但现代中国试图建立一个稳定代议制民主政体努力的失败以及 1980 年代政治开放思潮及其实践的曲折历程对这些学者的论断提出了严重挑战，并迫使他们努力寻找解释这些失败为何如此持久的原因。他们把希望寄托在蓬勃发展的非国家结构上，包括法律管理的市场经济和相对独立的公民组织。

但许多此类研究的一个重要问题在于它们倾向于把公共领域和公民社会与一系列地区性的“公民”精英阶层或特定的非国家社会经济组织等同起来，而结构组织的变化与话语过程之间的复杂关系则被忽略了。正如卡尔霍恩(Calhoun，1993，页269)所指出的那样，

> 关键的是社会组织的类型与特定类型的话语和政治参与之间的关系，一个理性批判论争而非行动者的地位是决定因素的公共领域。将话语或政治简化为社会组织，似乎文化或行动者本身的意志都是无关紧要的似的。这样的做法毫无益处。同样无益的做法是忘记民主的公共生活同样依赖于特定类型的社会组织，尽管这些组织并不必然地确定无疑地造就出民主的公共生活。

正如我们在前文所见，中国语境下的执政党一国家一社会关系是一个决定性的因素，对公民权和媒体制度以及由此作为重要构成要素的公共领域的发展具有决定性的影响。因此，只是简单地把非国家结构的存在等同于在政治上完善的公共领域是具有误导性的。重点应当是突出通过理性批判的话语商议和意志形成机制，“社会整合应当如何实现，以及那些国家之外的结构是否具备实质性的调节社会整合类型或权力整体运作的能力等这样的问题”(Calhoun，1993，页278)，而非只是把关注的焦点放在非国家结构的存在这一事实上。换言之，那种对制度和结构架构的简化的决定论式分析，应当被一种更加富有关系性和相互构成的视角取代，后者的主要关注点是结构性制度与社会行动者的话语实践之间的动态关系。因此，更合理的研究焦点应当是社会行动者话语实践行为，回应且塑造制度机会和限制的方式，而不只是通过探寻蛛丝马迹来证明是否存在一个中国式的公共领域和公民社会。

因此，就政治商议而言，尽管缺乏一个相对完善的现代政治秩序，几十年的社会经济改革已经在一定程度上松动了固化的社会结构和话语空间，产生了所谓的“碎片化的威权主义”(fragmented authoritarianism)(Lieberthal & Oksenberg，1988)。正是在急速变革时代这种执政党一国家一社会间边界的模糊性，限制但又提供了政治博弈、政治商议和公共论争的可能性，出现了玛莎(Mertha,2010)所谓的“非民主的政治多元化”。在这种情形下,处于边缘地位的官员、媒体和非政府组织是最重要的“政策推进者”(policy entrepreneurs)(Kingdon,1995),在政策制定、推动争论和意志形成方面发挥着重要作用。玛莎(Mertha,2010,页74)指出:

> 在一个碎片化的政治体制中,地域性的、辖区的以及其他层面的政治裂隙,为各类相互竞争和相互冲突的国家利益提供了相对充足的空间,来推动各自关心的议题,进而达致能够更好地反映其各自部门或制度目标的妥协。而这正是中国的政策推进者们所采取的策略。

在一定程度上,这构成了何包钢(He,2006a,2006b)所说的与西方语境下民主商议不同的“威权商议”(authoritarian deliberation)。在中国语境下,这些商议活动通过多层级的参与性和商议性的制度形式展开。在相对宽松的碎片化威权主义背景下,维系政治秩序的方法不能仅仅依赖于强制性手段,同时也必须采用商议程序和实践形式,进而在一个执政党一国家体制严格管制的准公共领域内,通过提出不同主张来化解集体矛盾。由于“参与和商议需要一定程度上的民权和法治作为前提才能真正成为一种‘民主’的形式”,在威权主义背景下的讨论、参与和融合等商议形式并非一般意义上的民主形式。但毫无疑问,这些形式具有内在的不可忽略的促进民主发展的价值和潜力(B. He & Leib,2006,页15)。

乍看之下,“威权商议”这一说法似乎是完全自相矛盾的,但它的确反映了当代中国政治和社会现实的复杂性。它提出威权社会中民主发展的现实策略问题,而这些问题在与商议民主相关的绝大多数西方文献中并未被给予足够的重视。因此,对商议民主理论来说,这是一个检测其理论在不同的语境下有效性的契机(B. He,2006b,页135)。毫无疑问,自由主义视野中的选举民主是促进萌芽状态的全国和地方性商议制度民主化的必要前提,但也不应当忽视涉及大规模公共参与和意志形成过程的商议行动的价值。无论是政府运用商议的技术形式来改进治理效果的做法,还是公众推动公共论争边界的行动主义,都是在威权社会语境下商议实践的重要层面。

传媒与话语论争

公共商议的过程，无论是民主还是集权，都始终充满了各种论争，以及涉及具有不同利益表达诉求的不同社会群体的意识形态和政治斗争。而传媒正是商议形式展开的主要制度形式之一（例如 Chambers & Costain，2000；Page，1996）。不同的行动者或赞助人呈现在媒体上的各种话语是公共论争和民主商议的主要形式之一。在前文所讨论的公共领域和商议的概念，特别是哈贝马斯嫁接两者的规范理论中，传媒是民主商议中最重要的意见形成机制之一。具体而言，这些讨论的目的，是为与传媒及其在涉及争议性社会议题的公共商议中所扮演的角色，以及这对现代边缘群体的公民权建构所产生的影响相关的文献分析提供理论基础。本小节将首先考察与公共论争和架构分析相关的文献，分析这些文献对通过媒体再现展开的话语论争的具体过程，以及提出了什么样的理论观点。

新闻媒体与公共论争

在哈贝马斯有关公共领域和民主商议的理论中，新闻媒体及其相关的社会制度形式是弱公共性的组成部分。就其话语形式来说，这些部分所受限制相对较少，也相对更为非正式，同时对社会变化和问题更为敏感。最重要的是，这些形式构成了对复杂的民主政治来说必不可少的激烈话语论争和公共意见形成机制的主要空间。公共传媒和信息机制因此是媒介化的现代社会中民主政治实践的重要制度形式之一。

自从哈贝马斯的著作超出其德语边界进入英语世界以来，公共领域这一概念，对传媒制度和实践，特别是对新闻实践来说，变得至关重要。[①] 加汉姆认为，对与现代传媒和传播相关的批判性思考来说，哈贝马斯的公共领域概念至少有三个值得肯定的优点。第一，这个理论强调了公共传播和民主政治之间不可分

① 最早是在 1970 年代后期，借助哈贝马斯所写的一篇综合性文章（Habermas，1974）以及其他一些二手文献，公共领域的概念和哈贝马斯的主要观点，得以在传媒和传播研究领域普及开来（Dahlgren，1991）。

割的关系，而传统的方法“没能看到公共传播的制度和过程本身就是政治结构和进程中的一个核心的内在组成部分”。第二，这个理论聚焦于现代媒介化社会中不可或缺的“任何公共领域的物质资源基础”，而建立在理想的面对面传播模型上的主流自由媒介模式没能对这一问题提出有价值的看法。第三，这个理论消除了简单化的“主导媒体政策的自由市场和国家控制之间的二元对立”，因为哈贝马斯“要求把公共领域从国家和市场中同时解放出来。因此，他能够把握住对民主及其所依赖的公共话语的威胁的问题。这些威胁可以来自寡头垄断的资本主义市场，也可以来自现代干涉主义的福利国家”（Garnham，1992，页360—361）。传媒的角色由此突破了经典自由主义所界定的观念市场以及介于统治者和被统治者之间的中立渠道，或者所谓“第四权”（the fourth estate of the realm）的概念。我们应当把传媒与政治和经济权力、社会冲突和意识形态的复杂关系考虑在内。这就需要替代性的研究路径，来考察在理论上和实践上如何建构和赋予传媒独立于政府和市场的地位，从而能够完全代表民主政治的公共领域中多样化的利益（Curran，1991）。

典型的现代大众社会建立在“传统联系的削弱、理性观念的发育和社会分工的专业化这三个基础之上”，在这样一个社会中，“个人与周围社会秩序的关系是通过媒介的中介作用来加以确定的”（陈卫星，2004，页70）。这里所涉及的不仅仅是传媒本身，同时还有更为复杂的媒介化（mediation）的概念和社会过程（Silverstone，1999）。用马丁—巴布罗（Martin-Barbero，1993，页3）的话来说，媒介化是“传播实践和社会运动之间相互勾连的过程”。随着传播渠道及其内容的中介化过程日益变得复杂和专业化，建立在面对面互动的理想化空间基础上的普遍平等无法得到有效保证，因为获取文化资源的途径取决于特定的政治和经济制度架构，而生活世界的不透明性又为意识形态宰制提供了存在的空间（Garnham，1992，页365）。通常重要的是对特定语境下日常意义生产和对媒介内容的文化挪用的社会心理和文化过程的审慎考察。这些方面构成了更广泛、更细微的连接私人领域和政治经济领域的文化空间，同时也扩展了我们对媒介在权力运作中所扮演的角色的理解（Morley，1992）。

这一视角要求我们同时关注两方面的问题。一方面涉及话语论争、协商、建构的社会过程，通过这些过程，利益偏好和身份认同逐渐形成。另一方面是社会结构要素，正是这些要素为媒体及其象征再现设定了制度和话语边界。要想对传播和媒体实践及其对现代民主所具有的意义有一个更加全面的批判的理解，就必须同时关注话语论争的建构过程和媒介化过程中的政治经济架构。因此，媒体作为制度或社会空间，应当被视为一个斗争的空间，其本身与权力复杂交织在一起。通过媒体空间，社会利益和身份认同被持续不断地建构、再现，并不断受到拥有不同资源的不同行动主体的挑战。

我们的关注点是新闻媒体对中国城乡流动的农民工的公民权的话语建构。就此而言，我们需要审慎地考察通过媒体和其他公共话语形式展开的公共话语论争的错综复杂的动态过程。同时要把这些过程视为更广泛的利益和身份认同斗争的一部分，其背景包括限制媒体话语实践的中观层面的制度边界，同时也包括决定政体本质、意识形态空间和媒体制度的宏观的国家一社会关系。下文将继续进一步讨论与媒体话语和意识形态相关的文献。

意识形态、文化霸权和媒体话语

广义来说，话语是有意义的象征行为或言语行为(Hanks，1995)。无论有多少种不同的定义，话语本身不是言语行为中使用的语言、文本或象征符号，而是涉及将这些符号元素的复杂形式组织起来的行为。换言之，话语是语境化的象征活动，亦即斯考伦(Scollon，2001，页 3)所谓的“中介化的行动”(mediated actions)，而非这些活动的对象或手段。话语是社会性地建构起来的，同时也受制于社会环境。在特定的语言和社会文化条件(这些条件在不同的社会行动者之间的分布并不平等)下，有意义的现实感通过话语被社会地和文化地建构起来。作为权力的媒介，话语在不平等、意识形态和宰制的社会生产中扮演着重要角色。话语的社会视角关注的是人们在社会生活中所能拥有的语言资源的本质及其分布状况。话语分析的对象由此应当是语境化的话语实践，同时这种分析也“应当是对权力效果、后果的分析，即权力对人们、群体和社会做了什么，以及这些影响是如何发生的。无论在何处，权力最深刻的后果就是不平等，因为权力(总是对人们进行)分化、选择、包容和排斥”(Blommaert，2005，页 1—2)。[①]

① 作为一种研究方法的批判话语分析(Critical discourse analysis，CDA)将在下一章的方法论部分详细讨论。

在公共领域中的各类话语中，媒体话语，特别是作为媒体内容主要类型的新闻话语，在社会生活中具有重要的影响力（van Dijk，1988）。[①] 在现代社会，媒体是形成公共话语的主要机构之一。由于话语被定义为在沟通语境下使用中的语言，因此，话语研究与媒体和传播研究实际上对语言使用和社会权力关系这个问题有着共同兴趣（A. Bell，1991，页 7）。例如，当一位著名的社会语言学家思考“谁在何时对谁说了什么语言”（Fishman，1965）这样的问题之时，传播研究领域的主要问题之一则是“谁通过何种渠道对谁说了什么并取得了何种效果？”（Lasswell，1948）。

话语与意识形态之间存在紧密关系（Eagleton，1991；Milani & Johnson，2010；Thompson，1984；van Dijk，1998a，1998b）。尽管意识形态一词的定义模糊不清且存在争议，但基本上，它是一个批判性的概念，而不只是一个中性的信念体系。一般认为，意识形态与“维持不对称的权力关系的过程”或“维持控制”之间存在紧密关联（Thompson，1984，页 4），[②]其主要涉及“巩固位居权位的个人或群体的利益的诸种方式”。因此，“研究意识形态就是要研究意识服务于建立和维持权力控制关系的方式”（Thompson，1990，页 56）。宰制（domination）可以指一切权力控制的关系形式，包括阶级、性别以及种族的形式。同时，权力控制和意识形态之间是一种相互构成的关系。但即便这一概念是带有批判性的，这并不意味着意识形态形式必须是错误的才能够服务于权力控制。宰制关系的意识形态维系同样也可以通过在认识论上被合理化的象征形式来实现（Thompson，1990，页 56—58）。

与此稍有不同，凡·迪克（van Dijk，1998a）从社会心理学传统出发，提出了

① 但是，新闻作为一种主流的媒体话语类型，是一个相对较新的现象。正如阿兰·贝尔（Allan Bell，1991，页 1—2）指出的那样，新闻“并不是总是这么显赫”。例如，在广播发展的早期阶段，初期的 BBC“有时发现值得播报的新闻数量有限。如果发生这种情况，他们并不会试图填补空白时间。播音员会说：‘今晚无新闻可播’。”但如果是现在，“宣布说‘今晚无新闻播报’将会是一个令人吃惊的说法，是对惯例的一种挑战，甚至是对现实本身的一种挑战。现在总是会有无穷无尽的新闻——除非发生罢工”。

② 汤姆森（Thompson，1984，页 75—98）对 1980 年代早期的一些主要的意识形态理论进行了分析。他（Thompson，1990）对两种基本的意识形态概念类型做出了区分：中性的和批判性的概念。根据前者，意识形态是一种社会认知的形式，是社会生活的内在组成部分，不管它是被用来改造还是维持现状。相反，批判的概念对意识形态持有负面的看法，意识形态被视为由象征再现构成的一个系统，这些再现是误导性的、虚幻的，因此应当被批判。关于意识形态的概略性介绍，从其早期的负面意涵到新马克思主义的文化霸权宰制的界定，参见 Eagleton，1991。

多学科的意识形态分析框架，包含了意识形态实践的认知、社会和话语层面。在这个框架中，对语言的和其他各种社会传播形式的运用是社会行动者建构和传达意识形态的主要手段。“被视为是意识形态主要功能的遮蔽、合法化、操纵以及相关的观念，主要是话语性的（或更广泛地说是符号性的）社会实践。”（van Dijk，1998，页 5）权力控制和意识形态之间的关系由此透过对其在各类符号形式中的话语呈现方式的研究来加以考察，无论这些形式是语言的还是非语言的。

关于话语形式如何服务于通过意识形态的方式建立和维持权力控制关系，汤普森区分了五种最一般意义上的意识形态服务于权力关系的运作方式。第一种是合法化（legitimation），即为宰制关系提供一定的理由从而将其再现为合法的社会关系。在话语和传播过程中，合法化可以诉诸各类理由，其中包括权威、道德判断、合理化以及神化（van Leeuwen，2007）。第二种是遮蔽（dissimulation），即否认、隐瞒、缓解、委婉表达、转化或者转移权力宰制关系。第三是联合（unification），指的是消除差异和冲突，从而通过建构一个“通过集体身份包容个体（无论他们之间的差异和分野如何巨大）的统一形式”来维护权力宰制关系。第四种是碎片化（fragmentation），指的是一种瓦解具有挑战权力宰制关系潜力的个人和群体的策略。最后是具体化（reification），这是一种“将转瞬即逝的、历史性的状态再现为一种似乎是永恒的、自然的、超时间状态的策略”，通过这个策略，历史性的政治权力过程被永恒化、自然化、名词化（nominalized）、去政治化和去语境化了（Thompson，1990，页 60—67）。

另一个与意识形态相关且同样在传媒与文化研究领域获得广泛应用的概念是文化霸权（hegemony）。这个观点在权力宰制关系的意识形态化建立和维系方面具有较好的解释力。它对通过被主流社会内化的共识来维持社会整合和既定权力秩序的解释更加灵活。尽管在苏俄社会运动中，关于文化霸权这一概念内涵的争论有着很长的历史（Jones，2006，页 42），但是意大利马克思主义者安东尼奥·葛兰西（Antonio Gramsci，1971）重塑了这个概念，将其内涵从最初的列强在国际政治中的主导地位，转变为现代资本主义社会中“对同意的形成和组织”（Ives，2004，页 2），从而赋予这一概念“一种新的超越了其策略性或战略性用法的中心地位”，同时也使得这个概念成为“理解具体社会构成中的社会团结的一个关键范畴”(Laclau & Mouffe,2001,页 7)。

从文化霸权的角度看,需要突出强调的是“文化和社会制度的重要性”(Ives,2004,页 3)。葛兰西面对的问题是他所处时代的激进运动为何遭遇失败,他认为权力宰制的基础不仅仅是狭义上的强制统治,同时也有赖于占主导地位的“知识和道德的领导权”,即“文化霸权”。文化霸权涉及“文化和伦理的工程学,即对主体性或‘自我’的重塑”(Fairclough,1995,页 93)。涉及通过象征互动的手段把附属群体逐渐整合到统治群体的世界观中的过程,以及与这一过程相反的附属群体中可能存在的对文化霸权的抵抗和挑战。因此,在绝大多数时候,文化霸权是一个没有终点的统治群体和被统治群体之间相互斗争、协商、妥协的过程(Jones,2006,页 45—48)。文化霸权的概念由此扩展了我们对意识形态的理解,因为它所设想的权力统治是建立在一个持续斗争的动态过程的基础之上的,而非仅仅是统治群体为维系宰制关系而建构的一个观念体系。

与意识形态实践的情况类似,媒体相关的话语空间是现代社会文化霸权斗争发生的主要场所之一。正如费尔克拉夫(Fairclough,1995,页 94)所指出的那样,话语和文化霸权之间是一种双重关系。一方面,话语实践是文化霸权斗争的主要形式。上文所述的所有借助话语形式的意识形态运作方式本质上都是文化霸权斗争的组成部分。例如,由于自然化(即把历史现象和过程描述成不以人的意志为转移的客观自然规律)是维持权力宰制和政治赞同的最基本的意识形态机制之一,“文化霸权斗争的一个重要目标就是对现存惯例的去自然化,并用新的惯例取代之”(Fairclough,1995,页 94)。另一方面,话语形式和实践本身就是现代文化霸权的一个组成部分。“一个阶级或群体凌驾于整个社会或其中一个特定部分的文化霸权”本质上是这个阶级或群体所具有的“塑造话语实践和话语秩序的能力”(Fairclough,1995,页 95)。

公共论争中的话语架构

作为在研究公共商议中话语实践,特别是通过新闻媒体话语展开的意识形态话语论争中应用广泛的一种研究路径(Pan,Lee,Chan,& So,1999),框架分析(framing analysis)的目的是要研究通过策略性地使用话语手段来争夺议题定义、引发和争取公众共鸣、建构霸权性共识的政治和心理过程。其焦点在于,用凡·迪克(van Dijk,1997,页3)的话来说,是“行动中的语言使用者如何达到其策略性目的”。传统上这一路径是对抗争政治中的社会动员、斗争和运动的政治社会分析的一个组成部分。通过对话语和政治过程的考察,框架分析试图探明,在特定的制度和文化边界内,不同的社会利益群体和行动者是如何相互竞争,定义媒体议程及其报道方式,影响公众认知以及政策制定过程,以及媒体和公众意见是如何反映、建构和影响集体行动的(赵鼎新,2006)。

新闻框架分析考察的是人们如何通过对公共生活中的“事实”信息的架构(framing)来建构意义的。这主要包括三个主要的分析单元:作为文本再现系统的话语本身,作为社会过程和行动的话语建构,以及作为传播效果和社会心理机制的话语接受和阐释过程(Pan,2006)。但应当注意的是,这三个部分是一个具有行动和背景的动态过程,彼此相互联系和互动(Fairclough,1992;van Dijk,1988)。因此,它们是动态的整个公共社会生活的一个组成部分(Pan & Kosicki,1993)。

框架分析强调的是行动者“架构其论点、反对者及其身份认同”的方式的“主动性、创造性和建构性”特征。许多研究领域,包括媒体和传播研究领域的学者广泛应用这一方法,来平衡社会运动研究中的结构主义倾向(Doug McAdam,Tarrow,& Tilly,2004,页16)。自1980年代以来,社会运动分析倾向于关注资源、政治机会、组织权力和其他非话语性的结构要素,而对话语和意识形态问题则从宏观的视角加以处理,缺乏从微观视角出发的对议题建构和争取公众共鸣的策略性架构的仔细考察(赵鼎新,2006)。为了弥补这个不足,斯诺等人(Snow el al.,1986)把社会学家戈夫曼(Goffman,1974)的“框架”(framing)和“框架联盟”(frame alignment)概念引入社会运动研究中来。虽然框架这个术语最早是格瑞格利·贝特森(Gregory Bateson)提出来的,但却是戈夫曼最早将其引入社会科学研究中来的(Noakes & Johnston,2005,页3)。根据戈夫曼(Goffman,1974,页21)的观点,框架是使得个体能够对环境、事件和信息进行“定位、理解、识别和标签化”的“解释图式”(schemata of interpretation)。根据这一建构主义传统,框架被视为是“核心的组织观念”(Gamson & Modigliani,1989,页3),借助这一观念,社会行动者与他人互动,从而“产生连贯一致的理解世界的方式”(Reese,2001,页11)。

从政治学和社会学角度来看，框架分析关注的是公共领域中透过象征手段，议题和话语被建构起来，以及意义被生产出来的特定方式（Gamson，1989，1992）。作为政治商议的重要组成部分，"架构一个议题就是策略性地参与到公共商议之中，其目的可以是为了增进个人对世界的理解，也可以是为了与他人的框架展开竞争"（Pan & Kosicki，2001，页 39）。为了有效地动员公众并取得共鸣和支持，行动者需要策略性地选择支持哪一个框架，找出最具有效力的方式来支持这一框架，并将它们与其支持者的利益和感情连接起来（Ryan，1991）。这一过程被称之为"框架联盟"，包括五种类型：框架嫁接、框架放大、框架扩展、框架转变（Benford & Snow，2000；Snow，et al.，1986），以及框架挪用（赵鼎新，2006，页 214）。通过这一过程，由意识形态和制度上差异化的行动者一言说者组成的不同"话语共同体"之间的边界得以建构或重构（Pan & Kosicki，2001）。

可以看出，框架分析的方法突出了社会行动者的策略性架构行为，强调了社会行动主义和政治商议中微观动员和话语实践的重要性，因而被运用于对集体行动中广泛的意识形态斗争、修辞策略、象征层面，以及政府、媒体、利益群体、专家以及普通公众的策略性回应的研究之中（例如 Benford，1993；Gamson & Wolfsfeld，1993；McCarthy，Smith，& Zald，1996；Ryan，1991；Tarrow，1998）。在这个路径中，文化被视为一个在社会成员间不平等分布的象征资源的"工具套件"库（toolkit），包括神话、文化基因、惯习、技巧和风格，等等。根据其各自的意识形态立场，行动者一言说者利用他们能够获得的文化资源，来建构他们自己的具有不同架构效能的"行动策略"（Swidler，1986）。但这个方法的问题在于，它对情感要素、非预期因素及其后果、自发性以及客观的"认知图式"的关注不足，而这些因素均可对架构过程产生影响（赵鼎新，2006）。

在诸多论者中，凡高（van Gorp，2005，2007）在盖姆森等人（Gamson，1992；Gamson & Lasch，1983；Gamson & Modigliani，1989）研究的基础上，提出了一个建构主义的架构研究方法。为了避免混乱，凡高在作为文化一部分的持久框架和个人的心理结构图式之间做出了区分。根据这一观点，个人认知图式是组织化的知识集合，这些知识随着个人经验的积累而逐渐发展。而框架则不同，它们是相对稳定的，随时间发生的改变较慢，虽然架构过程本身并不是完全静止的。"架构过程是动态的，框架的应用受制于协商和论争"（van Gorp，2007，页63—64)。框架和架构过程都是抽象的隐性文化现象,但它们都会呈现在一系列按照逻辑"组织起来的作为一个框架的识别标志的言语手段"。在盖姆森等人的"媒体包"(media pacakage)(Gamson & Modigliani,1989)概念基础上,凡高把这些言语手段称之为"框架包"(frame package)。一个框架包包括三个组成部分:(1)架构言语手段(framing devices),包括文本中一切围绕同一中心主题组织起来的外在凸显的部分,例如,词语选择、隐喻、典型、描述、论断以及视觉图片。这个核心主题是"真正的框架,它为整个框架包提供了一个连贯的结构"。(2)归因手段(reasoning devices)是"外在的和内在的各种主张,按照时间的顺序处理理由、原因和后果的问题"。它们与安特曼(Entman,1993,2004)所指出的架构的四种功能有关,即推动某种特定问题定义、因果解释、道德判断以及对策建议。这是一个框架包的核心部分,因为归因手段能够被广泛应用于各种不同的事件和议题。(3)隐含的文化现象,作为一个核心主题,其作用是将整个框架包展示为一个整体。这可以是一个典型、一个神话人物、一种价值或者一段叙事(van Gorp,2007,页64)。

在他们对美国和德国有关堕胎议题的媒体话语的研究中,费雷等人"强调的是群体为了符合自身的利益而架构议题,并将战略和机会结合起来的方法"(Ferree et al.,2002,页1)。他们提出了一个公共商议的论坛或体育场模型,如图2.1所示。在这个模型中,论坛构成了公共话语实践所在的公共领域。其中,媒体论坛由场地(一个领域、空间,或者语境结构,其整体面貌决定了话语机会结构)、旁听席(具有特定身份认同的个体和集体群体)以及后台(为行动者—言说者提供战略和资源支持的幕后部分)构成,它是所有其他论坛的母论坛,同时也是政治论争的主要空间。

由于媒体的广泛影响力,几乎所有其他论坛的行动者—言说者要么是媒体的参与者,要么是观众或者旁听席的成员。媒体"不仅仅是公民社会中广泛的文化变迁的指示器,同时对这些文化变迁产生影响,传播语言的使用在发生变化,并且把政治意识传播到工作场所以及其他语境中。在这些不同的语境中,人们实践他们日常生活的公共部分"。对其他论坛的成员来说,他们在媒体论坛竞争中的成功与否可以从两个方面来衡量:媒体地位(standing)和议题架构(framing)。其中,媒体地位是指"在媒体中发出自己的声音","获得媒体常规信息源的地位，其解释能够被媒体直接引用"，而不仅仅是"在新闻被提及"。架构既是一种包含和排斥议题范围的机制，同时也是一个持久的组织观念的结构，能够把公众注意力引导到特定议题或事件上，并解释关于这些议题和事件什么是至关重要的。运用主要的民主理论传统，他们提出了评价公共商议质量的标准，即"包容性、文明度、对话性、论证、叙事、赋权、封闭性和共识"(Ferree et al.，2002，页 10—19)。

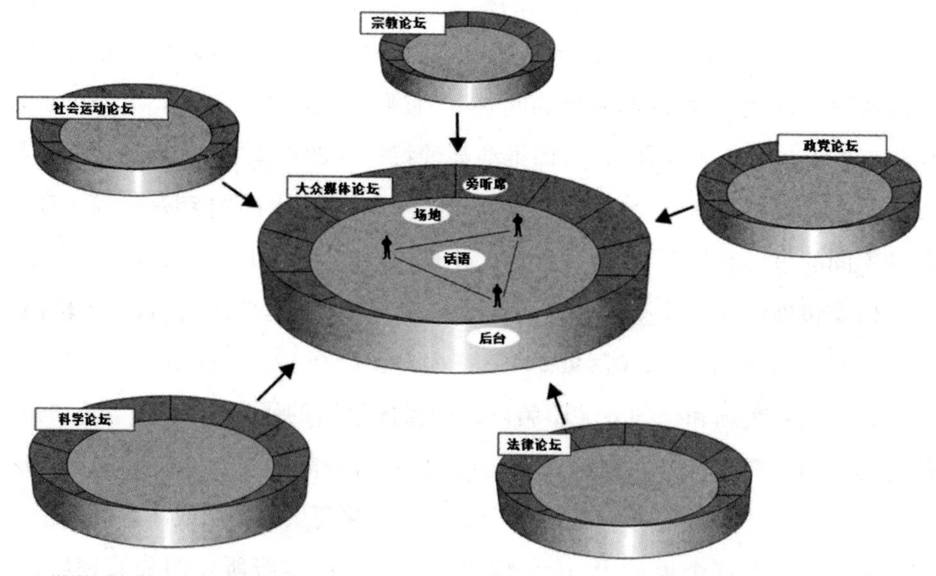

图 2.1　公共论争的论坛/体育场模式(Ferree et al.，2002，页 11)

建立在这一模式基础之上，媒体地位在各类行动者—言说者之间的分布以及相应的架构过程，内嵌于话语机会结构(discursive opportunity structure)之中。作为更广泛的政治系统变化所带来的集体行动的"政治机会结构"(Costain，1992；Eisinger，1973；Kitschelt，1986；Kriesi，2004；Doug McAdam，1982；Meyer & Minkoff，2004)的一个重要组成部分，话语机会有赖于广泛的政治领域、经济文化和社会环境的结构构造，换言之，即行动者建构其架构议题的特定方式的制度和文化语境。政治机会结构包括"所有的政治和文化切入点(access points)，行动者能够抓住这些点从而将其主张纳入政治领域"。相对而言，话语机会指的是"一个特定社会的观念和意义生产的制度框架"(Ferree et al.，2002，页 62)，包括政治和社会文化要素。显然，媒体及其制度结构是这一框架的主要组成部分之一。

总结而言，框架分析理论建立在与具体民主的公共商议相关的理论和实践基础之上，把集体行动中的主张表达和媒体话语及其在意识形态斗争中的角色相关的研究结合起来。前文章节已经表明，任何对话语实践层面的研究，都不应当忽视制度和文化的语境。正如孙皖宁(W. Sun，2008，页44)所指出的那样，话语的统治形式(discursive regime)是"各种相互交错和互动的要素的产物：政治的、经济的、制度的、文化的和技术的因素"。就本书的目标来说，宏观制度视角和微观话语视角，特别是这两组要素之间的互动关系，对全面理解涉及中国媒体话语中当代农民工公民权议题的架构和话语论争，是至关重要的。与此相关的方法论问题，将在下一章详细讨论。

移民问题和媒体再现

本书的主要目标是考察与中国农民工议题相关的新闻话语，因此，在提出具体可行的理论框架和方法论之前，在本章的最后一节，有必要对移民问题和媒体相关的文献，特别是中国背景下的相关研究，做一个简要的批判综述。

媒体和移民研究领域的一般议题

媒体与移民相关的研究在许多学科中都有所涉及，包括媒体与传播研究，及其邻近研究领域文化研究在内。国际移民散居群体(diaspora)、种族、公民权和文化身份等问题在全球媒体中的再现，已经成为这一领域的主要问题。不少研究考察了媒体建构新移民形象的方式以及移民的媒体消费或实践，并反思主流媒体塑造的刻板印象，呼吁对移民群体的更加平衡和平等的再现方式。多数此类研究都强调了媒体话语在移民过程中对公民的知识、态度和行为的影响(Cubitt，2008；Downing & Husband，2005；Georgiou，2006；Mai，2005；Mihelj，2004；Ogan，2001；Sinclair & Cunningham，2000；W. Sun，2002)。

就国际移民来说，移民和个人与集体经验和身份的建构，可能在三个方面受到媒体话语的影响(Wood & King，2001，页1—2)。首先，通过建构一个极具诱惑性的"他者"形象，从海外或一般全球媒体输入的信息和文化形象，具有很强的吸引力。“成功的移民偶像”通常会增强这种吸引力，从而对潜在的移民群体具有很强的影响力，激发他们的想象力，催发移民行动(例如 Mai，2001；Mai，2005；Wanning Sun，2002)。例如，在对海外散居华人族裔的研究中，孙皖宁(W. Sun，2002)特别强调了接受和阐释的视角，并研究了有关海外华人生活的中国电视剧如何建构其关于中国身份的跨国想象。研究的主要目的是要考察通过对新世界的视觉再现而建构的现代性欲望，特别是那种“新世界的华人”的话语形式。其次，媒体的再现会对移民在接受国被接受或拒绝成为其成员的方式产生影响。由于复杂的文化、政治和经济因素的影响，这些再现通常是有偏颇的，从而对融合或排斥的社会过程产生影响。移民往往被塑造成令人不愉快的“他者”或“麻烦制造者”，因此成为“威胁”和“道德恐慌”的来源。对媒体话语的不少研究表明，媒体话语中存在将移民群体罪化并将其作为问题替罪羊的倾向，从而在社会主流群体中激发排外情绪(例如 Danso & McDonald，2001；Kaye，2001；Mai，2002)。再次，源自移民母国的媒体和文化产品通过跨国的信息网络传播，在塑造一个想象的散居共同体意识以及文化和种族身份方面发挥着重要的作用。同样，移民本身也会发展出他们自己的媒体和文化形式，体现了来自母国和接受国的共同影响(例如 Lee，2001；Tsagarousianou，2001；Zhou & Cai，2002)。

一般来说，这些移民过程和通过媒体与其他文化产品来源展开的话语建构之间的多重关系的问题，在社会经济分析主导的主流移民研究中，是被忽略的。“移民通常被客观化为时空中的事件或过程，应当从经济、人口统计或者社会学的角度加以解释，并通常与就业、发展、人口分布、阶级形成和种族共同体的创造”等议题相关。而“媒体的重要性则处于经济社会过程的表层之下，其角色从未被移民学者认真对待过”(Wood and King，2001，页 3)。换言之，在这些主流的研究中，媒体和文化维度大体上依然处于较为边缘的位置。

比较而言，在媒体和文化研究领域，跨国移民的话语层面的问题则是最主要的研究领域之一。[①] 媒体和日常文化实践不仅仅是对移民的社会经济过程的被动反映，同样在特定散居群体现实的社会建构过程中发挥着积极作用。具体

① 媒体和散居族裔研究是媒体和传播研究在近几年关注的一个重要话题之一。其重要性体现在出版物、博士生研究课题、大学课程以及国际会议(例如 IAMCR 会议的媒体与移民问题专场)的议题设置之中。

来说，移民共同体中的散居和混合身份的文化议题主要是从后殖民主义的角度解释的（Ashcroft，Grifths，& Tifn，2000，1995；Kalra，Kaur，& Hutnyk，2005）。在诸种方法中，源自人类学的人种志方法（ethnographic approach）被用来记录在接受和阐释媒体话语的散居经验中不同的身份认同是如何出现和发展的。例如，在对电视在年轻移民群体的日常协商中所发挥的作用的研究中，吉莱斯派（Gillespie，1995，页 205）指出，虽然电视上的言语“也许显得难解且十分琐碎，但它却是一种十分重要的自我叙事和协商身份认同的主要集体资源形式”。“为了理解电视与重塑种族身份的过程之间存在何种关联，或者说，在任何文化变迁的过程中”，种族志的研究都是必不可少的。

中国农民工与媒体

大量的研究从各种角度考察了中国国内的移民群体，包括从空间、阶层和性别斗争的视角出发的研究（例如，潘毅等，2009；潘毅、任焰，2008；Gaetano & Jacka，2004；Pun，2005；Pun & King-Chi Chan，2008；F. Xu，2000；L. Zhang，2001）。但是，绝大多数涉及媒体和移民的跨学科的研究文献关注的主要是跨国语境下的移民政策和散居族裔身份认同问题。相对来说，较少有研究专门探讨一个特定国家（如中国）内部的媒体和跨地区移民之间的关系。考虑到城乡之间由于户口制度所造成的发展差距和公民权差异，中国农民工议题日益引起中国和国际媒体与学术界的关注。与西方国家的新移民所遇到的问题相似，由于在户口制度下无法获得完整的城市公民权，来自中国农村的农民工群体发现将自身融入城市社会并消除城里人的负面看法非常困难。其他议题包括媒体和其他文化制度在移民群体建构稳定身份认同中遭遇的困难方面所扮演的角色，以及文化上和制度上被建构为从属性“他者”的农民工群体与户口制度所垂青的“上等”城市主流社会之间的冲突。围绕这些议题，在诸多论者中，李艳红（2004，2006，2007a，2007b）和孙皖宁（Wanning Sun，2004，2009）从不同的路径出发，分别研究了媒体在农民工的利益表达与日常生活中所扮演的角色。

在其研究中，李艳红采用了哈贝马斯式的规范化观点，把媒体视为受限的公共论争和利益表达的“公共”领域，以此来考察媒体如何维持有限的新闻专业主义追求和政治底线之间的平衡，报道和描述重要社会事件中的农民工，评价媒体是否为不同的言说者提供了足够的和公正合理的言论空间。这些言说者参与到公共表达之中，主要涉及两个方面的问题：基本经济、社会和政治公民权的再分配政治，以及身份建构的承认政治。她得出结论认为，尽管受到国家、市场和城市主流社会的限制，改革时期的媒体，在倡导农民工的民权、社会平等、身份认同和尊严等方面，在一定程度上发挥了一个推动力的作用，由此促进社会和制度朝向一个更加开放和自由的方向发展。在这一过程中，改革时期的中国媒体已经不再是简单的宣传工具，但这也并不意味着它们已经成为自由派学者所谓的“意见的自由市场”。正如李艳红所指出的那样，中国的执政党一国家和市场力量所扮演的角色远比任何一元的方法所设想的情形要更为复杂。市场化条件下媒体事件的灵活性，意味着媒体机构的行动者不是主导性意识形态和权力的彻底被动的接收者。相反，在特定条件或社会经济与文化相勾连的情况下，媒体从业者能够对社会所渴望的正义和平等作出积极反应。在一定程度上具有经济决定论色彩的媒介政治经济学模式，被探讨国家、市场和媒体三角关系的更为动态和相互构成的方法路径所取代(李艳红，2004，页 299－307)。

比较而言，孙皖宁(W. Sun，2009)在她关于城市保姆的研究中，从文化研究的视角出发，对中国城市的保姆这一打工群体的媒介使用和社会边界建构进行了人种志研究。她将这些保姆称之为“亲密的陌生人”(页 9)。这个研究被视为是“从大众媒体的日常生产和消费视角出发的，第一个系统的著作篇幅的对后毛泽东时代中国社会国内移民群体的考察”，阐明了“强化贫富、男女和城乡不平等的边界的文化政治，是如何铭写在处于屈从地位的城市移民身上的”(页 i)。这一研究与贱民研究(subaltern studies)①的传统相关，在宏观的社会经济变迁语境之下，主要探讨了三个方面的问题：媒体与文化生产、消费实践和日常政治。根据孙的看法，虽然歧视性的户口制度在改革时期有所放松，但在城市公民权的物质和象征层面，它依然把移民人口定义为无权享有这些权利的他者。移民他者因此不仅在空间上遭遇排斥，同时这种排斥也是文化性的和政治

---

① 贱民研究(subaltern studies)源自南亚一些学者对后殖民主义和后帝国主义社会底层或边缘群体经验和历史记忆的兴趣，后逐渐成为一个影响广泛的学术取向，涉及几乎所有发展中国家和发达国家的边缘群体研究。贱民(subaltern)一词来自意大利马克思主义思想家安东尼奥·葛兰西，意指一切在特定社会中由于阶级、种族、性别、宗教等原因处于劣势社会地位的个人或群体。贱民研究试图从底层出发，用底层和边缘叙事来解构精英化的本质主义历史和文化叙事。

性的。

就媒体生产来说，媒体对城市雇主和被边缘化的移民"他者"的再现是不对等的。大量媒体空间用来报道亲密的陌生人"侵入"家庭空间给城市人带来的不确定性和焦虑。而"这些移民他者所不断经历的平凡但却意义重大的边缘化和疏离感，却很少提及，更不用说能够被理解了"（W. Sun，2009，页 2）。通过对这些保姆的日常生活及其在媒体和其他文化形式中的话语呈现方式的深描，孙指出，尽管户口制度的严格程度有所放松，但户口制度带来的"象征层面的排斥和边界维持"从未真正的放松过。她写道（W. Sun，2009，页 8）：

> 媒体故事、电视剧、卡通等各种话语资源，都被用来维持或重塑先前在地理层面上维持的人与地点的"常识性"意涵；在一个日渐容易渗透到移民过程中的物质环境中，一种新的利益、需要和权利的语言形式逐渐发展出来，以回应城市居民勾画和保护其身份地位"领地"的持久需要。

就农民工群体的物质和象征消费来说，孙考察了城市中产阶级身份，以及农民工的无城市公民权身份，是如何在他们不同的日常消费活动中得到反映和建构的。这些消费活动反映了今日中国消费主义的一个核心逻辑："消费权利与一个人的权利和需要通过语言被合法化的程度相关"（W. Sun，2009，页 121）。尽管受到物质和象征层面的局限，作为消费主体的农民工群体，参与到日常生活中与城市主流社会之间展开的活跃协商，并通过个体的细微的策略形式，挪用他们所能利用的城市空间。

除了上文所述的这些代表性的研究之外，其他中国学者所开展的与媒体和跨地区移民问题相关的研究大体上可分为以下几种路径。第一种是从传播技术与社会发展的视角出发展开的研究，目的是寻求在农民工群体中的传媒素养或知识扩散，通过媒介和其他信息技术的使用促进社会网络建构和城乡融合的效果（例如，李红艳，2009；刘娜，2008；汤晓羽，2005；杨善华、朱伟志，2006；周葆华，2010；周葆华、吕舒宁，2011）。这些研究大体上遵循了发展传播学或实证主义传播学的使用与满足研究范式，强调媒介技术在促进边缘化人群发展和社会整合方面所发挥的重要作用。其中，周葆华等（周葆华，2010；周葆华、吕舒宁，2011）在关于农民工媒介使用的系列量化实证研究中，以问卷或电话访问调查数据为基础，系统考察了农民工群体对新旧不同类型媒体的接触习惯、使用特征、对媒体内容的关注度和评价，以及这些方面与农民工群体的社会化和融入城市主流社会之间的关系，并据此提出相关的政策建议。与此相比，李红艳(2009)的研究则从乡村传播学的角度出发，更为系统地对流动人口与市民、流动人口与管理组织、流动人口与大众媒介的功能三个层面的关系进行了探讨。其他此类研究，大体上采取了类似的研究方法，其所得出的研究结论也大体上相近。总的来说，这些研究中存在的一个共同的问题是都采用了相对较为简单化的实证主义的媒体中心主义观点，而没有考虑到更为复杂的制度结构以及文化过程的要素。

另一路径的研究大体上是与主流中国媒体对农民工群体的扭曲再现有关（例如，陈红梅，2004；陈文高，2007；高剑宁、祁媛、梁兰，2006；刘隽，2008；乔同舟、李红涛，2005；许向东，2009；许学峰、任孟山、武闽，2009；张鹏，2006；周葆华、吕舒宁，2010）。这些研究大多通过内容或文本分析，对媒体文本再现中的农民工群体的形象、消息源的不公正分布、对农民工相关政策议题的媒体报道的匮乏，以及媒体话语中的刻板印象，进行批判，并分析这些不公正的媒体再现对农民工群体的利益表达与边缘地位的负面影响。但这类研究大多存在一个问题，即它们以过分简单化的实证主义逻辑为基础，将媒介再现视为简单的对或错，认为存在一个“正确的”或“准确的”边缘群体的媒介镜像，而不是考察现实的社会建构过程中相互竞争的复杂话语过程。在理论和方法论框架层面，这些研究大多只是局限于对文本做片段式描述分析，而没有提出具有理论价值的问题。同样缺失的还有一个切实可行的研究设计，这样的研究设计不仅应当包含对文本和话语的微观层面的考察，同时也包含中观层面的制度和宏观层面的广泛的社会语境的考察。因为，对文本和话语再现的深度阐释离不开这些言语结构所处的语境和制度背景。

总之，上文提到的话语导向的研究的一个共同的不足之处，就是它们都没有能够从历史维度出发，考察中国语境下流动性和移民的媒体建构，特别是在福柯的谱系学意义上(Foucault，1977，1980，2002a，2002b)，考察关于农民工的话语如何随着时间的变化而发生变化的。正是这些变化，反映了不同历史语境下特定的知识－权力关系的演变。同时，各类不同的研究媒体和移民议题的方法之间应相互取长补短，以实现对话语统治方式及其制度背景的更全面的理解。在这个意义上，哈贝马斯式的媒体制度研究路径，如果能够更多地关注社会现实建构的宏观过程，那么将会对话语实践及其意识形态后果保持更为敏锐的观察力。同样，日常互动和权力斗争的文化研究方法，如果能够置于历史制度框架的语境之中，那么将会在解释社会主体能动性的策略性和创造性层面更具说服力。

小　结

本章考察了与如下主题相关的学术文献：公民权的观念、公共领域和公共商议、媒体与话语论争以及移民与传媒研究。这些文献展示了制度和话语层面的相关理论资源。一方面，宏观和中观的历史制度方法可以用来考察公共领域的结构构造，内嵌于其中的媒体是话语论争的主要空间之一。另一方面，文本和话语建构的微观层面分析可以用来探析与国家政治经济议程驱动的社会变迁相适应的意识形态变化。此外，考虑到中西理论及其应用的语境差异，为避免理论与不同语境之间的误植，批判的中西对比分析的视角将贯穿于本章各个部分。下一章将在这些文献探讨的基础上，提出本书的研究问题、分析框架、方法论和具体的数据搜集和分析方法。

第 3 章

分析框架和研究方法

在前面两章对相关社会背景和学术文献分析的基础上，本章的第一部分将提出主要研究问题，并简要说明在社会制度背景和现有相关研究成果基础上提出这些问题的必要性与合理性。然后本章将提出一个指导后续具体研究的分析框架。最后一部分将对具体的数据搜集和分析方法作出说明。

研究问题与分析框架

研究问题

通过对与农民工议题相关的媒体和其他形式的公共话语（如政策话语）的考察，本研究试图回答下列主要问题：

- 从历史谱系的角度出发，改革时期的执政党－国家是如何在意识形态上持续地重构并合法化其对与农民工相关的分化的公民权类型的界定的？这种界定是如何与过去革命时代的阶级话语处于一种既是断裂同时又是延续的关系之中的？
- 具体而言，围绕户口这一公民权分化和社会流动性控制的核心制度，包括身份歧视、制度化剥夺和压制性机制等在内的社会融合和排斥要素，在公共话语的论争中，是如何被建构的？

- 就涉及农民工的公民权的具体方面(包括再分配正义、利益表达、身份建构等)而言，在执政党一国家的政策和意识形态框架的边界内，拥有不同数量资源的社会言说者一行动者，如何参与到与农民工相关的公共话语论争中，并就这些议题的定义展开争夺？

在回答这些问题的基础上，本书最后通过对农民工相关议题的个案研究，试图批判地评估，在威权发展主义付诸实施的过程中，宣传一市场驱动的媒介空间及其主导的公共话语论争对中国的弱势群体来说，有着何种潜在的意义。所有这些研究问题都与前面章节中所评述的理论和概念相对应，并将在后续的研究发现、讨论和结论章节中分别得到详细的分析和解答。

第一个研究问题，笔者从绝大多数研究所缺乏的历史谱系分析的视角出发，试图理解改革时期的执政党一国家是如何重塑其以工农阶级联盟为合法性基础的革命意识形态，从而在意识形态上能够包容和合法化改革时期以市场为导向的发展主义现实。在这一新的现实图景中，农民工这一群体，是曾经具有政治和经济“优越”地位的工人和农民这两个革命阶级在市场化条件下杂糅的产物，并在制度上和文化上处于较为弱势的地位。遵循福柯式的历史话语分析方法，“历史谱系”在本书中主要是指那些决定何为常理的深层话语条件随着时间发生变化的方式(Foucault，2002a，2002b)。此处的关键问题是，在革命年代完全无法想象的意识形态话语秩序，在威权发展主义策略中是如何通过被自然化和合理化为可以接受的和必然的，从而再生产出改革时代新的意识形态霸权。

因此，这一研究问题要处理的并不是对显著社会事件产生的话语的片段式分析。相反，其分析的对象是与农民工议题相关的意识形态话语在不同的知识一权力条件下的历时性演变。具体而言，其分析主题是以“工农联盟”的意识形态话语为基础的革命主体是如何演变为以市场逻辑和话语为基础的发展主义主体的。在与革命时代的阶级政治话语相比较的基础上，与此问题相关的章节将运用费尔克拉夫(Fairclough，1992，1995a，1995b，1998，2003)提出的批判的话语分析方法(见下文)来考察过去三十多年中执政党一国家的相关政策文件及其在喉舌媒体话语中的再现。

第二和第三个问题处理的是前一章已经详加探讨的公民权的两个主要方面。如前文所述，以国家一社会关系为基础，公民权这个概念在本研究中包括两个层面：政治共同体的成员资格或社会融入与排斥机制，以及该成员资格身份的质量或具体的权利与责任（Goldman & Perry，2002）。与此对应的章节将围绕一些关键议题或具有重大影响的社会事件，对相关的媒体和政策话语展开比较分析，目的在于阐明不同言说者一行动者是如何参与到与农民工公民权状况相关的议题的公共话语论争中的，并就这些议题的话语边界展开竞争。这些行动者拥有不对等的社会资源，其中最主要的是对媒体和公共文化空间等象征性资源的接近和使用权，或用布迪厄的术语来说，是文化和象征资本（Bourdieu，1989，1991）。这里所谓的"竞争话语边界"，指的是定义或再定义特定社会议题，或就其内涵展开协商，从而建构出不同的话语共同体的象征实践过程（Pan & Kosicki，2001；Snow，Rochford，Worden，& Benford，1986）。这涉及划定、扩展或跨越话语边界等各种不同的活动。

具体而言，第二个研究问题主要考察的是与公民权的第一个层面，即特定政治共同体的成员资格或与排斥机制相关的公共话语论争。前文已经指出，就农民工议题来说，户口制度是针对具有农民这一制度身份的农民工的最核心和最具压制性的排斥机制。同时，这一制度也是激烈的公共争论的焦点之一，因为它不仅影响到最弱势的群体，同时也影响到所有需要跨区域流动和迁徙的人群。正如第五章将要说明的，户口实际上是一个具有多种功能的制度，有利于政府对社会治安状况和潜在不稳定因素的监控，同时又界定了农村和城市人口间差异巨大的不同公民权待遇。正因为如此，户口制度在物质上和象征层面上维持了一个具有高度歧视性的排斥机制，限制了农民工获得城市社会的合法居留权、身份和各种基本福利权利的合法途径。因此，第二个研究问题的目的是要通过分析和比较不同类型的政策和媒体话语，来阐明不同社会言说者一行动者是如何建构与户口相关的主要争议性话题的。

第三个研究问题处理的是不同的言说者一行动者是如何围绕公民权的第二个方面，即与经济利益和文化身份相关的具体公民权展开话语竞争的。尽管这些不同的维度之间具有差异性，但他们对威权主义市场化条件下农民工的利益表达和主体身份建构而言，却都是十分重要的。为了分析这些不同的议题，与此相关的章节将对一些具有代表性的政策和社会事件案例中所出现的媒体与公共话语进行批判考察。

正如前一章所讨论的，传媒研究和移民研究已经从不同的角度对这些议题进行过研究。但这些研究的问题在于，它们都未能充分重视对方不同路径的价值。传媒分析往往具有媒体中心主义的缺点，忽略更为广阔的社会结构和实践的视野，没有意识到媒体只是一般社会过程中象征性层面的一个有机组成部分(Hesmondhalgh & Toynbee，2008)。与此相比，移民研究则倾向于将政策和媒体文本的内容看作理所当然的事实，而没有将这些文本视为是在一个准公共媒体和文化空间中复杂且充满权力关系的象征生产和话语竞争的产物。在这样的背景下，我们提出"相互构成的"分析框架，以图克服这些不足。

相互构成的分析框架

如前文所言，直接将现有源自西方背景的理论分析框架运用到对中国问题的分析，会出现语境与理论逻辑间的不对称问题。这就需要对相关理论和方法进行必要的调整。虽然本书的重点是与农民工议题相关的媒体话语，而不是社会主体对媒体话语的消费或阐释，但这并不是说，本书仅仅局限在文本和话语的范围之内。为了更好地理解社会实践的话语层面，我们需要对制度，以及建构这些制度的社会主体所处的更广阔的社会语境，展开具体的分析。因此本研究的触角也将延展到媒体制度的语境层面以及更宏观的国家一社会关系层面。因为正是这些制度要素界定了话语实践的结构边界，也正是在国家一社会的总体关系框架中，媒体及其话语与其他社会系统及其话语之间发生互动。这必然要求研究必须建立在一个涉及话语、制度和国家一社会关系的多层次、相互构成的分析框架之上。其目的在于，通过对微观文本和中观乃至宏观语境要素的把握，来阐明这些话语机制是如何与制度的、结构的和宏观的文化环境发生关联的。

在这一框架(图3.1)中，第一层是社会结构要素，主要包括由特定政体所决定的国家一社会关系和公民权定义。这些要素作为宏观的制度框架，是其他两个层次分析(对媒体和人口移动相关制度与政策的考察、农民工相关媒体话语的个案研究)的语境条件。在这里，通过话语手段展开的与农民工主要议题相关的公共商议和论辩的社会过程，既受到制度要素的限制，同时又在一定程度上处于动态发展变化的状态。在具体分析中，必须同时考虑到话语生产的结构条件和处于制度性“缝隙”中的社会行动者的主体能动性。例如，执政党一国家的意识形态和基本传媒制度设定了公共表达的边界，因此决定了媒体话语在多大程度上具有公共性。但同时，这些边界也受制于制度失调引发的各种冲突所带来的压力，以及日益受到专业主义精神激励的公共话语的实践者所发起的各类策略性挑战，例如，将批评性的“隐性文本”嵌入“公共话语”之中（李小勤，2007；Pan，2005；Pan & Chan，2000）。

如图 3.1 所示，结构和主体能动性之间相互构成的动态辩证关系贯穿于整个分析框架的各个层次。长久以来，在社会科学中，关于结构和主体能动性之关系的理论始终是以两种不同的本体论为基础的。正如阿切尔所指出的那样，“众所周知，‘结构与主体能动性的问题’是建构社会理论过程中的核心问题”。有学者（Archer，2000，页 1—2）指出，在这一问题中，存在两种错误的倾向：

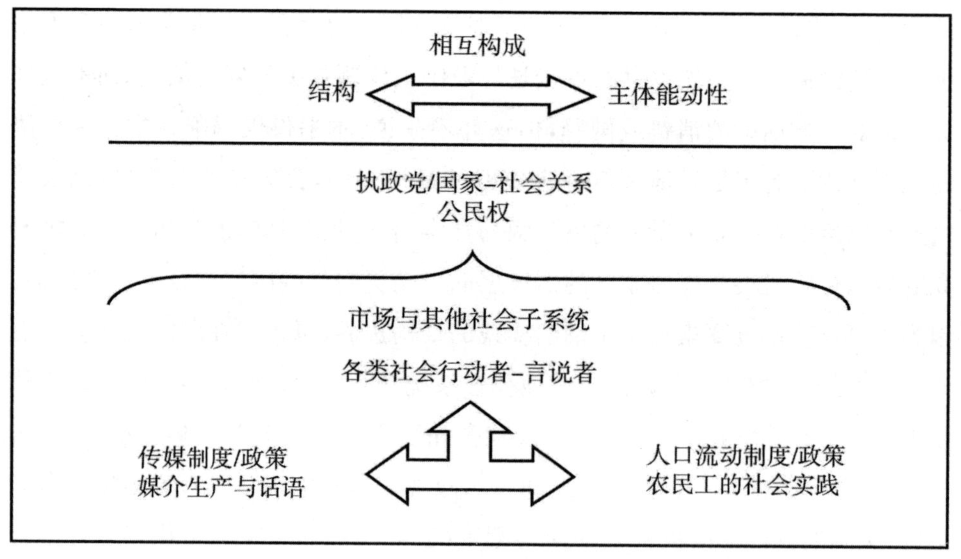

图 3.1　多层次分析框架

“社会的科学”和“对人的研究”：如果前者否认社会人本性的重要意义，后者则忽略了人类互动过程中构成社会的恒久要素。前者否认的是这样一个事实：人类的真正力量在于他们是构成社会不可或缺的要素。后者则由于将社会简化为其创造者行动的产物而低估了社会的真正力量。因此，这两种观点实质上都是一种副现象论（epiphenomenalism），分别认为主体能动性或结构是缺乏自主性的因变量。

为了克服这种二元对立性，许多社会理论家（例如 Elias，1978；Giddens，1984；Bourdieu & Wacquant，1992）做出了努力。其中，布迪厄所提出的关系主义（relationalism）方法论试图同时避免方法论的个体主义和整体主义（Knorr－Cetina，1981，页 7－15；Samuels，1972，页 249）。他突出强调了“关系的重要性”，并批判了那种将社会现实看作各种事物和状态，而不是关系和过程的常识性观点。布迪厄认为这种倾向是根植于我们对语言的使用之中的，因为语言“偏向于把握实体而非关系”（Bourdieu & Wacquant，1992，页 15）。他对结构和主体行动的理论化建构，是建立在他的社会空间中的差异化“场域”（fields，“类型化的客观要素系统”“冲突和竞争的空间”）和具有能动性主体的“惯习”（habitus，即“在主体内部运作的结构化机制”和“主体内化外在结构的产物”）这两个概念之上。对布迪厄来说，其中没有一个完全是由静态结构或社会行动者能动性单独构成的。

在媒体和传播研究领域，这个方法论的分野主要体现在文化分析路径和政治经济传播研究之间几乎无法调和的冲突。两者分别强调了大众媒体的使用者积极挪用媒体内容来为自身利益服务和建构主体身份的主观能动性，和限制文化实践的媒体系统的政治经济结构（例如 Connell，1980；Fiske，1989；Fiske & Hartley，1978；Golding & Murdock，1979）。特别是文化研究中的后结构主义转向，甚至对温和的决定关系（soft determinism）也持有否定态度，与政治经济分析处于严重的对立。而后者则坚持认为，尽管机械的经济决定论有化约论的缺点，但无论如何媒介研究应当坚持温和决定论的基本观点，以便能够批判地理解文化生产的政治经济过程中的权力关系（Carey，1995；Garnham，1995a，1995b；Grossberg，1995；Murdock，1995；Robins & Webster，1987）。尽管如此，与一般社会理论中试图弥合两种不同方法路径的努力相对应，在传播研究领域，有学者呼吁应当采取相互构成的分析方法，寻求一个“平衡的辩证的中间地带”，借此实现文化研究和传播政治经济学的方法论整合（例如 Babe，2009，页 5；Mosco，2004）。

就本研究涉及的方法论问题而言，所谓相互构成的分析路径，一方面是指单独倾向于主体能动性或结构要素的任何一方的情况都必须避免。应该用对结构要素与主体实践之互动关系的动态的多层次分析方法取代任何单一维度的方法。这意味着，尽管本研究着力于话语分析，但不应当只是简化为纯粹的对文本的研究。相反，话语生产和话语竞争的政治经济制度层面，应该被看作既是限制性要素，同时也是一个动态的具有灵活性的社会空间，而被纳入分析的范畴。这些要素不仅限制同时也受制于主体的利益、行动、协商、挑战和妥协。同时，历史的视角也被纳入分析框架，以考察结构与主体能动性相互构成的过程是如何在社会实践中得以展开的。这就要求必须把以话语分析为基础的文化研究和历史制度方法结合起来。

另一方面，以社会为指向的宏观视角将媒体看作国家—社会型构中的一个组成部分而非社会的中心，这样的视角应当用来弥补以媒介为中心的研究的不足。要理解媒体话语，必须将媒体领域的结构和实践纳入其所在的更为广大的社会背景中加以考察。同样，在经典社会科学领域展开的移民和公民权研究，应当将媒体和其他准公共话语领域在巩固、挑战甚至解构移民和公民权相关议题的过程中所发挥的建构主义角色考虑在内。在对相关社会议题的分析中，仅仅把媒体文本作为客观的和无可置疑的经验材料来加以引证，是很成问题的。[①]相反，这些文本在本质上只是基于特定文化、意识形态和制度背景的对现实的社会建构的产物。

方法论与分析方法

与相互构成的多层次分析框架相对应，本研究采取的方法论也是多层次的。首先，建构主义的架构分析(framing analysis)将用来考察与农民工议题相关的话语竞争过程，并作为一般分析方法贯穿于后续几章的案例研究之中。其

① 对媒体和其他公共文本的建构性本质缺乏敏感是许多与中国社会人口流动相关的社会理论研究具有的共通问题。例如，苏黛瑞(Solinger，1999)在其研究中使用了大量的新闻报道、特写、评论、文学报告和其他媒体素材，作为其论证的支持材料，而没有批判性地考虑到，市场化但依然受执政党管制的媒体，同样也是农民工公民权公共论争中的主要话语实践者之一。

次,历史制度分析的方法则作为语境化手段,通过鉴别这些架构或公共论争的话语机会结构(discursive opportunity structure),从而界定这些话语斗争在媒介制度和更广阔的社会政治经济背景中的位置。再次,对媒体和政策文本的批判话语分析将会作为主要的数据分析方法,用来考察这些文本的话语结构、框架和背景信息,其主要目的是分析媒体话语实践的意识形态和文本机制。最后,对主要政策议题或社会事件的个案分析,也是用来组织相关章节的研究的主要方法。每个案例分析都会同时采取制度分析和话语分析的视角。这样,本研究通过把制度分析和话语分析的方法结合起来,使之互为补充,试图避免单一视角分析的缺点。

架构分析

前一章已经详细讨论了与架构分析相关的概念和理论,这里仅就其涉及的方法论问题做进一步阐明。如前文所述,架构分析是贯穿于本研究各案例分析中的具有总括性的方法路径。与政策立场不同,框架(frame)是为一组观点或论点提供的连贯性的核心观念。因此,架构分析的目的是要通过考察公共话语,来识别与农民工议题相关的公共论争中的核心观念,即框架。尽管框架通常具有一种主导的倾向性,但一般来说,它具有一定的包容性和弹性,能够容纳支持、反对和中立的不同政策立场。因此,问题的关键是各种不同的与农民工议题相关的主张,是如何围绕一些稳固但却又随着时间可以演变的特定核心观念或框架组织起来的,以及这些框架在不同的政策主张的支持者之间是如何分布的(Ferree,Gamson,Gerhards,& Rucht,2002,页105—106)。

不过,尽管架构分析集中在对微观话语和社会心理层面的研究,其研究范围则不应当只是局限于话语层面。制度层面的分析作为对话语分析的支持,依然是有必要的。正如费雷等人的对德国和美国堕胎议题的研究(Ferree et al.,2002)所表明的那样,对文化传统、政治经济状况和社会制度差异的分析,对比较和理解两国不同的架构策略和民主公共商议的特征,是至关重要的。虽然这并不意味着结构要素和主题话语行动之间有着必然的决定论关系,但是,这与前文所讨论的把制度分析和文化分析结合起来的相互构成的分析框架,是相一致的。

具体而言,本研究更多集中于对话语的生产和文本建构等方面的分析。从这个角度看,架构是一个"争夺本质上通过文本来表达的意义"的过程(Gamson,2001,页 ix)。其中,公共话语空间中的权力和象征资源在行动者一言说者间的分配,是最主要的基本问题之一。但在分析不同社会言说者一行动者参与建构的媒体话语时,由于媒体和社会政制的差异,如果把架构分析的论坛模式(见第二章)直接运用到中国的情形中,是成问题的。这是因为该模式假定的相对成熟的公民社会和媒体相对独立于政党和国家的制度地位,在中国语境下并不完全具备。正如前文已经阐述的,当代中国"社会寓于国家"(Mertha,2010)的国家一社会基本关系,在本质上限制了体制外政治话语表达的自主性程度。尽管公民对公共事务的参与和话语论争日益活跃,对特定社会议题,尤其是具有政治敏感度的议题的公共话语抗争,大体上依然是被置于执政党一国家的意识形态机关和宣传系统的严格监管之下。那种将传媒和公共话语舆论机制与其他社会集团并置,且不同利益主体可以相对公平进入话语空间参与政策论辩的论坛模式,显然不适用于强势政党国家模式。

因此,有必要对相关分析模式进行一些修正。在中国语境下,问题的重点应当从宪法政治为基础的多元民主的国家一社会关系条件下的竞争性话语建构,转向在适度多元化的"社会寓于国家"型构中,执政党一国家主导的架构意识形态和政策边界的过程,以及其他不同经济和社会领域的行动者参与的支持或挑战这一架构过程的话语实践。对不同的行动者出于不同的利益考虑采取不同的框架分析策略依然是很重要的。但是,在中国语境下,对这样一些问题,同样应该加以关注:处于政治管控、市场竞争和塑造公信力等生存压力下的党控媒体如何为相对自由化的信息和不同于主流观点的声音提供话语空间,以及媒介化的公共话语如何诉诸能够激发人们对特定观点产生支持的情感和文化图式,进而改变执政党一国家主导的话语边界(赵鼎新,2007)。这样,分析的主要议题一方面是媒体等公共话语形式如何再现执政党一国家的意识形态纲领及其对新权威主义话语的合法化,另一方面则是不同行动者一言说者在威权主义执政党/国家一社会关系所决定的话语机会结构中,利用不均衡分配的明确或潜在的历史制度和文化资源,参与到旨在捍卫或重构主导意识形态和政策边界的公共话语论争的过程。

以上述分析和对语境差异的把握为基础，下文将列出有关农民工议题的公共辩论涉及的主要言说者一行动者及其所代表的主要支持者或利益群体。这些分类贯穿于后续对架构过程分析的个案研究之中。总的来说，以不同的利益倾向为基础，这些主要的行动者一言说者被纳入三个不同的小组，分别代表着执政党一国家、社会和市场三个不同的利益部门。（表 3.1）

表 3.1 与农民工相关的公共话语论争中的主要行动者一言说者及其利益部门

利益部门	执政党一国家	社会	市场
主要行动者一言说者	偏向于执政党一国家	…… 新闻媒体	…… 偏向于市场
	党的意识形态路线代言人	移民和人口流动领域独立研究者和学者	地方劳动密集型产业群制造业、建筑业、服务业等
	中央政府各部门	民权活动人士	国际资本和外国投资利益集团
	党营媒体 党控群众组织（如，工会）	半官方非政府组织和 国际非政府组织 外国或国际政府机构	城市第三产业代言人
	民工输出地地方政府	城市居民	涉及农民工劳力的小型城镇商业
	民工输入地地方政府	农民工群体意见领袖	
	官方或半官方专家、知识分子和智囊	普通农民工	

必须指出的是，尽管在这一分类中，执政党一国家与社会和市场是并置的，但这并不意味着其重要性是完全对等的，此处的分类仅是为了分析的方便考虑。正如第二章已经讨论的，尽管过去几十年内市场化改革逐步推进，国家对社会生活的控制也逐步减弱，但这并不意味着执政党一国家对社会生活和市场经济活动的主导性作用已经被削弱。上表中的三个方面并不是完全对等、平衡和彼此平行的。改革时代的执政党一国家依然拥有全面控制社会的权力和资源，同时，它也受到其内部部门利益冲突和来自社会和市场的外部压力的制约。因此，三者间的关系在本质上是威权主义的，但同时又充满妥协的可能空间。代表这三个不同利益部门的言说者一行动者为了实现各自的利益表达诉求，因此可能会将彼此的关切纳入自己的考量之中。

在所有这些言说者一行动者中，处于宣传一市场制约下的新闻媒体，既是其他言说者观点的协调者，同时它们自身也是表达观点的言说者，能够促进或削弱甚至彻底忽视某些利益诉求。一般来说，虽然现有全部媒体都被置于各种形式的执政党管理之下，需要在政治上无条件遵守执政党一国家的基本原则，但从其运营机制和内容风格上看，可以将之分为党媒和市场化媒体。以报纸为例，前者主要包括各级党委机关报，例如中共中央机关报《人民日报》。后者包括以党报子报形式出现的以服务大众多样化文化和信息需求为目的的商业化报刊或都市报。尽管在功能上和经营方式上与党报有差异，但这些都市报在制度安排上依然是附属于党委直接主管的党报，并因此在政治上受其监督。这与前文所述的有限多元化的"社会寓于国家"的国家一社会关系构成相一致。

议题架构的过程是一个充满权力斗争的公共辩论过程，涉及如何使公众听到自己的声音，以及如何在公共空间中促进自己的议题框架被公众接受。因此，架构分析包括两个部分：对决定架构或公共辩论中话语机会结构（discursive opportunity structure）的权力构成的语境分析（Ferree et al.，2002），和对应用在与特定事件或议题相关的现实建构中的具体框架工具的分析。前者基本上是对架构和公共辩论的结构和文化背景的历史制度分析，其目的是要考察可资利用的框架类型的文化资源，以及这些框架作为文化资源是如何在不同的社会群体和个体间不平等地分配的。

第二部分涉及对媒体文本中再现的框架构成要素的微观分析。就此而言，本书主要参考凡高（van Gorp，2005，2007）的议题架构分析的建构主义方法。正如在本章中已经讨论过的，这一方法将现存框架资源和架构过程看作一个抽象的和隐蔽的文化现象，只有通过对"框架包"（frame package）的重构和分析才能够对之进行考察。框架包是在文化上具有持久性的框架的物理再现，换言之，是"一组有逻辑地组织起来的能够借此识别某个特定框架的工具"。框架包有三个组成部分："可见的架构工具，可见的或隐含的推理工具，以及将整个框架包展示为一个连贯整体的隐含的文化现象"（van Gorp，2007，页 64）。

因此，对框架包的分析应包括对话语工具的符号学分析，对因果推论的批判的逻辑分析和文化主题分析。具体而言，主要包括这样一些问题：谁拥有发言权？相反，谁的声音遭到压制而陷入沉默？（媒体发言权在不同利益群体间的分配)在"我们"和"他们"之间,分别建构了什么样的身份认同?对这些身份认同的建构引用了哪些话语工具(词汇、隐喻、标语、人物形象、图片等)?谁应当对与特定议题相关的问题负责并因此受到指责?谁是解决问题的人并因此受到赞美?潜在的值得肯定的解决之道有哪些?为了合理化推论的逻辑,哪些叙事和修辞策略被运用到话语建构之中?最后,整个话语过程诉诸何种根深蒂固的文化观念?实际上,这些问题已远不止文本机制分析,同样涉及对文本和语境层面的互动关系(如去语境化或语境移植策略)的研究。

需要说明的是,上述两个层次的分析不是完全分开的。相反,正如我们在下文对批判话语分析的讨论中将要看到的那样,语境和文本分析实际上是相互构成、相互交织的。如凡·迪克(1997,页15)所指出的那样:"话语是其语境的结构性组成部分,两者各自的结构实际上对彼此具有相互的和持久的影响。"下文将要就与这两个层面相关的方法论展开讨论。

表3.2 架构分析的两个层面

分析层面	议 题
历史制度分析 (语境)	话语机会结构:社会经济和政治背景、文化传统、意识形态背景等
框架包的话语分析 (文本和语境)	修辞和叙事手段 各利益主体间的不同媒体地位 我们与他者间的身份建构 归因的推理手段 文化主题 (去)语境化、语境移植

历史制度分析

在本书中,制度主义方法提供了将话语和架构过程的意识形态分析整合到宏观的制度语境中的途径。历史制度分析是对经验世界制度安排及其结果的研究。通过比较真实世界的不同个案,而不是分析变量间的因果关系,历史制度方法要探寻的是制度限制和塑造行为及其后果的方式(Steinmo,2008,页

123)。制度是相对持久的正式或非正式的规则与规范的集合。这些规则决定了在一个特定的社会实践过程中,谁可以参与这一过程,以及参与的过程该遵循何种策略。制度体现在“特定的意义和资源的结构之中,这些结构相对稳定,不会因个体的更替而变化,同时也不受制于个体的特殊偏好和期望以及不断变化的外在环境的影响”(March & Olsen,2006,页 3)。因此,制度不仅仅限制着谁能够被纳入某一特定社会空间之中,同时也限制了这些行动者的选择(参见Immergut,1992,引自 teinmo,2008,页 124)。

大体而言,目前可以归纳出三种不同的制度分析路径:理性选择论(rational choice)将人类视为策略性的理性行动者,而制度之所以重要是因为他们能够限制和塑造个体的策略行为;社会学制度分析把人类看作倾向于“恰当性逻辑”(logic of appropriateness)的社会性存在物,而制度则是控制日常社会互动的文化规则;历史制度主义则吸收了前两者的观点,认为社会实践的结果很可能同时是“遵循规则和利益最大化动机共同作用的产物”(Steinmo,2008,页 125—126)。历史之所以重要,是因为社会实践和主体的行为是在特定的历史语境中发生的。这些语境就是社会结构和观念在特定时空范围内的组合构成,并由此塑造了人们的经验和期待(Steinmo,2008,页 127—129)。

制度分析方法也因为对制度变迁的解释相对乏力而受到批评。制度被看作是“路径依赖的遗产”(March & Olsen,2006,页 12)。制度之所以难以变化,原因包括来自现有制度内既得利益者的阻力、现有制度期待的惯性以及长期制度投资所导致的制度锁定。因此,制度一般难以变革,直到出现无法抗拒的外部冲击打破现有的制度均衡,从而促成制度调整或变革(Steinmo,2008,页 129)。但是,这些观点的假设前提过分强调了结构性要素的持久性,而低估了制度的内外部动力。为了弥补这一不足,不少学者已经指出,除了外部冲击,在制度内部发生的观念压力也是促成潜在的制度变化的动力因素之一(例如 Broderick,1970;Campbell,2002;Hall,1989)。传统上,利益而非观念被认为是社会变迁的主要驱动力。当前的理论则强调,观念具有架构和塑造思维模式的能力,并进而成为社会决策过程的基础(Steinmo,2008,页 130)。从建构主义的角度看(Berger & Luckmann,1967),制度实践和作为制度基础的信仰或对现实解释之间的不对称,可以造成重构连贯性的观念压力,从而成为促进制度变化的一个重要的动力源泉。此外,资源分配的变化也可能会导致“可供选择的制度方案间的转换”(March & Olsen,2006,页12)。

在本书中,制度视角作为方法论框架主要用来分析农民工公民权公共论争的话语机会结构。这不仅包括对管制媒体运作、公共辩论和流动人口政策的各种正式制度的考察,同时也包括对已经随着时间内化和自然化为常识的非正式历史文化观念的批判分析。这些正式或非正式的历史制度要素决定了包括公共辩论在内的社会行动的合理边界,以及社会行动者—言说者可以使用的框架的选择范围。这包括影响到所有不同形式的社会实践的一般结构要素,也包括仅对特定领域的社会实践发挥作用的特殊结构要素。

因此,就流动人口或移民问题而言,围绕特定争议性议题展开的公共话语论争,同时受到两方面因素的制约:一方面是历史性的宏观制度构成以及当前中国社会执政党—国家—社会关系的一般文化状况,另一方面则是与媒体实践,公共表达,农民和工人阶级的社会身份,革命阶级意识形态的传统,有关家庭、性别、人口流动和乡土意识的文化观念等相关的特定的亚制度和亚文化条件。其中有些要素已经在第一章关于背景的讨论中详细分析过。在后续章节对具体的话语论争和架构过程的分析中,这些要素将再次被提及。

新闻话语的批判分析

以费尔克拉夫(Fairclough,1989,1992,1995a,1995b,1998,2003))和凡·迪克(van Dijk,1988a,1988b,1991,1992,1997,1998a,1998b,2008)的理论为基础,本书将提出一个批判话语分析(critical discourse analysis)[①]的方法框架,以此来考察架构分析的第二个层面,即构成框架包的话语工具、归因推论和文化主题。需要指出的是,尽管本书中会用到一些定量的数据描述,但作为本研究中分析媒体文本的主要方法,批判话语分析“由于其对新闻报道的各种结构的系统阐释,因而超出了传统的内容分析的范畴”(van Dijk,1991,页5)。它旨在研究代表执政党—国家、社会和市场等不同利益部门的各类行动者—言说者,在媒体话语中,使用何种话语结构和策略,如何在话语层面再生产或解构作为

① 关于批判的话语分析与语言学的其他流派之间的差异,参见Wodak,2001。

弱势群体公民权现状合法化基础的意识形态框架。

批判话语分析理论认为，“文本的话语结构特征在不平等、权力、意识形态、权威和操控关系的社会再生产中发挥着十分重要的功能”(Blommaert，2005，页 29)。正如本书第二章中所讨论的，意识形态和权力的相互构成关系，与语言和话语实践紧密相关。这是因为在现代社会中，尽管物质和强制性手段依然具有持久的影响力，但总体来说，通过象征手段的意识形态运作和对这些手段的近用权的控制而创造的赞同，日益成为现代权力关系的基础(Fairclough，1989，页 3—4；Herman & Chomsky，2002)。因此，批判话语分析与权力、文化霸权宰制和意识形态分析是紧密相关的(参见 Eagleton，1991；Fairclough，1992；Thompson，1984；van Dijk，1998a，1998b)。与其在政治上的批判态度相一致，批判话语分析也对权力、宰制关系和社会不平等的意识形态再生产抱有特殊的兴趣(Blommaert，2005，页 1—2；Wodak，2001，页 1—2)。这种分析的主要目的是揭开“展示在语言之中的隐蔽或透明的宰制、歧视、权力和控制的结构关系”(Wodak，1995，页 204)。

话语(discourse)这一概念在该理论中，不仅仅是文本或语言实践的产物，还是作为社会实践的语言，不仅涉及文本，同样涉及互动和语境，即那些既决定但同时又通过话语实践建构起来的特定的社会条件(Fairclough，1989，页 22—25)。用凡·迪克(van Dijk，1991，页 45)的话来说，批判话语分析旨在表明语言使用与传播的认知、社会、历史、文化和政治语境如何对文本或对话的内容、意义、结构或策略产生影响。反之亦然，话语本身如何影响并成为这些语境结构的一个有机组成部分。

受到福柯的权力和话语理论的影响①，费尔克拉夫提出了一个话语的三维度定义(图 3.2)，包括：作为文本的话语(“具体话语实例的语言学特征和组织”)；作为言语实践的话语(“话语在社会中的生产、流动、分配和消费过程”)；以及作为社会实践的话语(“话语运作的意识形态效果和文化霸权建构过程”)(Blommaert，2005，页 29)。相应地，批判话语分析包括从描述(文本的形式特

---

① 参见 Fairclough (1992) 第二章。在这一章中，费尔克拉夫总结了福柯话语理论的一些关键论点，包括：话语的构成性本质、话语间性(interdiscursivity)和互文性(intertextuality)的重要性、权力的话语本质、话语的政治本质，以及社会变迁的话语本质。(pp. 55—56)

征)到阐释(文本生产过程和阐释过程间的互动关系)再到解释(互动的社会条件及其与社会语境的关系)的三步走分析模式(Fairclough,1989,页 26)。以此为基础,费尔克拉夫继而提出了将这些不同层面操作化的具体分析方法框架。例如,就描述而言,他提出应当主要考虑三方面的形式特征:词汇、语法和文本结构,分别对应于与知识和信念相关的经验功能、与社会关系相关的关系性功能以及与主体和社会身份相关的表达功能(Fairclough,1989,页 110－112)。

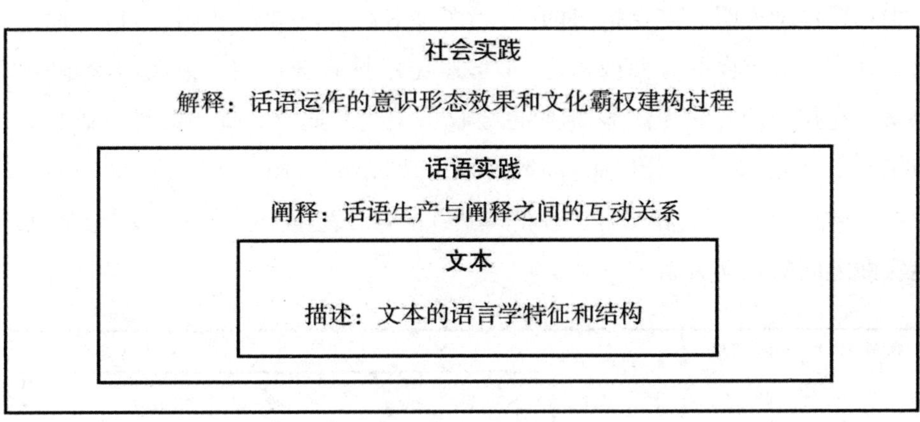

图 3.2　费尔克拉夫的批判话语分析模型

前文已经提到过,媒体作为现代社会"'专家系统'组织化过程中的把关人"(Giddens,1991,引自 Milani & Johnson,2010,页 5),在话语实践中发挥着关键作用。因此,传媒话语,特别是新闻,在批判话语分析中具有十分重要的地位。以话语分析的一般理论和方法为基础,许多学者(例如 Allan,1998;Bell,1991,1998;Fairclough,1995b,1998;Garrett & Bell,1998;Matheson,2005;Montgomery,2007;O'Keeffe,2006;Richardson,2007;Talbot,2007;van Dijk,1988a,1988b,1991,1998b)已经提出了诸多不同的传媒话语分析方法,既包括广播电视媒体对话互动分析,也包括对报刊文本和图片的视觉版式的研究。其中,凡·迪克通过对新闻话语的研究(van Dijk,1988a,1988b,1991,1998b)提出了新闻结构分析的一个具体框架,包括"生产和接受的认知过程"和"语言使用和传播的社会文化维度"(van Dijk,1988b,页 2)。他把这一框架运用到对媒体中种族主义意识形态话语的再生产的研究中,并重点强调了"主题、总体图式形式、地方性意义、风格和修辞等新闻话语结构的主要层面,及其与生产和理解的认知过程,以及社会文化和政治语境之间的关系”(van Dijk,1991,页 x)。

以费尔克拉夫的话语分析方法和前一节对制度分析方法的论述,以及其他学者(例如 Blommaert,2005;Fairclough,2003;J. Gumperz,1982;J. Gumperz,1992;Hymes,1996;Silverstein & Urban,1996;van Dijk,1997,1998b;Zinken & Musolff,2009)提出的理论方法为基础,本书将提出一个分析与农民工议题相关的新闻话语的综合性方法论框架(图 3.3),其中所涉及的主要要素将在下文中加以详细说明。需要指出的是,为了使其具有必要的明晰性,这一模型忽略了许多十分重要的方面或概念,不可避免地具有选择性。很显然,这一模型以费尔克拉夫的方法为蓝本,但它也吸收了一些其他学者提出的重要概念和分析工具。首先,就文本分析而言,本书采用理查德森(Richardson,2007)的三层分析模式:词汇、句法和修辞。在此基础上,本书着重分析文本、话语实践和社会实践之间的互动关系。

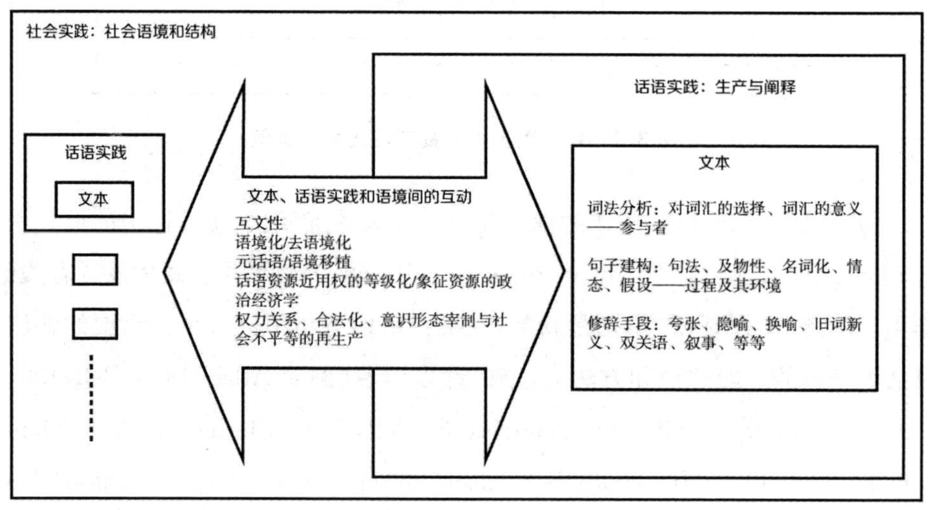

图 3.3 批判话语分析的综合模式

文本分析

如前文所述,文本分析包括三个方面。首先是词法分析,主要关注的是对句子中特定词汇的选择以及通过这些选择对言语实践中的行动者—言说者进行命名(naming)的过程。换言之,它处理的是对个体或集体社会行动者的再现或身份建构。在媒体话语中,媒体内容的制作者必须从可用的一系列身份标签中选择一些来对某一特定事件中的行动者进行命名。这一命名的过程将人们纳入某一或某些特定的类型中,从而使他们不再有机会能够以别的方式被命名,即瑞希格和沃达克(Reisigl and Wodak,2001,引自 Richardson,2007,页 49)所谓的"指示策略"(referential strategies)。这种命名的排斥性机制决定了个体或群体身份的社会性建构方式,从而影响到其在象征层面获得有利地位还是被置于边缘化的地位。

在这种情况下,特定事件中的行动者可以通过个体化(individualized)方式被命名,从而突出其普通人的特征,或相反,通过群体化方式加以命名,以代表某一部分或全体公众。同时,通过建构作为好人的"我们"与作为坏人的"他们"(或作为异己者的"他者")之间的对比,对行动者进行正面或负面的定义。凡·迪克将这种方法称之为"极化策略"(polarization),即"对群体内部人的正面描述和对群体外部人的负面描述"。通过对相关词汇演变的话语分析,本书将具体说明对"农民工"这一核心对象的命名方式是如何演变的。

文本分析的第二个方面处理的是与过程及其环境的再现相关的句法问题。换言之,句子的结构特征与言说者－行动者的具体行动、论证和判断以及相关假设紧密相关。其中关键的问题有两个,即对行动的再现和对论点以及假设的或隐含的意义的建构。第一个问题与及物性(transitivity)有关,即在特定文本建构的行动过程中,能动的和被动的角色是如何在这一过程的参与者间进行分配的。正如米尔斯(Mills,1995,页 143－144,引自 Richardson,2007,页 54)所指出的那样,这一问题的焦点是"文本中出现了什么样的行动,是谁针对谁实施了这些行动"。从主动语态向被动语态的转换会导致行动的实施者角色的缺失。与此类似,通过费尔克拉夫(Fairclough,2003,页 12)所谓的"名词化策略"(nominalization),同样可以把行动建构为一个实体或状态,而非由特定主体驱动的充满权力斗争的动态行动过程。其结果是,应对社会变迁过程的负面效果负有责任的权力主体问题,通过话语转换的方式被消解了。同样,充满意识形态和权力斗争的历史性社会过程,也通过这样的话语方式被自然化为非历史的过程。

第二个问题是与观点、论证或隐含意义相关的情态(modality)和假设(presupposition)。情态指的是通过情态表达(表达与特定事件相关的可能性或责任的词汇或短语)展示出来的文本作者或言说者的判断和态度。在传媒话语中,与此具有直接关联性的是某些“观点性”的新闻类型,如社论、评论员文章、专栏评论等(Richardson,2007,页 59—60)。假设则是通过不同的语言结构表达的被视作“常识”的隐含意义(Richardson,2007,页 63—64)。

文本分析的第三个方面是用来表达某些观点或隐蔽地强调特定含义的修辞策略。这些观点和意义“被嵌入论证过程中,从而显得是或多或少站得住脚的、合情合理的、合法的结论”(van Dijk,1996,p. 24,引自页 65)。在诸多修辞策略中,新闻话语中最常见的修辞策略包括:夸张(hyperbole)、隐喻(metaphor,“借助其他事物来表达某一事物”)、换喻(“用与某物相关的事物替代该物”)①、旧词新义(neologism,“新造的词语,或被赋予崭新含义的旧词汇”)、双关语(puns,利用某一词汇或不同同音字的不同含义进行的词汇游戏)、叙事(“新闻报道的内容以及这些内容在文本中再现的方式”)(Richardson,2007,页 65—74)。

总的来说,上述三个方面构成了完整的文本分析框架,包括对文本形式、意义和功能从微观到宏观层面的考察。在新闻话语分析中,这些文本分析方法可以应用到新闻报道的不同层面,包括标题、导语、报道主体。需要指出的是,这些分析方法主要是应用于报刊的文字性文本,对分析图片和版面安排等视觉性要素来说,需要其他的分析手段作为补充。例如,克莱斯和凡卢温(Kress and van Leeuwen,1998)的研究就提出了一个分析报纸版面的符号模式及其建构文本、连贯性、显著性和框架功能的批判研究路径。②

文本、话语实践和社会语境间的互动

对话语分析而言,仅有文本分析不足以理解文本和话语实践的意识形态机制。应当将其置于“组织分析之内,并将文本的‘微观’分析与对权力关系跨实践和结构网络运作的‘宏观’分析连接起来”(Fairclough,2003,页 15—16)。对本研究而言,最重要的一个问题则是文本和话语机制如何与包括意识形态和社

① 正如理查德森(Richardson,2007,页 67—68)指出的那样,隐喻和换喻之间的差别在于“隐喻借助于类似特定之间的转换,而换喻则通过相关的直接形式来实现”。

② 关于更为系统的视觉话语形式分析的方法论,参见 Kress & van Leeuwen,2006[1996]。

会结构在内的宏观社会语境相互关联。

如图3.3所示，要解决这一问题，必须使用诸多不同的分析概念工具。这些概念对超越特定文本范围的文本形式的意识形态效果而言是至关重要的。首先，互文性机制（intertextuality）或费尔克拉夫（Fairclough，1992）所谓的“话语间性”（interdiscursivity）把不同时空范围内不同的话语实践和社会语境中的不同文本类型连接起来。正如布罗马特指出的那样，互文性突出了“这样一个事实，即无论我们说出什么，我们所生产的话语都源自他人的话语，因为我们不断地引用和复述已经存在的表达，不断地循环表达已经存在的含义”。这意味着，“任何一个特定的表达都有其自身的使用（或滥用）、阐释和评价的历史”，这“要求我们的视野必须超出特定的传播事件的边界，考察此处使用的表达实际上来自何处，其源头是什么，这些表达捍卫谁的利益，以及它们是如何与语言使用的传统发生关联的”（Blommaert，2005，页46—47）。在新闻话语中，互文性或话语间性的问题主要体现在新闻来源和引用的问题上。换言之，这与第二章中所提及的不同言说者—行动者的媒体地位（standing）相关，即就特定事件或政策议题而言，谁的观点或解释作为常规新闻来源，被直接而清晰地引用。相比较而言，同样需要加以考察的是谁的声音被间接提及，或是完全不被提及以致被彻底边缘化。因此，对互文性和话语间性的分析，能够说明不同言说者—行动者在媒体话语中处于何种地位。

与互文性相关的是沟通文本和语境的两个话语机制，即文本被整合进社会实践并因此对后者产生影响的方式：一是语境化或去语境化，另一个是语境移植。语境化（contextualization）（J. Gumperz，1992）是言说者—行动者“提高语境的某些方面的相关性，维系、修改或废弃这些层面”的活动。正是这些语境“决定了对某一表述在其发生的特定位置被解释的方式”。在这些活动中，指示含义是通过“语言形式和社会与文化类型间的联系”建立起来的（Auer 1992，页4，引自Blommaert，2005，页41）。在这一过程中，文本通过索引指示的方式被生产或加以阐释，从而与正在发生的话语实践所在的特定语境相适应。因此，语境化涉及传播过程的参与者间的对话性互动，即便这种对话性并不意味着合作关系、共享性和参与者间“语境化权力的对称性”（Blommaert，2005，页43）。

比较而言，语境移植（entextualization）的概念（Silverstein & Urban，1996）

是一个把文本从其原初语境中脱离出来并移植到新的语境中，从而创造出崭新的话语类型的过程。布罗马特(Blommaert，2005)解释道，通过语境移植，

> 话语连续地或同步地实现了去语境化和在元话语层面上被重新语境化，从而变为一种与新语境相关的新话语。与之相伴的是一种能够提供对新话语进行“偏好性解读”的元话语。这一新话语因此成为一个“文本”：被剥离了其互动背景并被转移到新语境中的话语。

通过将分析范围从文本间的互动延伸到文本与语境或元话语层次间的互动，语境化和语境移植概念深化了互文性分析。以此为基础，考察的范围将进一步拓展至对话语资源的近用权(accessibility)、不平等、合法性、权力关系和意识形态宰制等问题的分析，即对与主导性社会结构辩证地相互构成的象征资源的政治经济学分析。现代社会的权力宰制日益依赖于对进入特定语境化空间权力的排他性(exclusivity)设置或垄断(Barthes，1972[1957]；Blommaert，2005，p. 45；Bourdieu，1989，1991)。文本和语境资源在不同社会行动者间的等级化分配成为再生产社会不平等的主要机制之一，其实质是接近和控制作为象征资源的文本和语境的能力的等级化。正如汤普森(Thompson，1990，页 59)所指出的那样，

> 个体在某一社会场域或制度中的社会地位以及与此相关的权利，使得他们具有不同程度的“权力”。在此，权力可以理解为通过社会性的或制度性的方式获得的一种使得个体能够做出决策、追求目的和实现利益的能力。我们所谓的“宰制”，指的是特定的行动者或行动者群体长期掌握权力，并在很大程度上将其他行动者和行动者群体排斥在外，使之无法获得这些权力，无论这种排斥在何种基础上得以实现。

因此，对文本和话语形式的研究“变为对权力象征以及手段分配的系统和类型的研究，同时也是对社会中特权和权力剥夺的基本方式的研究”(Blommaert，2005，页 61)。对诸如中国社会的农民工这样的边缘群体的公民权的社会建构的研究来说，这样的分析是必不可少的。

也正是在这里，在对媒体和文化生产与阐释保持政治经济学敏感性的基础上，意识形态和文化霸权相关的议题成为新闻话语的批判分析中的关键问题。

就本研究中对农民工相关新闻话语的分析来说，这一层面的分析主要考查的是与合法化和公共论争相关的问题。例如，其中问题之一是农民工面临的弱势的边缘化日常现实，与执政党－国家的政治意识形态中所声称的工农阶级的至高无上地位之间存在的深刻裂痕，是如何在话语层面上得到调和，并通过互文性、语境化和语境移植等话语策略对新的威权主义、发展主义逻辑和政策进行合法化的。同样重要的问题是，这种合法化在多大程度上是成功的，或相反，在与国家的公民权定义相关的公共论争中，这种合法化努力在多大程度上会遭遇来自对抗性话语实践的挑战。

个案研究和过程描述

本小节的最后一部分将简要说明本研究中的个案研究及其合理性问题。以对一个或数个特定社会现象或事件的深度经验观察为基础，个案研究是一种通过发展和评估相关理论解释，描述和解释一组类似现象特征的研究策略（Ragin，2000，页 64—87，引自 Vennesson，2008）。作为一种常见的研究设计策略，个案研究被广泛应用在各类具有不同认识论视角的研究项目中。个案研究可以是描述性的、阐释性的、服务于生成假设或对理论做出评估。它可以出现在实证主义研究中，也可以出现在建构主义研究中，甚至可以成为嫁接两者的连接点。

个案研究的基本要素是对特定事件或现象的过程描述（process tracing）。这种描述以访谈、参与观察、文献分析和其他必要手段为基础，目的在于理解既定规则的意义和作用，多种变量要素间的因果或构成关系，并发现行动者在其行动和互动中建构的微妙含义。过程描述不是要囊括现象的全部层面。相反，它是结构化的，只选择性地集中考查社会事件的某些侧面（Vennesson，2008）。

在本研究中，个案研究主要用来对一些近几年内与农民工相关的具有重要影响的社会议题和事件的发展过程进行描述。个案研究之所以必要，是因为在快速转变的中国社会，具有重大影响的代表性社会事件能够在关键的历史时刻，提供观察和理解社会互动、权力和利益斗争、结构和主体要素间构成关系的有利机遇。如果没有这些重大事件，这些方面很可能会隐没在琐碎和平凡的日常性之中。正是在这些作为个案研究主题的关键社会事件中，即激烈的话语斗争中，公共话语呈现出极大的动力，并因此受到极高的公众关注度，从而使得关键的政策调整甚至政策转变成为可能。一般来说，在这些事件发生的期间，通常会有大量的公共话语（特别是新闻媒体话语）涌现出来。由于个案研究的方法论优势和在理解社会变迁的话语竞争方面的经验的重要性，对这些事件的个案研究因此显得十分有价值。本书后续章节将选择与农民工相关的几个关键个案加以分析。

数据搜集方法

本章最后一节将对本书的分析数据和其他相关文献和背景资料的搜集方法（包括个案、报纸和具体文章的抽样方法）做出说明。

个案、报纸和文章的抽样方法

由于通常可供研究的与某一特定主题相关的数据的数量十分巨大，抽样是界定研究考察范围的必要过程（Burgess，1982，1984；M. Hammersley & Atkinson，1995）。本研究尽管大体上采取了个案导向的研究设计，但对个案及与之相关的文本的抽样同样是必要的。“对选择一个个案或某些个案作为分析对象的抽样逻辑”需要加以清晰的说明（Vanderstoep & Johnston，2009，页 210）。大体来说，本研究是对通过媒体话语展开的与农民工公民权议题相关的公共论争的定性研究。因此，对个案、报纸和新闻报道的选择主要是以非概率抽样方法为主，即以建立在对相关个案和文章重要性基础上的目的或判断抽样为主。与概率抽样（Ritchie，Lewis，& am，2003；Robson，200）不同，目的抽样中的样本是以其具体属性或特征为依据的有目的选择的结果（Burgess，1984；M. Hammersley，1992；Mason，2002；Ritchie，et al. ，2003）。具体来说，本书涉及的抽样单元包括三个部分：报纸、个案和文章。

报纸抽样

本书对报纸的抽样是以前文所述的党报和都市报或“国营小报”（Huang，

2001)之间的分野为基础的。从这两类报纸中选择的重要报纸及其相关具体信息,可以参见表3.3。需要指出的是,尽管这些报纸构成本书分析的主体,但这并不排除其他新闻来源(例如国际英文媒体、视听材料、网络文献等)可能会在必要的时候被用来作为分析的补充材料。

表3.3　报纸样本

	刊名	隶属关系	创建年份	发行区域
执政党—国家导向报纸	《人民日报》	中共中央机关报	1948	全国和国外(海外版)
	《工人日报》	中华全国总工会机关报	1949	全国
	《南方日报》	中共广东省委机关报	1949	广东省
	《解放日报》	中共上海市委机关报	1949	上海市
	《北京日报》	中共北京市委机关报	1952	北京市
	《河南日报》	中共河南省委机关报	1949	河南省
	《四川日报》	中共四川省委机关报	1952	四川省
市场—专业主义导向报纸	《南方周末》	南方日报集团	1984	全国
	《南方都市报》	南方日报集团	1997	广东省和香港、澳门(自2010年12月起)
	《东方早报》	文汇新民联合报业集团(上海市委主管)	2003	上海和长三角地区
	《新京报》	光明日报集团和南方日报集团联合创办,光明日报集团主管,2011年转为北京市委宣传部主管	2003	北京市
	《大河报》	河南日报集团	1995	河南省
	《华西都市报》	四川日报集团	1995	四川省

如表3.3所示,选择的样本报纸在发行状况和重要性方面均具有比较高的代表性。其中,两个党报(《人民日报》《工人日报》)和一个都市报(《南方周末》)是在全国范围内发行的,而其他报纸均是地区性的,且可以根据其发行地区分为两组:其中一些报纸(《南方日报》《解放日报》《北京日报》《南方都市报》《东方早报》《新京报》)的发行地区是南部的广东、东部的上海和北部的北京,即最重要的几个极具代表性的农民工输入地区;另一组(《河南日报》《四川日报》《大河报》《华西都市报》)则是来自北方的河南和西部的四川这两个最主要的农民工

输出省份。就其重要性来说，所有这些被选择的报纸在当前中国报业中都具有重要的公共影响力。

- 《人民日报》作为中共中央机关报，直接受执政党中央委员会主管，处于党和国家新闻事业和宣传系统的最高点，代表着执政党一国家最高领导层的主张，因此是最重要、最权威的党报机构。对该报重要新闻和言论文本的分析，对理解执政党一国家对农民工议题相关的政策和针对这一边缘群体的意识形态策略，至关重要。
- 《工人日报》是作为执政党领导下的重要群众组织之一的中华全国总工会的机关报。传统上，工人阶级议题在执政党一国家主流意识形态和政策议程中具有重要地位。同时，农民工群体已经在官方层面上被界定为“新工人阶级”的主体。因此，对官方工人组织的舆论机关的文本考察对理解这一传统意识形态话语如何与农民工相关议题发生关联是十分必要的。
- 《南方周末》是一家在全国范围内具有重大影响的著名市场一专业主义导向的周报，被认为是中国最有影响的自由派报刊(Rosenthal，2002)，同时也是中国在舆论监督方面最敢言的媒体之一。与其他被选择的都市类报刊具有的娱乐或市民气质小报特征不同，《南方周末》文风严肃，多以调查性报道、揭露性报道、批判性社论、专栏文章、深度评论和访谈类文章为主，服务的主要对象是知识分子和精英读者。尽管该报在制度层面上受到宣传纪律的约束，但由于商业运营的成功和一定程度上的专业主义媒体文化的影响，它也在一定程度上成功创造了与党报不同的新闻报道形式，开拓了一定的舆论监督空间，从而在许多重要议题和事件中发挥了重要的舆论影响力。考虑到这些方面，作为全国性市场一专业主义导向报刊的为数不多的代表，将《南方周末》纳入抽样范围是十分必要的。
- 《南方日报》《解放日报》和《北京日报》是中共地方委员会在广东、上海和北京三地的机关报。这些地区都是最重要的农民工输入地，也是相关问题最为突出、矛盾最为集中的地区。比较而言，《河南日报》和《四川日报》是两大农民工输出地(河南省、四川省)的省委机关报。选择这些不同地区报刊的目的是要比较地区政治经济利益结构的差异如何以不同的方式对农民工相关议题的话语建构产生影响。

- 同样，对这些地区相应的代表性都市报的选择也采取了这种对比策略：《南方都市报》《东方早报》和《新京报》分别来自广东、上海和北京这些农民工输入地，而《大河报》和《华西都市报》分别来自重要的农民工输出地河南和四川。所有这些报纸均在其所在地区和全国范围内具有重要影响力，因此能够在一定程度上代表这些地区的都市化报业。

个案和文章的抽样

选择报纸后的下一步是对具体的重要事件或议题个案以及相关文章进行抽样。本研究中所分析的全部文章样本来自两个主要的网络数据：《人民日报》全文数据库[①]和中国知网重要报纸全文数据库[②]。后者包括本书所选择的全部党报和两家都市报(《南方周末》和《东方早报》)自 2000 年以来的全部文本。其余四家都市报(《南方都市报》《新京报》《大河报》和《华西都市报》)的数据，则是从这些报纸的官方网站或国家图书馆馆藏的印刷版本搜集所得。搜集的样本包括四类：日常新闻报道(依其主题进行分类整理)，报道日常生活或代表性人物的专题文章，关于重大社会事件、政策和现象的评论文章(社论、观点专栏和读者来信)，以及新闻图片。抽样的时间跨度取决于具体的研究问题，具体情形见下文的详细说明。与前文所阐明的三个主要问题相一致，对个案和文章的抽样分为三个部分：

- 问题一从历史视角，主要考察执政党一国家如何在意识形态上，将涉及农民工处境的差异化公民权分类，特别是对新的阶级关系的重新界定的合法化。为了回答这一问题，相应章节将对《人民日报》过去 30 年内的新闻和其他类型(图片、社论、读者来信等)话语样本以及相关的政府政策文件进行批判分析。数据抽样的时间跨度是从 1979 年到 2010 年。之所以从 1979 年开始，是因为 1978 年底召开的中共十一届三中全会标志着中国改革开放的启动。在这 30 年的时间跨度中，2002 年是一个转

① http://data.people.com.cn.

② http://acad.cnki.net/Kns55/brief/result.aspx? dbPrefix=CCND.

折点。这是因为此前一年中国刚刚成为世界贸易组织的新成员，全面加速融入国际市场。在国内，2002 年也标志着执政党－国家的新一届领导层正式登上政治舞台。以“建设和谐社会”和“科学发展观”为主的新的施政纲领和相关政策措施随着新领导层进入权力中心而逐步成为国家政治经济和社会发展的指导性原则。一种试图弥合经济改革带来的政治和社会裂隙的意识形态努力，成为这一时期的重要特征。需要说明的是，尽管研究数据的主体来自这 30 年，但这并不意味着其他时期的文本完全没有价值。为了系统考察诸如“民工”和“农民工”这些特定的命名词汇的历史起源和用法的变化，对 1979 年之前的相关文献的分析和对不同时期的词汇用法及其内涵差异的对比是必要的。从分析技术上说，本研究首先分析抽样选出的新闻文本的标题，并根据不同的主题对之进行分类。在此基础上，本书使用最大异质性(maximum variation)策略(Patton，2002，页 234－235)的目的抽样方法，从这些不同主题类型中选择具有代表性的文章样本。

- 问题二考察的是围绕户口制度和相关排斥性机制展开的公共论争，即作为公民权第一个层面的共同体成员资格问题。相关章节的分析数据主要通过“户口”或“户籍”和“农民工”或“民工”等关键词搜索获得。时间跨度是从 2003 年至 2010 年。之所以选择 2003 年作为起始时间，主要原因是因为选择的报纸中有一部分(《东方早报》和《新京报》)是这一年创办的。对数据库未能涵盖的文本，相关文章的搜集主要是从官方网站的在线数字报纸取得。如果初步搜集的数据量过大，则会进一步采取二次判断抽样，以初步分类的主题类型为依据，对各类中的代表性文本进行判断抽样。
- 问题三处理的是与公民权利的几个主要方面相关的公众论争。因此对应的章节由一系列对今年发生的重要事件或政策议题的个案研究组成。对相关事件的选择采取的是极端或越轨个案抽样方法(extreme or deviant case sampling)(Patton，2002，页 230－234)，依据不同个案的公众影响或争议性和代表性的高低程度来做出选择。具体来说，相关章节将对与此相关的三个具有重大社会影响的个案加以分析：富士康农民工自杀事件、农民工入城子女教育问题,以及近几年围绕农民工参与媒体和大众文化生产的社会现象的争论。所有与这些个案相关的文本都是通过关键词搜索取得,并在必要时,在初步搜索的基础上进一步进行判断抽样。

政策档案搜集和深度访谈

除了上述报纸文本搜集外,本研究还使用政策档案文本搜集和深度访谈,作为两种补充性数据搜集方法。其目的在于获取与制度规则和政策、媒体组织背景等相关的信息,作为对话语分析的补充。其中政策档案文本的搜集对象包括行政立法、各类行政通知、指导意见或工作指示等。绝大部分文档的搜集是通过中央政府的官方网站和其他网络资源获得,部分文献来源包括一些公开出版的法律和政策文件汇编以及国家图书馆的馆藏文献。

第二种方法是与媒体从业者的深度访谈。作为定性研究方法,访谈是研究者了解人们对特定议题持有何种观点以及为何持有这种观点的主要方式。"深度访谈以这样的观点为基础,即深入探求主体的'深层自我',能够得出更可靠的研究数据。"作为最主要的两种非结构化访谈方法之一(另一个是民族志访谈法),深度访谈并不局限在一组事先准备好的问题和答案范围之内,因此"具备发现关于特定议题的多样且常常是自相矛盾的态度的潜力",从而能够提供"对这一主题的多视角的理解"(Marvasti,2004,页21)。在本研究中,深度访谈是一个补充性的方法,目的是考察主要言说者对与民工议题相关的公共话语的看法,即在媒体中呈现出的公共话语的背景信息。因此,它能够为话语分析提供额外的语境信息。在本研究中,在严格遵循相关学术伦理要求的基础上,笔者分别在2010年和2011年,在北京和广州对相关媒体的部分从业者进行了开放式的深度访谈。

小 结

本章主要讨论了本书的主要研究问题和研究框架、方法论问题以及用来解答主要研究问题的数据搜集与分析方法。具体而言,本章考察了相互构成的方法路径、架构分析的基本概念和方法、历史制度主义方法和批判话语分析的方法。在这些讨论的基础上，本章提出可应用在后续具体研究分析中的方法论框架。相关方法论的目的是要研究社会论争和议题建构过程的话语和制度特征。以此为基础，本章最后对具体数据搜集和分析方法进行了说明。

第 4 章
农民工的意识形态再造

为了应对不断变化的社会情况,改革时期的中国执政党－国家也在相应地不断调整自己,包括其意识形态纲领。随着市场经济的崛起和国家日益融入全球化进程,新的社会现实对传统的革命主义意识形态提出了巨大的挑战。字面意义上突出强调的工农阶级的崇高地位,与实际社会进程中这些阶级被市场化改革迅速边缘化的现实之间,出现了巨大的不和谐,并由此引发一系列意识形态危机和社会裂痕。这些问题不仅需要政治经济的弥合,同样需要象征层面的抚慰或话语层面的重新合法化。重建改革时代的政治文化领导权始终是这一时期执政党－国家面临的最为核心的和紧迫的任务之一。

本章旨在考察这一过程的一个重要侧面,即执政党－国家如何运用意识形态合法化机制来为其差异化的公民权类型辩护。迄今为止,这些不同类型的公民权制度安排依然对包括农民工和数亿农民在内的中国社会的底层阶级产生着巨大的制约作用。这些问题与本书提出的第一个研究问题紧密相关。具体而言,从历史的角度出发,本章试图分析改革时期的执政党－国家如何对其以阶级为基础的革命意识形态合法性加以改造,以使自身的主导意识形态能够适应并合法化以市场为导向的发展主义现实。在这种新的社会现实中,传统意义上至高无上的革命阶级成为新时代社会语境下的弱势阶层。正如前文已经指出的，这是对与农民工议题相关的话语演变的历史考察。这些不同时期的话语类型受制于不同的知识一权力关系，而正是这些关系从本质上定义了不同的主体类型。这里考察的重点是：一个以激进乌托邦主义为基础的革命主体是如何被转化为一个以市场化、现代化和经济发展为基础的发展主义主体的。抽样于《人民日报》的新闻报道和评论文章以及其他政策文本，将是本章进行话语分析的主要数据来源。

历史制度背景

在对相关媒体话语进行批判分析之前，本小节首先简要讨论市场化改革前执政党一国家关于农民和工人阶级的革命意识形态的历史遗存，如何在制度上对改革时期的意识形态和政策调整产生影响，以及改革时期与农民工相关的新议题的出现如何对传统的意识形态合法性构成严重的挑战。

“工农联盟”

历史上，改革前的政治意识形态建构在涉及大规模群众运动的激烈阶级斗争的基础之上，而不是以理性化(rationalization)逻辑为基础(Schram，1969)。根据这些原则，执政党是工人阶级先锋队，因此是革命的工人阶级的最先进代表。围绕作为统治阶级的工人阶级，其他进步阶级为了革命和社会建设的目的被改造和联合起来。在一定程度上，共产主义革命的成功是建立在对农民和初生的工人阶级的阶级意识的有目的的塑造基础之上的(Dirlik，1983)。农民和工人在中国特色的共产主义意识形态中被视为革命的两大支柱阶级，构成革命和社会主义建设运动的主要阶级基础。在历次革命斗争和政治运动中，这两大阶级都被动员起来成为斗争的主力，因此在理论和实践上被视为最具革命性、最重要的阶级。在法律层面，国家通过宪法将“工农联盟”确立为国家政权合法性的基础，并把工人阶级视为至高无上的领导阶级。在这个意识形态架构中，农民，尤其是其中最贫穷的那部分人被看作革命的无产阶级的重要组成部分，是领导阶级的亲密合作者。主流意识形态的阶级斗争观点，把国家和社会的主要矛盾界定为革命阶级和反革命势力间的斗争。阶级斗争和阶级身份因此成为压倒一切的基本要素，塑造着社会关系，并成为毛泽东时代“唯意志论的关键要素”(Lieberthal，2004，页 68)，以至其他形式的社会纽带被前所未有地弱化，甚至在极端情形下被当作反革命要素加以破坏。

作为工人阶级先锋队，执政党将其政治合法性建立在对工人阶级这一概念的泛化的基础上，并以此为基准，对其他不同的社会群体的阶级地位做出界定。因此，工人不仅是一个职业身份的标记，同样也是一种政治隶属关系和地位身份的象征，是前改革时代主流话语体制的意识形态象征(于建嵘，2007，页 93—94)。在这一政治框架中，农民作为工人的阶级联盟，被置于一种被称颂的象征地位。至少在法理和字面意义上，两个阶级都被赋予最高政治地位。当然，在实际的具体政策制定和实施过程中，针对这两个阶级的特定政策有着极大的差别。其中最大的不同就是以户口制度为基础的一系列国民待遇差别。与农民相比，作为具有潜在巨大政治影响力的势力，工人阶级在革命成功后所享受的一系列政治经济特权，可以在一定程度上理解为新的国家政权对这一阶级力量的警觉和妥协，是“政府对这一处于战略地位的群体潜在的经济、政治力量的认同”(裴宜理，2001，页 351)。

正如后续章节将要分析的，户口是“国家社会主义中国社会权利差异化的最重要的决定因素”(X. Wu & Treiman，2002)。在这一制度下，全体社会成员原则上被固定在国家分配的社会位置上，即工作单位(Lü & Perry，1997；周翼虎、杨晓民，1999)。其中，农民作为农村农业生产队的成员，被纳入农村公社和集体生产队制度(O'Leary & Watson，1982)，成为所谓的农业户口居民。与此相比，绝大多数工人则是城镇户口居民，成为工厂和城市服务业的主要劳动力。户口在这一过程中不仅仅是中央计划经济体制十分重要的控制人口流动的工具，同时也在农村居民和城镇居民间划分了十分不同的公民权类型，对社会流动起到了十分重要的抑制作用。在这种二元化的制度安排下，国家承认的工人全部被纳入国家提供的福利保障网络(尽管整体水平不高)，而绝大多数农民则被排斥在这一网络之外。从农民身份向工人或其他城市居民身份转变的机会非常渺茫。农村人口向城市的自发流动基本上被禁止。被固定在农村生产单元内的农民，在几十年的时间内，成为国家为了扶持优先发展的重工业和国防工业而实行的价格剪刀差政策的对象。农村资源和农业剩余价值通过国家有计划的政策行为被源源不断地从农村转向城市，为国家工业化和城市福利政策提供资源（Knight，1995；Knight & Song，1999）。

其结果是，宣称工农联盟的意识形态话语和将农民设定为国家"贱民"的差异化公民权制度安排之间，存在冲突的关系。因此，改革前的农民和执政党一国家之间的关系远不是一种和谐状态，两者间的张力一直存在。"虽然革命使地主从历史舞台中消失了，但国家及其代理人却以农业成果的新所有者的面目出现。国家对农业成果分配的直接控制，达到了史所未见的程度。这与农民的利益构成直接冲突。（Oi，1989，页 1）"但尽管如此，改革前的关于工人和农民的意识形态大体上没有受到大的冲击，直到市场化改革的启动打破了城乡间的人口流动屏障，引发了大规模的跨地区劳动力转移，并进而对以阶级为基础的革命意识形态提出了全新的挑战。

市场化与农民工议题的意识形态挑战

正如第一章详细讨论过的，从 1970 年代末以来，与全球化进程一致，以去集中化和经济行政系统的理性化为特征的中国市场化改革，在许多方面根本性地改变了中国的经济和社会面貌。这一改革是从农业开始并得到顺利实施，释放出大量的农村富余劳动力。这些农村劳动力及时填补了城市改革中快速繁荣起来的乡镇企业、私营或外资企业所需的巨大劳动力缺口。在这整个过程中，尽管自下而上的驱动力十分重要，但执政党一国家始终在规范劳动力配置方面发挥着主导作用。与通常认为国家权力在新自由主义经济政策下已经大为削弱的假设不同，中国的执政党一国家依然是广泛社会领域的规范者和控制者。它对自身及对经济和社会的干预方式不断进行调整，其使命"日益转向确保经济增长"和政治稳定，"而非实现任何其他社会目标"（F. Xu，2000，页 17）。

但是，对跨地区劳动力流动的放松管制和一个准市场化的流动劳动力管理体制建立的整个过程，并非没有遭遇到政治经济和意识形态困扰。一方面，户口制度、以单位为基础的严格的人口控制和长期形成的作为"贱民"的农民和受国家优待的"高等"城里人之间的对立观念，使得农民自由进城并被城市社会接纳成为一件极度困难的事情。由于无法获得城市公民权，农民工因此在制度上和文化上成为较为弱势的群体，受制于系统性的权益剥夺。另一方面，1990 年代以来，工人（大多在国企改革中被迅速淘汰）和农民（很大一部分通过城市化和市场驱动的劳动力流动而迅速转化为价格低廉的新产业工人）这两大传统革命阶级日益处于尴尬的边缘化地位，迅速成为改革时期权益受损最严重的两大群体。这一新的现实在执政党－国家意识形态内部产生了明显的不协调，对政治合法性提出了挑战。作为执政党－国家宏观发展主义策略的一部分，国家对劳动力配置体制的调整，以及对新劳动力管理制度的建构，都需要在一定程度上实现利益的妥协，以反映行政、城市和市场主体的不同利益诉求，并在意识形态上得到合理解释，以使相应的政策和制度安排合法化。

国内跨地区流动的农民工群体处在这一意识形态裂痕的核心位置，构成执政党－国家发展主义意识形态中最根本性的和最具挑战性的悖论之一。就其公民权地位而言，农民工是被排斥在城市福利制度之外的农民。但同时，他们在快速发展的城市化和市场化进程中又逐步成为制造业、建筑业和服务业等行业的劳动力主体。因此，工人阶级的概念和相关话语建构在改革时期经历了非常剧烈的变化。诸如“农民工”这样特定的命名方式，清楚地反映了这一群体在中国城市主流社会中离散无居（diasporic）的社会地位。虽然这些群体在城市生活和工业发展中显著存在，但在本质上，他们依然维持着农民的身份。因为不仅在制度安排上，他们无法获得城市公民权，同时其社会地位状况亦受制于将农民身份“贱民”化的强烈文化传统。这种观念不仅为国家和城市主流社会所支持，同样内化为农民和农民工群体主体意识的一部分。但是，新时期的农民工群体同样不再是传统意义上的农民。特别是对新一代的农民工而言，相比上一代农民工，他们已经无法与城市生活分开，且表达其利益诉求的意愿更强烈。其结果是悖论性的：这些新兴的劳动力既是农民也是工人，但同时由于其制度性的漂浮状态或暂居者角色，他们又无法完全成为其中任何一种类型的人（何绍辉，2008；Wang，2001）。

因此，这些漂浮的农民工群体成为传统的两大革命阶级所经历的剧烈政治经济变迁的核心象征。正是传统国家工人的退场和农村廉价流动劳动力的登场构成了农民工群体制度性建构的基本要件。考虑到至少在意识形态修辞上，农民和工人依然是当前政治秩序历史合法性的来源之一，如何在意识形态和政策层面调适和合法化改革时期的发展主义政治经济现实，就成为一个亟待解决的问题。为了对这一问题展开深入考察，在本章的下一部分，笔者将对过去30年执政党最高喉舌媒体《人民日报》的相关新闻报道和评论文章以及执政党和国家机关颁布的相关政策文本进行批判式的话语分析。

《人民日报》的农民工议题报道

党报与《人民日报》

作为最权威的党报媒体，《人民日报》体现了党报体制的全部特征。这一体制在本质上要求媒体“承担明确的政治使命，即作为党的喉舌，推进党的利益、政策和意识形态”(Z. He，2000，页118)。在党报体制主导的媒体制度下，以列宁主义报刊模式(C. C. Lee，1990)为基础，“党性原则”成为指导媒体业运作的最高准则(陈力丹，2011)。根据这一原则，只有“对党的行政管理有利的关于社会和政府”的正面积极的新闻报道和观点才允许出现在媒体上(Luo，2009，页293)。以此为基础，新闻业的首要任务是严格遵循党的宣传纪律，积极宣传党和国家的观点与政策，而不是履行告知公众职责或揭露权力滥用。改革时期的媒体管理体制逐步实现了市场化和官僚化，在其内部带来一定的“模糊性和冲突性”(C. -C. Lee，1994)，并在一定程度上产生了舆论监督等非预期性后果(de Burgh，2003；Tong，2011；Zhao，2000b)。但尽管如此，传媒业中的党媒部分依然在本质上遵循积极宣传的原则，是传达执政党声音和进行舆论引导的重要手段。

创办于革命年代的《人民日报》在执政党的宣传体系中处于顶点位置，由中央委员会和最高领导层直接主管，因此其社论和观点文章往往直接反映了执政党最高层的意见和政策立场。《人民日报》的重要社论往往成为党的各级分支机构乃至党外机构政治研究和教育学习的重要材料。其他形式的党报党刊党媒体通常也会直接转发相关重要社论(G. Wu，1994)。随着媒体体制改革的推进，准替代性类型的商业化媒体和在线传播媒体大量出现，传统党媒的吸引力出现下滑。但《人民日报》在当前中国政治传播体系中，依然是最重要的党媒，被广泛视为传达执政党的政策和意识形态风向的指示器。因此，特定议题在《人民日报》的新闻报道和评论文章中的呈现方式，可以被看作对执政党—国家在这些相关议题方面的意识形态和政策路线的反映。

下文各部分所分析的全部数据均来自“《人民日报》全文数据库”在线网络系统。考察的主要时间段是从 1979 年(改革开放的开始之年)到 2010 年这 30 年,以 2002 年新领导层进入权力中心和国家主导性意识形态话语和政策纲领的相应变化为界分为前后两个阶段。以“建设和谐社会”和“科学发展观”作为主导性政治话语,在 2002 年以来的十年内,执政党一国家领导层日益强调化解不平衡的改革政策所导致的社会矛盾(日益扩大的贫富差距、地区发展差距、失业问题、环境危机等)的重要性(Zheng & Tok,2007)。此外,前文已经说明,若有必要,1979 年之前的文本同样会用来作为对比分析的材料。

《人民日报》的农民工议题报道:历时性描述

为了考察《人民日报》中与农民工议题相关的新闻话语演变的一般趋势,笔者使用了“农民工”和“民工”这两个最常见的关键词对在线数据库 1979 年至 2010 年的文章标题进行了搜索。搜索结果显示,在 2002 年为界的前后两个时期,《人民日报》发表的与农民工相关的新闻报道和评论文章的数量差别十分悬殊。如图 4.1 所示,根据标题关键词搜索的结果,从 1979 年到 2001 年的 20 多年时间内,《人民日报》发表的与农民工相关的新闻和评论文章只有 184 篇。相反,从 2002 年到 2010 年不到 10 年的时间内,与农民工相关的文章数量急剧增加,共有 1451 个搜索结果(与农民工主题无关或重复的搜索结果均被排除在

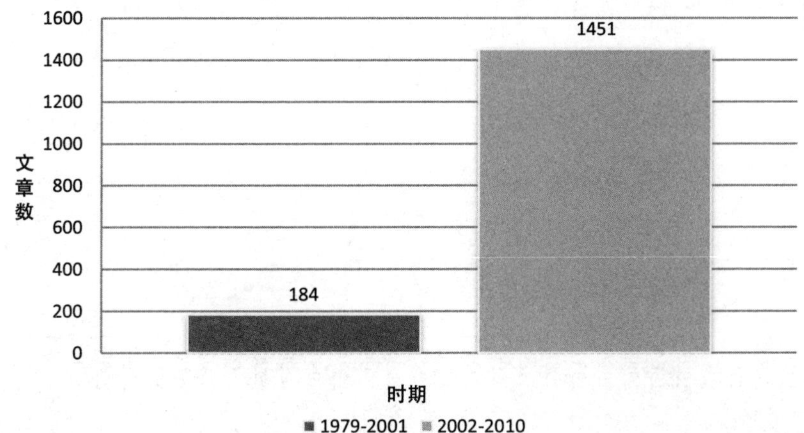

图 4.1　《人民日报》中与农民工相关报道在 2002 年前后两个时期的数量对比

外)。显然,两个阶段文章数的巨大差异充分表明了新千年以来劳动力流动的急速扩张,以及农民工议题在中国社会中日益增加的重要性。

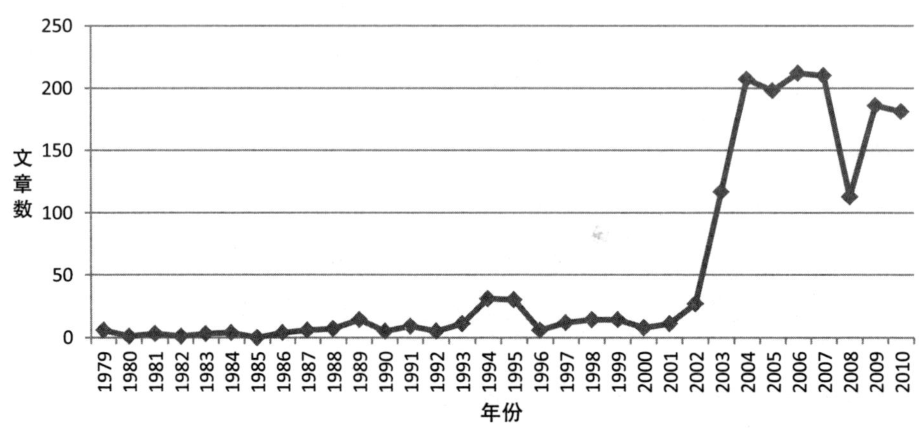

图 4.2 《人民日报》中与农民工议题相关的报道的年度数目

图 4.2 则显示,2002 年前《人民日报》中与农民工相关的新闻和评论文章数一直维持比较稳定的水平状态,直到 2002 年后才出现较为明显的增加。在前一个阶段,只有在 1980 年代末到 1990 年代早期的几年间出现了报道数量的小幅增加。图 4.3 则显示,《人民日报》头版发表的与农民工相关的文章数在过去 30 年内变化的情况,与文章总体数目变化的趋势大体一致。头版文章数增加的时段与文章总体数目增加的时段基本重合。《人民日报》头版报道意味着相关

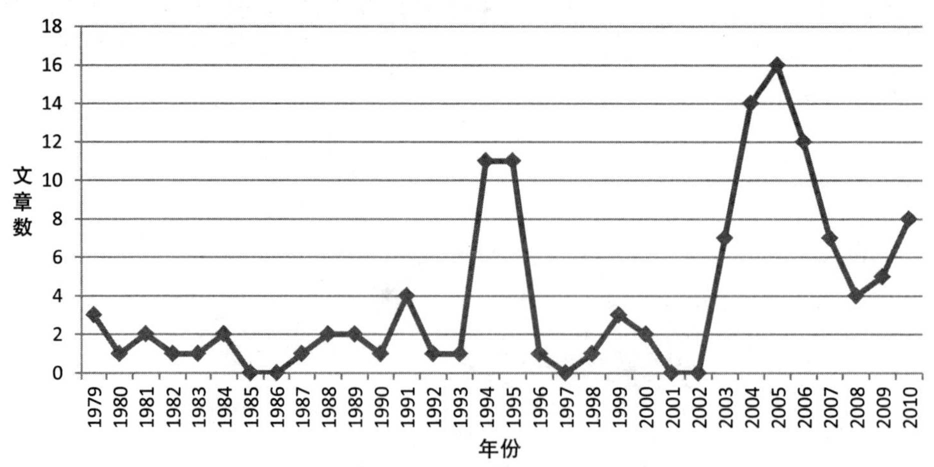

图 4.3 《人民日报》头版中与农民工议题相关的报道的年度数目

报道的议题具备十分重要的政治或经济意义，表明这些议题已被纳入执政党一国家的主要政治和经济议程。因此与农民工相关的报道量的增加表明这些议题已从政策边缘逐步凸显出来，成为过去十年来最高领导层的主要关注点之一。

这些报道数量在不同时期和年份的变化，实际上与执政党一国家在这30年内不同时期采取的不同农民工政策及其对劳动力流动的影响的变化相一致。从1979年到1980年代末期的大约十年时间是改革后的第一阶段的自发性人口流动期。在此期间，严格的人口控制政策开始松动，大规模的劳动力流动开始出现。第二阶段是继一场全面的社会经济和政治危机之后的1990年代。在此期间，实施的是可控、谨慎和有限制的劳动力流动管理政策。也正是在这一时期，农民工议题开始成为城市公众和政府官员关心的焦点问题之一。由于城市国有企业改革导致的失业等诸多问题，产生了促进就业和维持社会稳定的巨大压力，各地推行和实施了各种试图限制农村劳动力向城市流动的政策措施。最后一个阶段则是新千年以来的第一个十年，在此期间各种先前实施的对劳动力自由流动的限制性政策被取消，目的在于促进更多农村富余劳动力向快速兴起的沿海城市转移，使之服务于外贸出口导向的国家发展主义战略（杨聪敏、杨黎源，2009）。

《人民日报》自2002年后与农民工相关的报道显著增加，是这一时期最高领导层和中央政府采取的一系列重要政策行动的直接反映。2003年，关于国务院总理温家宝为农民工讨薪的新闻报道引发了一场由政府发动的全国范围的“清欠”运动。在这场运动中，中央要求地方政府必须采取有效措施解决饱受诟病的拖欠农民工工资问题。在同一时期，国务院连续发布了一系列与农民工问题相关的行政指导性文件，包括2003年的《国务院办公厅关于做好农民进城务工就业管理和服务工作的通知》、2006年的《国务院关于解决农民工问题的若干意见》，以及2008年的《国务院办公厅关于切实做好当前农民工工作的通知》。这些政令的目的是“敦促地方政府废止针对农民工的歧视性政策，并改进为向农民工提供社会服务”（*China Labour Bulletin*，2008）。显然，媒体报道数量的多寡与政府政策的这些变化直接相关。

就这些新闻和评论性文章的主题来说，对文章标题的分析表明，对农民工议题的呈现方式逐渐从将农民工群体视为社会混乱和危机来源的负面建构，转变为将其描述为经济发展不可或缺的积极社会力量的正面建构。从 1980 年代末到 1990 年代中期，大规模的农民工人潮被描述为“盲流”(见下文对命名方式的分析)，被视为社会不稳定和使公共服务系统面临巨大压力的主要源头。与此同时，作为这一危机话语在制度层面上的再现，国家采取了各类针对农民工群体的管控和限制措施(图 4.4)。正如下文将要分析的，这一危机话语的具体语境不仅包括当时中国社会所处的社会经济和政治条件，同时也包括长期以来形成的负面看待非组织化人口流动以及针对中国农民群体的诸种负面看法的社会文化传统。所有这些话语建构起到了在话语层面上合法化相关强硬政策措施的效果。相比之下，2002 年之后的情况发生了明显变化，这一时期在《人民日报》发表的与农民工相关的报道和评论文章的主题大多是正面和积极的(图 4.5)。其中，与官方采取的为农民工提供公共服务和行政或法律援助举措的主题相关的报道显著增加。在这一阶段，政府的政策日益强调用管控和服务相结合的方针，取代原先那种单纯的劝退和严厉限制的政策方法。媒体话语主题的变化，与官方的这种农民工政策调整基本一致。

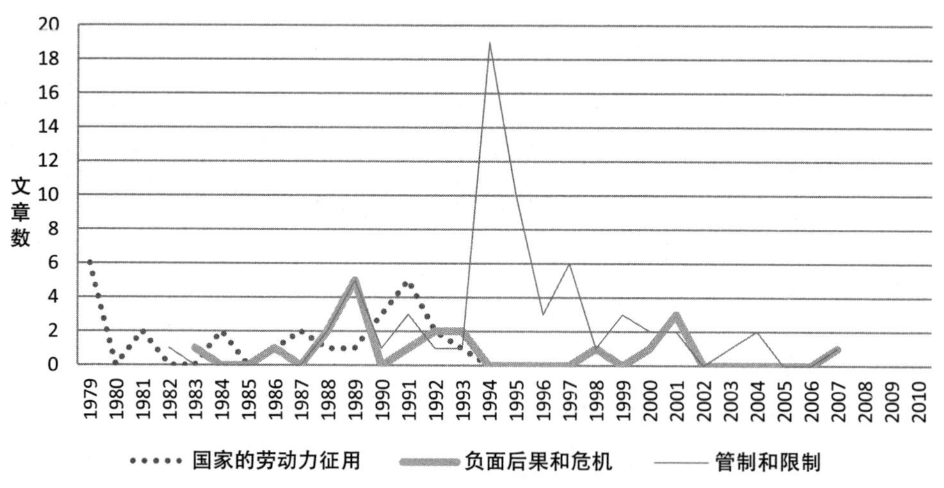

图 4.4 《人民日报》中与农民工相关的主要负面主题报道

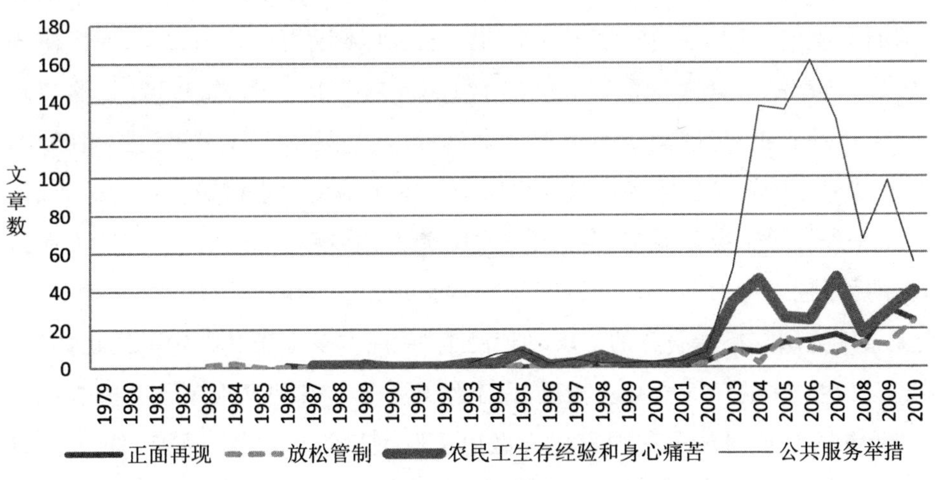

图4.5　《人民日报》中与农民工相关的主要正面主题报道

命名方式的变迁

农民工群体命名方式的变化，反映了与此相关的各种文化和意识形态观念、隐喻和社会刻板印象的变化，因此在公众认知的层面上，能够对这一群体的社会身份的建构，以及这一群体在象征层面上权利得到增强或进一步被边缘化的方式产生影响。在《人民日报》30年的新闻话语中，对流向城市的农村劳动力这一特殊群体的命名方式有多种。其中，"民工"一词最初指的是革命战争时期后勤和中华人民共和国成立后社会建设工程中被党和国家征用的农民。在改革时期，"民工"逐渐与更为明确凸显农民身份背景的"农民工"一词成为同义语，其最初的"国家征用的劳动力"的含义，也随着市场化改革和劳动力市场的形成而逐渐消失。此外，"盲流"（"盲目流动"的缩略语）这一具有强烈负面含义的词汇也曾用来指称农民工群体，意指具有潜在"社会危害性"的大规模自发的跨区域人口流动。相比之下，流动人口则是一个相对中性的词汇，所指包括一切超越户口所在地的自发的人口迁移。

所有这些不同类型的命名方式，实际上都同时具有界定农民工及其相关议题的特定方式，传达着特定的假设、文化和意识形态观点。其中，"民工"这个词是农民和工人的合成词。由于其特殊的革命历史背景，该词表达了这样的含义：在计划经济体制下，当国家可调用的合法工人劳动力出现短缺时，农民应当成为义不容辞的劳动大军，参与国家组织的各项公共工程，如防涝、铁路建设等。对《人民日报》全部文章的搜索结果显示，该词最早出现于解放战争时期，指的是战时后勤资源运输和构筑工事所动员征用的大量农村劳力。此后，该词沿用下来作为对国家建设工程征用的农民劳力的专称。虽然农村劳动力在这些战争后勤项目和大型公共建设工程中均呈现出一种被动服从政党或国家调用、无条件为国家目标服务的形象，但“民工”一词本身由于其特定的历史内涵，并没有表达过多的负面含义。相反，民工作为一个特殊但又形象模糊的农民群体，常常被描述成对革命和国家建设做出了巨大牺牲和贡献。如下列《人民日报》在不同时期具有代表性的新闻标题所示：

- 《英雄的支援援朝的中国民工》，1951 年 4 月 6 日，第 4 版。
- 《在夺取无产阶级文化大革命全面胜利的凯歌声中，山东省广大民工为革命办水利获显著成绩》，1968 年 6 月 15 日，第 3 版。
- 《慰问参加自卫还击战的指战员民兵和民工，中央慰问团各文艺团体在昆明举行盛大晚会》，1979 年 3 月 29 日，第 4 版。
- 《安徽再起治淮热潮，五百多万民工已陆续奔赴工地》，1987 年 12 月 30 日，第 1 版。
- 《安徽省五百万民工兴水利》，1998 年 11 月 18 日，第 2 版。

自从 1980 年代以来，“民工”一词逐渐被用来同时指称传统的国家征用的农村劳力和市场化改革启动后出现的自发流动的具有农业户口的劳动力。随着市场化改革的深化，国家和农村劳动力之间的关系也开始出现了变化。随着市场主导的劳动力配置机制的形成，国家对廉价农村劳动力的随意征用已经逐渐成为不合时宜的做法。1990 年代之后，“农民工”一词逐渐替代了传统意义上的民工，反映了这种变化。在新的语境下，“民工”成为“农民工”的缩写词。在《人民日报》的新闻话语中，“农民工”一词最早出现在 1982 年，但直到 2000 年后才开始成为对流入城市的农村劳动力群体的最常见的指称方式。（图 4.6）

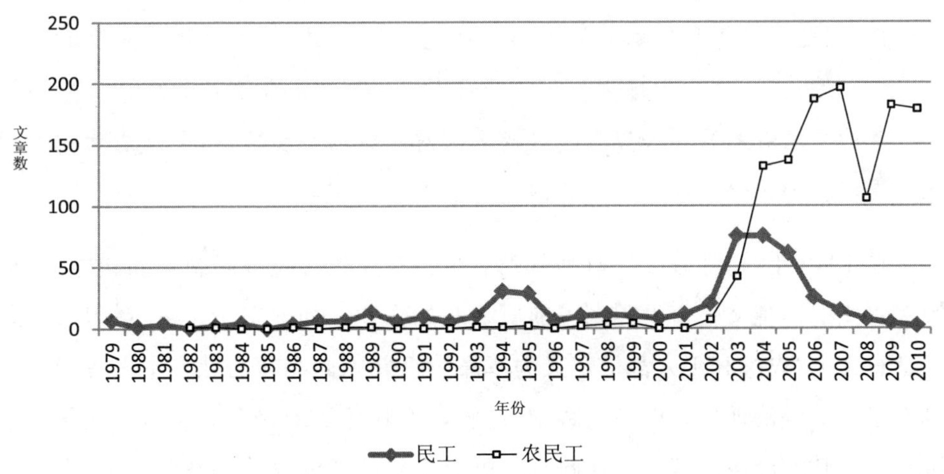

图 4.6 "民工"和"农民工"在《人民日报》中使用情况的对比

"农民工"作为新的命名方式在 2000 年之后的十年中迅速兴起,取代了传统的"民工"。这一新词清晰地表达了这样的含义:由于农业户口决定的差异化公民权体制没有发生变化,流入城市的农村劳动力,无论在城市生活和工作了多久,在本质上依然维持着农民的身份。这具有十分重要的文化和社会经济内涵。在现代中国思想谱系中,"农民"(peasantry)一词是一个源自日本的外来词汇,与之相连的是西方意义上对农民的负面理解。在近代欧洲语境下,传统的被束缚在封建主庄园经济中的小农被看作是一种落后的社会力量,需要将之从落后的封建社会关系中解放出来,使之成为现代意义上的独立农业生产者(farmers)。因此,作为一个特定的文化类型,"农民"一词被包含着长期形成的根深蒂固的对从事农业生产的农村人口以及乡村社会的风俗和传统社会规范的负面文化理解。在现代中国话语中,"农民"一词被引入本国语言的过程,与受西方文明冲击而日益现代化的城市社会和贫穷落后的农村地区之间的裂隙迅速加深的过程大体是同步的。在主流精英分子看来,与都市社会以物质繁荣和文化进步为标志的现代性特征相比,构成中国绝大多数人口的农民所居住的农村社会则显得十分粗鲁,是饱受无知、愚昧、迷信和愚蠢的封建礼俗之苦的不毛之地(Cohen,1993)。虽然在许多方面有不同之处,具有不同倾向的知识界和革命政党派别几乎都认为"要想拯救和重建中华民族,必须对农民加以改造利用"(Han,2005,页 2)。根据科恩(Cohen,1993,页 154—155)的看法,在这种情况下:

> 农民作为文化上独特而陌生的“他者”,被视为是消极的、无助的、愚昧的,深陷于丑陋和基本无用的习俗的泥潭不能自拔,极度需要教育和文化改革。同时,要想实现对农民的改造,必须完全依赖于理性而明智的外来者的领导和努力。这样一种对农民的负面理解,逐渐成为中国现代知识分子和政治精英的一种成见。

在1949年后,随着以户口为基础的城乡二元化公民待遇制度的建立,这种针对农民的传统文化定见得到了前所未有的强化。如前文所述,在意识形态和象征意义上,农民和工人都被定义为革命阶级并因此在新的社会主义等级制中具有崇高的政治地位。但在实践中,这些政治修辞从未完全落实为制度化的规则和具体政治经济政策。在执政党一国家主导的新的政治经济秩序中,作为一种落后的文化类型的农民极有可能成为社会主义建设的负担和阻碍。但随着户口制度的建立,这种风险被化解了。原本可能按照自主意志逃逸于国家对劳动力和其他重要社会资源配置体系之外的农民,成为以户籍为准绳而固定在特定社会空间和生产位置上的任由国家调配的劳动力。在这样一种国家主义体制下,农民的身份标签不仅意味着文化意义上的边缘地位,更为重要的是,它还意味着农村户口和附着其上的“二等公民”地位,意味着绝缘于城市居民专享的国家分配的公共服务资源体系。这样的制度安排,“在法律层面巩固了长久以来农民所背负的低等文化身份”(Cohen,1993,页159)。

因此,尽管在现象学意义上,“农民工”这个词的用法可以是中性的(例如在本书中的用法),但它依然不可避免地带有与“农民”这个词所具有的文化和社会成见相关的负面内涵。相应地,媒体和公共话语中对这一词语的运用,同样不可避免地传达和再生产了这些关于中国农民和与之相关的文化类型的根深蒂固的偏见。由于他们具有农民和农村的出身背景,农民工群体被系统性地、常规性地定义为缺乏理性判断和决策的消极行动者。其结果是,他们也常常被视作社会不稳定、混乱、危险和政治危机的主要源头之一,因此必须受到官方严厉的管理和控制。

在“农民工”成为最常见的命名词汇之前,特别是在1980年代中后期到1990年代中期,“盲流”(“盲目流动”的缩写)这一带有更强烈的负面意涵的指称词,是被用来指称自发流动的农村劳动力群体的常见词汇之一。作为一个隐喻，盲流一词把非国家组织的农村劳动力的自发流动界定为是乌合之众的毫无方向的盲目移动，是犹如瘟疫般的危险浪潮。“盲目流动”一词最早出现在1953年政务院发布的政令《关于劝阻农民盲目流入城市的指示》(《人民日报》1953年4月18日第1版)中。但直到1980年代，“盲流”一词才开始成为一个在媒体、公众和官方话语中被广泛使用的词汇。这与1980年代中后期到1990年代初期迅速增加的自发人口流动和广泛的社会经济和政治危机相关。如下列《人民日报》新闻标题所示，“盲流”一词往往与民工一词合用，具有盲目、非理性等非常负面的含义，因此带有将非国家组织的农民工群体视为社会动荡的来源和对社会稳定的威胁因素的倾向：

- 《旅游客流剧增，车站列车爆满，暑期每天约70万人站着乘车；铁道部呼吁刹住公费旅游、会议，劝阻民工盲流》，1988年8月14日，第1版。
- 《盲流，一个信号》，1989年3月22日，第2版。
- 《一位民工投书本报，吐露心声，用亲身经历剖析人们所说的“盲流”，呼唤劳力市场的发育》，1994年2月15日，第2版。
- 《关于“盲流”称谓的消失》，2003年4月7日，第4版。

从词法上说，盲流这一带有蔑称色彩的词汇是“流氓”一词的同音转化。流氓原本指被迫迁离乡土的人，但却逐渐演变为具有恶棍、无赖等含义的贬义词。对“流氓”一词的污名化是精英和官方叙事的结果，并导致其所指群体遭到来自国家的持久关注和规训(朱大可，2006)。“流”意味着离散、无家可归，或流离失所的状态(diaspora)。所有这些特征都被视为对秩序井然的理想的儒家社会制度的破坏。相反，这种秩序的特征是以家庭和乡土为纽带，以及与之相关的固定的社会角色。因此，在历史上，大规模的人群流动往往被看作“天命”丧失和动荡混乱兴起的征兆(Hsieh，1993，页89)。其他许多带有“流”字的表达同样带有类似的负面含义，例如，流窜、流民、流寇、流浪等。这种对国家控制外的人口流动的负面看法，在近代中国充满战争、饥馑、贫穷和混乱所导致的大规模人口流离失所的悲剧性历史过程中，得到前所未有的强化。因此，与“盲流”一词相关的话语实际上是过去几十年中在话语层面上合法化“流民”危机和相应的强制性政策措施的重要机制的一部分。下文将详细分析这一控制危机的话语建构是如何服务于相关的强硬政策目的，以及这种目的又是如何随着整体环境的变化而逐步让位于较为柔性的目的和政策措施的。

总之，上文对《人民日报》新闻话语中农民工群体的命名方式的考察表明，虽然存在诸多不同的形式，但总的来说，所有这些指称词都具有或多或少的负面含义。其中，“盲流”一词的负面内涵最为明显，表达了对农村流动劳动力强烈的厌恶情绪。“民工”一词则源自中央计划体制下国家配置的劳力迁移，在当前的语境下基本上成为最常用的“农民工”一词的缩略语。尽管这两个词最常用，且已经成为一种惯例性的指称方式，但在一定程度上，由于制度和文化上对农民群体的负面认知，两个词均带有一定的负面内涵。即便是“流动人口”，这一相对来说最中性的术语，也因为其中包含的“流”字所承载的传统负面成见，可能表达了相对隐蔽的关于流动颠沛的生存状态的负面假设。其他还有一些相关词汇在特定的情形下也用来指称农民工群体，例如，民工潮、外来工、打工妹和打工仔，等等。所有这些称呼都无一例外地带有一定的文化偏见，将农民工群体描述为被排斥者、外来者或入侵者。即便是在相对中性化的情形下使用这些词汇，也存在暗示相关负面含义的可能性。因为无论在何种情形下使用，这些词汇中所直接表达或暗示的长久以来被主流社会视为理所当然的文化和意识形态假设，都将被重新激活，从而为潜在的将农民工异化为文化上的“低等的他者”的偏见式阐释提供可能。

可控人口流动的合法化建构

按照前文对相关新闻报道的主题类型的归纳，通过最大异质化目的抽样方法，本节选择《人民日报》近 30 年来有代表性的新闻报道和评论文章（社论、署名评论文章和读者来信）以及相关政府政策文件加以分析，目的在于试图说明执政党一国家如何界定农民工相关议题，其意识形态和政策话语的框架又是如何随着时间的变化逐步演变以实现不同的社会经济目标的。分析主要集中在两个时期：一是从 1980 年代末到 1990 年代早期（1988－1994），当时农民工议题引起广泛的公众关注并遭到城市主流社会的一系列负面反应；另一个时期是 2002 年之后（2002－2008）。在此期间，以新的管控和服务相结合的方针为基础，主流话语对农民工问题进行了重新定义。通过对比《人民日报》在两个不同时期的话语再现，本节主要考察这些话语对农民工问题的建构框架呈现出什么样的变化和延续性，以及这些话语特征与宏观或中观层次的语境的变化之间有什么样的关联。

对前一个时期来说，大约有 57 篇文章被选为话语分析的样本。第二个时期则有约 143 篇具有代表性的文章被选做样本。以笔者对相关文章的重要性和相关性的判断为主要依据，全部文章均以目的抽样的方法获得。且全部样本覆盖了几种主要的媒体话语类型，包括与重要的官方管制或放松管制政策相关的新闻报道、社论、署名评论文章、读者来信、新闻图片，等等。

控制“民工潮”

如图 4.4 所示，从 1980 年代末期到 1990 年代中期，关于“民工潮”或“盲流”的负面报道和评论在《人民日报》中与农民工相关的新闻话语中占据着主导地位。这种危机话语建构了这样一幅令人惊恐的图景：无数的农民工有如潮水般盲目涌入城市，打破了城市社会的宁静和秩序，滋生动荡和混乱。自发流动的农村劳动力被塑造成一群完全缺乏理性和个性的杂乱无章的乌合之众。

考虑到这一时期，执政党一国家对社会经济的控制依然相对较为严厉，因此很容易预见到，市场和民间社会的声音在公共话语中的表达相对不足。对这一时期不同言说者一行动者在《人民日报》新闻话语中的媒体地位的比较分析显示，中央和地方政府以及官员个人，是占据绝对优势的主要新闻来源。相比之下，新闻文本中引用的其他言说者一行动者（基层官员、国企或国家控制的组织的成员、专家、城市居民，以及农民工本身）观点，则主要发挥的是支持和巩固政府的政策和意识形态的功能。

虽然也有一些例外的情况①，但大多数文章基本上遵循的是官方关于农民工的强硬政策路线，把自发出现的农民工描述为盲目的、无序的和不理性的，即所谓的“盲流”。“控制危机”的叙事框架在官方政策话语中占据着主导地位。这一框架诉诸各种话语资源，包括传统上对无组织的人口流动性的文化偏见、

① 例如《为民工鸣个不平》，《人民日报》，1989 年 3 月 25 日，第 2 版；《盲流别议》，《人民日报》，1992 年 12 月 12 日，第 2 版。

对社会混乱和城市文明遭到破坏的恐惧,以及对打破现有城乡二元化公民权制度安排下城市居民既得利益格局的担忧。农民工被塑造成文明的、井然有序的城市主流社会的入侵者和局外人。诸如混乱、盲目、外来、犯罪、素质低、不文明等用来描述农民工的负面词汇,在官方话语中大量出现。在这样一幅危险的图景中,农民工被定义为一群因疯狂追求金钱而陷入非理性盲目流动的消极行动者,其大规模移动的集群现象,往往让人想起文革时期令人不快的社会和政治混乱局面。一位评论者这样写道:

> "盲流",仿佛是瓶子里放出来的妖魔一样,困扰着中国,几十万寻找工作的男男女女的洪流涌进广州、流向新疆、奔向东北,也有不少来到北京。不同的乡音汇进了这股洪流,引起了一系列的连锁反应和社会问题。本来就紧张的铁路运输更是不堪重负,列车之拥挤使人想起"史无前例""大串联"的"盛况"。①

根据这些话语,农村劳动力"不负责任的""盲目"流动带来了很严重的后果:许多社会问题都是由农民工"无序"涌入城市造成的。尤其重要的是,在这些话语中,流入城市的农村劳力被建构为具有相对较高犯罪倾向的人群。浙江省某地方一位公安局警员在其读者来信中报告说,该局所管辖区"查破的重大刑事案件有14%系外来人员所为,16%的重大案犯来自于外省市,有14人被判刑"。② 在这里,少数人的犯罪个案被一般化地与农民工等所谓"外来"人群居无定所、流动性和身份模糊性的特征挂钩。与此相似,一封来自地方国有铜矿员工的读者来信则抱怨道,原先秩序井然的工作场所,由于大量农民工的涌入,现如今却成为犯罪和蓄意破坏行为的温床:"民工流动性大,成分复杂,难以管理。有的民工偷盗铜、铁、电线,甚至偷施工工具。无数国家财产进了私人腰包"。根据作者的观点,农民工甚至应该为正式的国企工人中日益增长的怠工行为负责,因为有了民工,他们只需监工而不必自己参与劳动了。③

同样令人不安的是大量自发的农民工人潮对公共交通,特别是铁路交通带

① 《"盲流",一个信号》,《人民日报》,1989年3月22日,第2版。
② 《民工浪潮的困扰》,《人民日报》,1989年5月24日,第6版。
③ 《使用民工带来的问题》,《人民日报》,1991年5月14日,第5版。

来的巨大压力。这一时期选取的绝大多数文章都在描述数百万农民工涌入城市火车站时的情形有多可怕，以及当这些“盲目”的民工占据城市空间并“漫无目的”地四处游荡时，城市的社会秩序将陷于何种巨大的危险状态。[①] 作为一种隐喻性的修辞，这些话语将农民工描述成一支流动的“大军”，他们所及之处，“到处是污黑、疲倦的面容，席地而卧的躯体和肮脏的行李”。[②] 在另一篇采访农民工的报道中，北京站售票厅充满“高分贝的嘈杂声，浓浓的臭气味；忽而被冲散、忽而又收紧的排队长龙一直向前延伸，到售票窗口时又乱作一团”。[③] 所有这些都导致对社会秩序的破坏并造成高度的混乱。与农民工作为“破坏者”的形象相比，政府官员和铁路以及其他国家公共服务部门的工作人员，则被赞颂为正在参加一场“战斗”，一场为了控制“盲流”、恢复遭受危险的社会秩序而展开的斗争。[④]

在选取的新闻报道中也引用了农民工自身的声音，但是，这些引用大多是为了进一步佐证或支持官方论证逻辑的。在一篇与农民工对话的访谈报道中，记者试图找出农民工“盲目”流动的原因。通过引用农民工自己的话，这篇报道显示，农民工是为贫穷所迫，但其寻求就业机会的方式仅仅是“在车站等着”，直到“建筑队到车站来找民工，一脚把你踢醒了：‘喂，要活儿干吗？’自己起来就跟人家走”。[⑤]

在另一篇来自一位农民工的读者来信中，其原文被大段引用，以反映这一群体的“真实想法”。但极具讽刺意味的是，文中引用的原话却使这位农民工更像是主流意识形态的辩护者。根据这位农民工读者的看法，政府和城市居民把农民工看作盲流是合理的：

---

① 例如，《外省数万民工滞留广州》，《人民日报》，1989 年 2 月 20 日，第 2 版；《十万民工涌入海口，希望各地予以劝阻》，《人民日报》，1989 年 3 月 4 日，第 2 版；《十万多民工涌进乌鲁木齐》，《人民日报》，1989 年 3 月 18 日，第 2 版；《民工潮涌到西北，兰州站人满为患》，《人民日报》，1989 年 4 月 4 日，第 2 版；《四川民工大批北上，西安车站人满为患》，《人民日报》，1992 年 3 月 3 日，第 5 版；《大批外地民工涌入上海》，《人民日报》，1993 年 2 月 4 日，第 4 版。

② 《民工潮涌到西北，兰州站人满为患》，《人民日报》，1989 年 4 月 4 日，第 2 版。

③ 《春运车站访民工》，《人民日报》，1994 年 1 月 31 日，第 2 版。

④ 例如，《川苏湘鄂四省采取措施，劝说滞留外地民工返乡》，《人民日报》，1989 年 3 月 10 日，第 2 版；《火车汽车一起跑，铁路公路同时忙，百万民工回家过年行路不难》，《人民日报》，1993 年 1 月 17 日，第 4 版；《南京站安全接运民工 10 余万》，《人民日报》，1993 年 2 月 7 日，第 2 版。

⑤ 《他们为什么涌进城？——北京站前与民工的对话》，《人民日报》，1989 年 3 月 14 日，第 5 版。

> 社会上为什么把民工叫做“盲流”，这里含义，第一，就是盲目流动；第二，就是城乡人之间的差别；第三，就是民工给社会上造成好多不良风气，给社会安定也带来很坏的影响，等等。

他因此接着对所谓农民工中存在的“不文明”、“犯罪”和“腐败”现象提出尖锐批评。根据他的看法，“不文明”现象与农民工从事的工作有关。因为他们从事的多是脏活粗活，所以他们不是经常换洗衣服，他们言谈举止的方式也可能会对城市儿童产生负面的影响，因此他们受到城里人的歧视，是可以理解的。此外，农民工还具有更高的“犯罪”倾向，这是因为他们大多比较贫困，文化素质较低，因此完全受制于求生的欲望。“谁给他钱，给他饭吃，让他做什么都可以，包括犯罪。”最后，农民工群体中还存在“腐败”现象，因为他们依赖人际网络，特别是他们中的领袖人物或包工头来获得工作机会。其结果是，贿赂和非法的劳力贩卖开始盛行。在这些道德谴责的基础上，这位“农民工读者”最后建议政府应当采取切实有效的措施来控制和管理农村劳动人口流动。根据他的看法，以类似于征兵方式运作的由政府来组织的劳动力“市场”，要比自发的劳动力流动好得多。就是这样一封信，被记者称赞为“充满真情的普通来信，足以使城里人更加理解所谓的‘盲流’”。①

总之，自发出现的农民工人口流动现象被看成是对国家控制的有组织的劳动力配置制度的挑战。由于其缺乏组织性且不受国家的指导和监督，因此，

> ……自发的“民工潮”中带有极大的盲目性，既为铁路等交通运输部门和城市管理造成了严重的压力，也给外出务工的农民兄弟带来了不少痛苦，造成了生产力在流动中的浪费，亟须有关方面组织好、引导好、保护好。②

为了解决这些“问题”并恢复国家的权威和社会控制，正如这一时期《人民日报》新闻话语中有关强化管制的报道数量的增加所显示的，对强硬路线的政策措施的合法化建构同步展开。由中央政府发起的针对农民工等国家可控范

---

① 《一位民工投书本报吐露心声，用亲身经历剖析人们所说“盲流”的实情》，《人民日报》，1994 年 2 月 15 日，第 2 版。

② 《如何让“民工潮”不再盲目流动？》，《人民日报》，1994 年 1 月 7 日，第 4 版。

围之外的流动人口的收容遣送制度开始逐步在全国范围内大规模实施。1989 年 3 月，国务院发布的政令(图 4.7)明确指出要加强对农民工群体的严格控制。在此后的数年时间内，特别是在 1994 年(图 4.4)，《人民日报》发表的大量新闻和评论性文章，其目的都是要宣传政府收紧的管制政策，为其提供合理化辩护，并报道各级地方政府是如何有效地执行这些政策和指示的。[①]

人民日报
RENMIN RIBAO

国内首部反映我党主要领导人的传记
《周恩来传》即将出版
披露许多鲜为人知的重要历史事件真相

国务院办公厅紧急通知各地
严格控制民工外出
组织力量做好劝阻疏运和动员返乡工作

服务侨乡　面向海外
汕头国贸公司跨国经营

重视农业必须重视农民利益

图 4.7　《人民日报》头版头条关于加强对农民工控制的政令(1989 年 3 月 6 日)

但是，这一合法化国家政策措施的话语建构过程并非没有遭到不同观点的质疑。虽然官方的“控制危机”框架模式占据了绝对主导的地位，但依然存在一

① 例如，《川苏湘鄂四省采取措施，劝说滞留外地民工返乡》，《人民日报》，1989 年 3 月 10 日，第 2 版；《县市包干、信息引导、铁路配合——湖南防止“民工潮”工作做在前》，《人民日报》，1994 年 1 月 16 日，第 1 版；《输出有组织、输入有管理——南粤大地民工有序流动》，《人民日报》，1994 年 1 月 21 日，第 1 版；《河南有计划疏导民工潮，全省三百万外出民工有二百多万纳入各种形式的组织》，《人民日报》，1994 年 1 月 31 日，第 4 版；《湖北疏导“民工潮”有良方，出省民工半数由劳动部门组织输送》，《人民日报》，1994 年 2 月 17 日，第 1 版；《精心组织、有序吸纳——上海妥善疏导“民工潮”》，《人民日报》，1994 年 2 月 20 日，第 1 版；《强化管理、沟通信息——安徽引导民工有序流动》，《人民日报》，1994 年 2 月 20 日，第 1 版；《海南给外地民工发就业“许可证”，由外省驻琼机构按需发放，无证者请勿上岛》，《人民日报》，1994 年 3 月 12 日，第 4 版；《国务院决定：沿海和京津沪等民工输入地区，春节后一月内停招外地新民工》，《人民日报》，1994 年 11 月 26 日，第 1 版。

些来自农民工自身和其他行动者一言说者(如专家学者)的不同观点。这些观点在媒体话语中没有得到充分的表达,且常常遭到扭曲。在为数不多的几个例子中,其中一篇虽然描述了大量农民工流动带来的问题,但却直接引用了一位女性农民工关于歧视性称谓"盲流"的批评意见:

> 都说我们盲流盲流的,像当泥瓦匠这样的脏活累活城里人干不了,我们来干有啥不好的?一来我们有机会挣点钱,二来把城里人不爱干的事都包下,也是为国家做贡献嘛。①

其他来自农村经济和农业、社会管理、社会学等领域的专家和评论者的关于农民工议题的不同看法,同样出现在新闻文本的引文中。这些观点对自发性的劳动力流动持肯定态度,视之为市场经济发展的合理的自然结果,并反对那种要求回到过去国家计划的劳动力配置制度的主张。不过,多数此类引用的情况多是作为为政府决策提供咨询意见或建议的角色出现,且在这一时期的新闻文本中处于较为边缘的位置。②

尽管如此,总的来说,这些不同于官方强硬路线的看法大多是经过精心选择,并被审慎地限制在"危机和控制"这一占据主导性地位的宏观框架的边界之内。正如这些话语所反映的,试图将自发出现的民工潮合法化的话语建构努力在这一时期基本上处于边缘化的地位。这些观点只有在当其强调民工作为一种对国家利益和经济发展有利的积极因素时才可能在媒体文本中得到表达,作为一种精心协调建构的形式化"论坛"中的另类声音出现。与农民工问题紧密相关的核心议题(户口制度、制度化的不平等政策、平等的公民权,等等)则极少被触及。至于农民工群体的基本劳动权利遭到侵犯,以及他们在使用国家提供的公共服务方面遇到的不平等待遇等诸多负面议题,这一时期的《人民日报》的新闻文本更是极少提及。这种状况一直持续到2000年之后,在这一时期,农民工作为合法的城市暂居者的法律地位终于得到了完全的承认。

---

① 《春运车站访民工》,《人民日报》,1994年1月31日,第2版。

② 例如,《为民工鸣个不平》,《人民日报》,1989年3月25日,第2版;《"盲流"别议》,《人民日报》,1992年12月12日,第2版;《专家就引导"民工潮"提出建议:积极疏导协调、增加就业机会》,《人民日报》,1994年4月17日,第8版;《"民工潮"十项对策建议》,《人民日报》,1994年4月18日,第2版。

新阶级的话语建构

1980 年代和 1990 年代针对农民工的强硬政策路线，在新世纪的第一个十年逐步被相对宽松的政策所取代。与宏观的政治经济环境和执政党一国家策略的调整相一致，自从 2002 年以来，《人民日报》发表的与农民工相关的文章数量急剧增加，其报道的话语方式也出现了极大的变化。随着新一代领导层进入权力中心，执政党一国家提出了建设社会主义和谐社会的政治话语，随之而来的是一系列强调在社会成员间公平分配社会福利资源的政策措施。其目的是着眼于缝合由不平衡的市场化改革所带来的日益扩大且极具潜在风险的社会裂痕，从而修补执政党一国家受到削弱的政治合法性。由于不均衡的改革不利于传统国有企业的工人和广大农村地区的农民以及作为传统农民和市场雇佣工人结合产物的农民工阶层，从而导致这些群体中存在巨大的不满情绪，对这些制度安排的反抗此起彼伏，所有这些都对改革时代社会秩序的稳定提出了严重挑战。与此同时，随着中国于 2001 年加入世界贸易组织（WTO），中国经济快速融入全球市场，从而带来出口导向型经济的爆炸性增长。从 2001 年到 2008 年，中国的净出口额在 GDP 增长中的比重超过了 30%，是 1990 年代的两倍（Guo & N'Diaye，2009）。无论是执政党一国家重塑政治合法性的策略调整，还是国家整体经济发展的需求，都决定了必须对旧有的严厉管制劳动力流动的农民工政策加以调整。

就流动人口管制政策而言，随着 2003 年孙志刚事件之后"收容遣送"制度的终结，针对城市暂住人口的各种歧视性政策得到了一定程度上的调整，相关的管制也逐步松绑。虽然在现行户口制度下，农民工群体依然处于非常弱势的地位，但是在此之后，他们基本上获得了相对自由流动的合法权利，而不必担心遭遇拘留和遣送。在 1990 年代常见的将自发流动的农村劳动力人口"罪化"的趋势逐步得到缓解。结果是，与前一阶段负面描述占据媒体话语主导地位的情形相比，新阶段对农民工的积极描述成为主要的话语建构框架。

在官方发布的政令文件中，自发的流动劳动力被定义为对国家的城市化和经济发展具有重要意义的积极力量。[①]《人民日报》发表了大量社论和政府官员撰稿的评论文章来支持和进一步解释这些新的观点和相关政策。作为对中央政府政策文件精神的响应,2006 年发表的一篇社论指出,“农民工是活跃在城镇和乡村中最积极、最能干、最可敬的新生力量,他们在创造社会财富的同时也在塑造自己,已经与城市发展和居民生活、与农村繁荣和文明进步密不可分”。[②]在两篇评论文章中,一位中央政府官员指出,与市场驱动的人口流动相比,由国家控制的劳动力流动并不成功。通过在城里就业,农民工对提高农村收入水平、促进农村经济发展、提高国家整体经济在全球市场的竞争力,以及城市第三产业的发展和提高城市生活水平,都做出了重大贡献。[③] 因为这些巨大的贡献,农民工应当得到尊重,而不是歧视。[④] 另一位政府官员持有相同的观点,认为“尽管这些农民工的户口无法落在城里,尽管他们像候鸟一样迁徙,但是城市一旦缺少了他们,就缺少了生气,就像血管失去了血液,城市的生活就无法运转”。[⑤] 更为重要的是,农民工开始被称为中国工人阶级的“主角”,而不只是传统意义上的农民。[⑥] 官方工会组织开始将农民工定义为中国工人阶级的新成员,工会组织应当接受和吸纳农民工,通过工会的力量来改善他们的困难处境。[⑦]

与前一阶段相比,在 2002 年到 2008 年间的第二阶段,从《人民日报》选取的文章呈现出包括新闻摄影在内的更多样的话语类型。大量的新闻文本都是对农民工群体中涌现出的标兵式模范人物的报道,总体上描绘了一幅前所未见的品德高尚、遵纪守法和进步的农民工群体形象。在《人民日报》中,时不时会出现关于农民工个体的新闻故事,攫取其日常生活的一些片段,或试图展现他

---

① 例如,《国务院办公厅关于做好农民进城务工就业管理和服务工作的通知》,《人民日报》,2003 年 1 月 16 日,第 1 版;《九部门联合发出通知:清理取消对农民工的歧视性规定》,《人民日报》,2004 年 8 月 4 日,第 2 版;《国务院关于解决农民工问题的若干意见》,《人民日报》,2006 年 3 月 28 日,第 1 版;《国务院办公厅关于切实做好当前农民工工作的通知》,《人民日报》,2008 年 12 月 21 日,第 3 版。

② 《全社会都要关心和保护农民工(社论)》,《人民日报》,2006 年 3 月 28 日,第 1 版。类似的观点还可参见《农民工:城乡协调发展的生力军》,《人民日报》,2006 年 2 月 13 日,第 9 版。

③ 《我们该怎样看待农民工问题》,《人民日报》,2002 年 6 月 13 日,第 5 版。

④ 《不要歧视农民工》,《人民日报》,2002 年 5 月 24 日,第 5 版。

⑤ 《农民工也是城市财富的创造者》,《人民日报》,2002 年 2 月 11 日,第 9 版。

⑥ 《当农民工成为主角》,《人民日报》,2003 年 9 月 15 日,第 13 版;《农民工是产业工人的重要组成部分》,《人民日报》,2004 年 12 月 28 日,第 9 版。

⑦ 《民工:工人阶级队伍的新成员》,《人民日报》,2003 年 9 月 26 日,第 5 版。

们在平凡岗位上所取得的非凡成就。在一篇评论文章中，记者讲述了一位青年农民工救人不留名的故事。作者认为，这位年轻农民工的行为是一个很好的例子，足以破除许多城里人对农民工的负面认知。他们大多"承担着脏、累、重、险的工作"，但这并不意味着他们是堕落的。相反，他们中大多数人"诚实本分，遵纪守法，不少人用良好道德展示人生本色，演绎人间真情"。这些高尚的风范，甚至应当成为不少城里人学习的楷模。[①] 许多类似的关于受到官方表彰的农民工优秀代表人物的报道，进一步巩固了这种积极的群体形象。例如，在一篇关于第一位全国农民工"五一"劳动奖章获得者鲍先锋的报道中，他被描绘成一个勤奋工作、具有献身精神、慷慨大方，且给他人带来启发的人。一位农民工评论道："没想到我们农民工还能得这么大的奖！只要肯学、肯干，就会有出息。"[②]在另一篇关于河南农民工舍身救人的特写报道中，这位农民工被赞颂为"平凡的英雄"，代表了农民工群体"高尚的思想品格和道德情操"。[③] 因此，这一时期，在官方主流话语中，农民工不再是危害巨大的"盲流"，而是"我们的弟兄姐妹"。[④] 与此同时，"打工"也不再是一种令人羞耻和卑微的选择。相反，正如农民工乐队的原创歌曲所唱的那样："打工最光荣！"。（图4.8）

图4.8　"打工最光荣！"（《人民日报》，2005年12月23日，第11版）

随着总体上对农民工群体的描述向正面形象转变，这一时期《人民日报》的相关新闻和评论文章中涉及的主要问题，包括针对农民工的制度与文化歧视和对合法权利的侵害（特别是拖欠工资的问题）、农民工的社会权和获取公共服务资源的权利（例如，农民工子女教育问题），以及农民工的政治融合问题（农民工

---

① 《从一个民工救人说起》，《人民日报》，2002年5月29日，第4版。

② 《鲍先锋：一亿民工中的一员》，《人民日报》，2004年4月30日，第5版。

③ 《李学生：农民工的人生壮举》，《人民日报》，2005年3月23日，第5版。其他类似的例子，可参见《广州环卫工覃振凤的追"星"路》，《人民日报》，2007年10月9日，第8版；《一个农民工的精彩人生——记厦门港务集团海天集装箱有限公司职工冯鸿昌》，《人民日报》，2007年12月30日，第7版。

④ 《我的民工兄弟》，《人民日报》，2005年1月11日，第15版。

的工会化)。这几个主要方面可以概括为三个关键词:维权、服务和引导管理。将这几个方面结合起来,以《人民日报》为代表的官方主流话语在农民工群体和执政党-国家之间建构起一种与前一阶段截然不同的全新关系。

"维权"一词自2003年后成为中国公共话语中流行的关键词之一,本质上是对1990年代以来有权者和无权者间日益具有对抗性的关系,以及随之而来的维护公民基本权利的行动主义的一种话语反映。以包括孙志刚案在内的诸多具有代表性的个案为标志,2003年被视为中国社会的"维权年"。"维权"一词逐渐包括了从零星的个体抗争到大规模的"群体性事件"在内的各类维护基本公民权利的行动主义。所有这些不同类型的行动,目的都是在现有政治框架内,通过诉求于一般和平合法的手段,来改善和保证个人和群体的基本公民权利,特别是公权力入侵或权力寻租的腐败行为所导致的个人或群体的经济利益损失(Hung,2010,页333—338)。在以户口制度为核心的公民权等级体系中,作为中国社会被边缘化最严重的群体之一,农民工是深度参与维权行动的最主要群体之一。在过去的十年中,无数弱势农民工采取极端手段(如威胁自杀)来吸引公众和媒体的注意力,以此对雇主和政府施加压力,从而试图讨回被欠的薪金,或纠正其他不公正待遇。这样的个案层出不穷,成为寻求猎奇性新闻爆料的都市媒体中常见的悲剧性故事主题。媒体对此类新闻的报道,多是出于最大限度吸引受众的市场化动机以及新闻专业主义伦理对媒体提出的内在要求。① 许多其他侵犯劳动权的个案,例如,恶劣的工作环境、职业病、强迫加班等诸多问题,同样层出不穷。由于这些侵权事件造成极其广泛和深重的社会怨恨,因此,妥善解决这些问题被认为是建设和谐社会的必要条件。②

在选取的《人民日报》的新闻报道和评论文章中,自2002年以来与农民工合法权利相关的主要议题是引起广泛社会冲突并饱受批评,却又久拖不决的农民工欠薪问题。农民工的工资被称为"血汗钱",因此任何克扣农民工工资的行为都被视为是不可容忍的。相关产业链中的非法承包行为被认为是导致农民

---

① 受访的一位记者指出,在某些时候由于此类事件太过频繁,以致事件本身的新闻价值大大降低,出现所谓的媒体审美疲劳。(2010年6月,北京,与CH的访谈)

② 《今天,应该为农民工兄弟做些什么》,《人民日报》,2004年11月25日,第10版;《从"民工荒"看构建和谐社会》,《人民日报》,2005年7月20日,第9版。

工欠薪问题的最主要且最直接的原因。[①] 其他原因则包括农民工自身对劳动保护法规和获得法律援助的途径的“无知”，以及地方政府部门的冷漠和不作为。[②] 其中一些地方政府自身就因为在官方形象工程中给农民工打白条而受到批评。[③] 根据这样的观点，一方面，相关行业部门和地方政府的不法行为应当是造成农民工悲惨境遇的直接原因。但是，另一方面，农民工的数量巨大，且绝大多数人缺乏利用法律途径来保护自己的权利意识，这使得问题更加恶化。根据一位作者的看法，民工的工资之所以很低并常常被拖欠，是因为“民工多，劳动力多，人力资源便宜，并且，民工大多现代意识不强，维权能力差，难以完全保证自己的合法劳动收入的实现”。[④] 由于其内在缺陷，农民工像一盘散沙，没有能力与“恶势力”作斗争，因而他们零星的维权行动带来的常常是“无用和悲剧性的”结果。[⑤]

正是在这样的时刻，执政党－国家的领导层及其决策机构，以贫穷者和被剥夺者的拯救者形象出现在斗争的舞台上。他们不仅设立和执行“春风般的”新政策和管理措施，以杜绝相关行业和地方政府的非法行径，同时还不遗余力地清除针对农民工的不合理的行政限制，并切实有效地为农民工提供更多的“服务”。[⑥] 自2003年国务院总理为农民工追讨工资的故事成为全国广为流传的新闻之后，2004年，中央政府在全国范围内发起了一场“清欠”运动。[⑦] 从2005年开始，由中央和各级地方政府发起的“春风行动”，致力于为农民工提供就业信息、政策教育、职业技能培训等公共服务。相应地，《人民日报》中大量的

---

① 《拖欠农民工工资的背后》，《人民日报》，2002年3月21日，第4版；《切实保障农民工的合法权益》，《人民日报》，2003年2月12日，第12版；《欠薪背后的拖欠链》，《人民日报》，2004年1月12日，第13版。

② 《为民工追讨工资》，《人民日报》，2002年1月21日，第2版；《别让民工为讨薪犯愁》，《人民日报》，2005年1月4日，第13版。

③ 《欠薪背后的拖欠链》，《人民日报》，2004年1月12日，第13版。

④ 《关注民工合法权益》，《人民日报》，2002年1月9日，第12版。

⑤ 《为民工追讨工资》，《人民日报》，2002年1月21日，第2版。

⑥ 《国办通知如春风拂面温暖千万农民工心田》，《人民日报》，2003年1月21日，第6版。

⑦ 《由总理为民工讨工钱想到的》，《人民日报》，2003年11月7日，第6版；《惊动总理的民工欠薪》，《人民日报》，2003年11月10日，第13版。

新闻报道的主题均是政府采取的这些措施如何有效解决了农民工的燃眉之急。① 其中一篇充满赞美之情的长篇报道详细描述了中央政府和全国人大如何“心系百姓,体恤民情”。根据作者的看法,“正是全国人大常委会、国务院和地方各级人民政府对解决拖欠农民工工资问题的持续关注,使农民工的权益得到了维护,也温暖着数千万农民工的心田”。②

在这一过程中,官方工会被塑造成最重要的化解问题的行动者之一。根据这些话语,在将分散的农民工组织起来维护其合法权益和提高自身素质方面,工会能够发挥至关重要的作用。随着越来越多的农民工加入官方工会组织,工会被描述成农民工“在城里的家”或“娘家”。这种隐喻性的框架,诉诸人们关于女方家庭常在其遭遇不公正对待时替其打抱不平的传统文化认知,将农民工与官方工会组织间的关系界定为被保护者和庇护者的关系。③ 由于执政党和政府及其各类群众组织全心全意的努力,遭受社会不公正势力欺辱的农民工现在充满了幸福和感激之情(图 4.9)。一种施恩者和受恩者的关系建构就在这种叙事的转换中得以确立,从而避免了对问题历史根源和责任归属的制度性追问。

图 4.9 “讨回‘血汗钱’,民工笑开颜”(《人民日报》,2004 年 12 月 23 日,第 4 版)

---

① 例如,《山东春风行动为农民工送岗位》,《人民日报》,2005 年 2 月 20 日,第 1 版;《广西:春风行动沐浴农民工》,《人民日报》,2005 年 2 月 22 日,第 6 版;《大连:为返城农民工开展春风行动》,《人民日报》,2007 年 2 月 26 日,第 6 版。

② 《清欠,为了数千万农民工的权益——全国人大常委会、国务院关心解决拖欠农民工工资问题纪实》,《人民日报》,2005 年 3 月 2 日,第 5 版。

③ 例如,《当农民工成为主角》,《人民日报》,2003 年 9 月 15 日,第 13 版;《沙坪坝:农民工有了自己的“家”》,《人民日报》,2005 年 11 月 20 日,第 6 版;《俺在城里有个“家”——发生在哈尔滨农民工工会里的故事》,《人民日报》,2005 年 12 月 4 日,第 7 版。

总之，自2002年以来的第二个阶段，在所选取的《人民日报》的相关新闻和评论文章中，“新工人阶级”的主导性话语框架把农民工定义为中国工人阶级的新成员，而不再是危害社会稳定的“盲流”。与此同时，执政党－国家与农民工之间的关系也被重新界定为“拯救者和被拯救者”的关系，而非1980年代至1990年代间的“秩序捍卫者和麻烦制造者”之间的紧张关系。就农民工议题来说，为了重建其合法性，执政党－国家诉诸前改革时代阶级等级制的政治话语资源。正如本章前文所述，在这种等级体系中，工人阶级在政治上占据主导地位，而被宣称为工人阶级的一员则意味着极高的政治荣誉。通过对前改革时期工人阶级黄金时代意识形态话语的怀旧式召唤，执政党－国家试图通过将传统阶级意识形态合法性资源在改革时代市场化条件下进行重新语境化，以此将农民工作为国家的发展主义策略一部分的工具性地位合法化，并对这一“未完成的”新工人阶级进行象征性安抚。

但颇为自相矛盾的是，这一意识形态建构本身，内部的不同逻辑之间却存在相互冲突之处。一方面，正如上文所分析的，与农民工相关的新阶级话语，将其确立为在意识形态上具有十分积极的象征地位，同时在实用主义层面上又发挥着十分重大的经济作用的重要社会力量。但是，另一方面，农民工又常常被定义为是消极被动、缺乏自我组织能力、缺乏合法维权意识和低素质的劳力提供者。这两种相互矛盾的逻辑同时存在于上述话语建构之中。虽然在第二个阶段，官方话语框架对农民工的界定已经相对较为正面，但总的来说，前后两个阶段的不同话语框架无论其差别多大，均把农民工定义为消极被动的行动者。在前一阶段，农民工是受制于对金钱的欲望的盲目流动者，而在后一阶段，尽管农民工的麻烦制造者形象已经得到改变，但他们在新的话语建构中又被描述成在捍卫其合法权利方面能力低下，因而受到经济剥削和权力腐败的无情伤害。无论在哪种情形下，他们都是消极被动、没有希望和无助的群体。根据这些话语的内在逻辑，这种消极本性的根源在于与他们的农民身份以及与农村背景相关的落后素质。这就是为什么官方给出的主要对策之一就是教育和培训。但所有这些叙事都没有提及一个未遭质询的假设前提，即素质，而非传统的阶级地位，是在新时代的权力－话语秩序中确立社会关系和价值分配等级体系的主要衡量要素（Anagnost，2004；Kipnis，2006，2007）。在这一福柯所谓生命政治

(bio-politics)的场域中,人的身体本身成为话语斗争的焦点(Foucault,2010)。一方面,农民工“较低的人口素质”和他们过分巨大的数量,导致他们本身在市场逻辑下的价值贬值。但另一方面,其个体身体的低价值在庞大数量的累加之后,又变为所谓的人口红利,驱动着经济增长和城市社会的繁荣与舒适。正如前文所分析的,只有当农民工被界定为城市生活和国家发展的贡献者时,其在官方话语中的形象才是积极和正面的。因此,正如人类学家安德训(Anagnost,2004,页193)指出的那样,“把农民工的身体说成具有较低素质,这不仅使得对其剩余价值的提取变得合情合理,同时也有助于新的社会歧视和治理体系的合法化”。

小　结

本章分析了过去几十年,特别是1980年代末到1990年代中期和2002至2008年这两个时期,与农民工议题相关的《人民日报》新闻和评论文章以及相关官方政策话语。对这些话语的描述和批判分析表明,随着时间的变迁,农民工这一弱势群体在官方话语中的再现方式也发生了相应的变化。将农民工塑造成消极被动且具有威胁性的“盲流”的负面框架,逐渐被相对正面的框架所取代。在新的话语框架中,农民工被描述为对城市社会和国家发展具有重要贡献的生力军。就其与农民工的关系而言,执政党－国家被塑造成正义的化身,保护弱势群体不受“恶势力”的侵害,并为其提供各种服务以提高其“素质”,使其逐步接近合格的城市公民。同时,作为革命历史遗产的工人阶级怀旧话语,作为一种意识形态资源,被用来调和并合法化威权主义市场化和发展主义条件下的残酷现实。在象征层面上,农民工被定义为宪法所规定的国家领导阶级——工人阶级的一部分。

但是,与这些颂扬式的话语建构相比,在实际制度安排中,正如后续章节将要分析的,由于户口的钳制,农民工群体依然具有“农民”这一边缘制度身份的特征,其暂居者和边缘人的社会地位和生存状态,导致其成为“无法完成的”新工人阶级(潘毅、任焰,2008)。同时,正如本章最后分析的,这些话语在内在逻辑上存在矛盾之处。关于人口素质的意识形态话语,作为威权主义市场化条件下特定知识一权力关系的产物，成为一种极具文化霸权属性的话语模式，不仅主宰着官方政策话语，同时也成为媒体话语乃至公众心理和文化认知中被普遍自然化和内化的“常识”要素。正是在这一新的意识形态逻辑中，农民工群体被置于一种悖论式的“生命政治”处境之中：一方面，由于长期形成的根深蒂固的关于农民和农村的负面文化认知以及城乡间制度化的社会经济差距，农民工被视为在本质上是落后的，因此其个体的劳动价值也遭遇系统的贬值。但是，另一方面，当他们以去个体化的巨大数量的劳动力群体面目出现时，他们又被认为具有极高的价值。在执政党一国家的发展主义框架中，农民工之所以是必要的构成要素之一，主要是因为其作为一个整体在国家发展中所具有的价值，而他们作为个体所具有的多样性和作为平等社会成员应有的不可剥夺的自然权利，则经常成为被遮蔽的对象。

第 5 章

户口论争:融合与排斥的辩证法

在 1949 年后中国的人口流动中,户口制度是控制人口生育、流动和城乡居民生产生活资源分配的最核心的制度安排,也是建立和实施城乡居民间不平等的公民权制度的主要机制。户口因此成为中国社会最主要的社会排斥机制之一,同时也是社会歧视的最主要的来源之一。户口这一世袭的公民权等级制度,是产生农民工群体这一极具中国特色的社会现象的制度基础。就农民工来说,由于其农村出身和农民身份,户口成为最主要的门槛,将之排斥在城市公民权、合法城市居留权和相应的公民福利资源之外。由于无法获得城市户口,尽管农民工在城市辛勤劳作,为城市和国家发展做出巨大贡献,但他们依然在制度意义上维持着农民身份。因此,户口实际上构成了决定当前中国农民工公民权的第一个层面,即城市社会共同体的成员资格的核心要素。

本章将通过对从 7 份重要党报和 6 份都市报中抽样选取(见第三章)的新闻报道进行比较分析,来考察中国社会中代表不同利益部门的不同言说者一行动者如何在相关的公共话语论争中,运用不同的话语框架,以不同的方式定义户口制度及其与农民工议题的关系。第一部分将对户口制度本身做一简要的政治经济分析。随后将对党报和都市报之间以及农民工输出地媒体和输入地媒体间不同的话语框架进行比较分析。同时,本章也将考察执政党一国家关于户口政策的主流话语和试图推动或挑战主流政策话语边界的替代性话语之间的动态论争过程。

户口制度的政治经济分析

历史起源

1949 年后,改革前和改革后的人口流动的一个重要差异是,前者基本上是国家牺牲个人利益和自由迁徙权来实现其战略目标的工具手段,而后者则部分恢复了人民在自发自愿的基础上进行社会流动的基本权利。但除了 1950 年代初期,在绝大多数时期,无论这种流动是自愿的还是国家强迫的,一切人口流动始终受制于户口制度的限制。市场化改革并没有终结户口这一计划经济时代的产物,相反,这一制度延续至今,依然在控制人口生育和流动、就业以及差异化的福利分配方面发挥着重要作用。

自从中央集权的计划经济体制在 1950 年代中期建立以来,为了严格控制社会秩序,同时为新政权亟须的重工业发展提供原始资本积累,执政党一国家在 1950 年代建立起了户口制度。这种制度类似于巴斯所谓的族群"边界标记"(ethnic'boundary markers')(引自 Solinger,1999b,页 27)。在现有人口控制制度中,户口实际上以一种类似于内部护照体系的方式发挥着管控功能(K. W. Chan,1999)。这一制度的主要特征是以世袭的居住登记类型为基础将一部分国民进行区分,这使得户口制度成为人类史上前所未见的最有效的社会排斥机制之一。尽管在帝制和民国时代均有户口登记和人口控制的先例,但户口制度在社会排斥的广度和深度方面超越了所有先前的政策。通过系统性地"创造和控制社会区隔、排斥和歧视",户口制度在人口流动和经济资源配置方面,达到了"前所未有的整齐划一、城乡二元化和国家控制"(F. -L. Wang,2005,2010)。

户口制度的建立可以追溯到 1950 年代早期。在中华人民共和国成立后的最初几年,人民的迁徙权得到执政党一国家的承认,并以宪法的法律形式加以制度化。早在 1950 年,公安部发布了一个内部指示,要求加强对"反动分子"和其他"特殊分子"的监控。随后,在第二年又发布实施了在城市居民中建立户口登记制度的政策措施。在这一时期,户口只是人口登记的一个手段,与之前不同历史时期存在的人口管理政策并没有本质区别。原则上,除了少数“反革命分子”,大多数公民,包括农村居民都可以自由迁徙。这一时期实行的户籍登记政策,除了记录人口统计信息之外,并不具有要把人口固定在其居住地区范围之内的目的。

但在1950年代中期,这种状况出现了变化。这一时期,由于农民对农业合作化和集体化运动的不满情绪和抵制,数百万农民涌入城市,对农村和城市的经济发展和社会稳定均带来巨大危机。一方面,这对执政党－国家发起的农业集体化运动构成严重威胁。在当时,这一运动不仅是为了提高农业生产率,从而支持国家工业化的政治经济手段,同时也具有破除传统阶级关系并重塑农村社会结构的政治意义。另一方面,在城市中,突然增加的大量流动人口对城市社会的就业、食品、住房和其他资源供应带来了严重的挑战。由于一系列偏向于重工业而非基础设施建设和轻工业发展的经济政策,国家提供这些公共服务的能力遭到削弱(张玉林,2003)。农民自发离开农村和“盲目”流入城市的行动被执政党视为一种“背叛”。由于长期以来,农民始终被界定为革命的工人阶级及其政党的亲密盟友,这样的“背叛”行为更显得不可接受。为了纠正这些“错误”,执政党发动了一场全国性的针对农民的社会主义教育运动。正如《人民日报》严厉警告的:

> 现在我们已经面临着一个严重的思想工作,这就是要向广大的农民群众和农村干部说明:如果不顾整个国家利益和社会主义事业,要把个人的和本单位的利益放在第一位,那就是在实际上取消了社会主义事业,取消了党的领导,同时也取消了农民的远大前途。[①]

在制度安排上,为了应对这些问题的挑战,1950年代中期,执政党－国家确立了严格的户口制度。这一制度建立的过程,以一系列与跨地区和跨城乡人口流动相关的限制性政令文件为基础。随后严格的食品和住房配额制度等一系列支持性政策措施的制定,则进一步巩固了户口制度。从1953年开始,户籍登记制度开始从城市居民延伸到农村居民。同年,针对大量农民进城带来的诸多

---

① 《粮食问题和思想问题》,《人民日报》,1957年8月5日,第1版。

问题，政务院发布了《关于劝阻农民盲目流入城市的指示》。1954 年，内务部和劳动部联合发布《关于继续贯彻劝止农民盲目流入城市的指示》。1955 年，中央政府接连发布了几个对农村居民影响重大的行政指令，包括《关于建立经常户口登记制度的指示》《农村粮食统购统销暂行办法》《市镇粮食定量供应暂行办法》和《关于划分城乡标准的规定》。这些政策规定，逐步从根本上消除了农民自由流动的政治经济基础，使一切超越户籍所在地的自发人口迁移成为不可能的事情。这样，执政党一国家牢牢掌握了对跨地区人口迁移的控制权。最终，在 1958 年，所有这些相关政策统一为《中华人民共和国户口登记条例》，标志着全国范围内户口制度的建立最终完成（Cheng & Selden，1994；Solinger，1999b，页 43—44；王海光，2003）。

户口制度的社会后果

除了极少的几种途径（进大学、征兵和提干等），户口作为一种世袭的公民地位，是无法改变的。因此，它不仅仅是一种将人口固定在特定的社会和空间位置上的机制，同时更为重要的是，它也是一种以城乡二元区分为基础的差异化公民福利待遇类型的体系（K. W. Chan & Zhang，1999）。在这样的制度下，只有从属于各类国有单位的合法城镇户口居民，才能够有资格获得国家提供的包括食品、住房、教育、医疗、养老金等几乎无所不包的公共服务和资源配额。与此形成鲜明对比的是，农村居民，无论从事的具体职业是什么，具备什么劳动技能，均被统一定义为农业户籍人口，或农民。作为国家的次等公民，他们无权获得国家配置给城镇居民的福利待遇和各类公共服务，但同时又必须无条件地满足国家对粮食和其他社会资源的需求。只有在满足这些国家需求的前提下，少部分剩余资源才被允许进入农民的消费和农村发展领域。其结果是，在长达几十年的时间内，中国农民、农村和农业必须源源不断地向国家和城市社会输送农业生产剩余价值，农民自身的生活因而陷入贫困，农村社会发展几乎陷于停顿。因此，户口制度，不仅仅是一个将人口限定在其先赋社会地位和社会位置上的制度，同时它也将中国农村和城市划分为两个完全不同的世界，或苏黛瑞所说的两种完全“分隔的类型”（Solinger，1999a，页 222）。两者间唯一的关系就是国家眷顾的城市社会对农村社会持续不断的资源抽离，从而构成一种特殊的内部“殖民化”关系。

因此，户口制度的本质是将城镇和农村人口分割成两种完全不同的公民类型，从而建立起一个高度二元化的空间和社会分层体系，并在城市和农村不同的公民权类型以及不同地区不同水平的公民福利待遇之间建立起等级秩序。在这种秩序中，较高行政级别地区的人口相比较于较低级别地区的人口具有更为优越的福利待遇。同时在总体上，相对于全体城镇户口居民较为优越的福利待遇地位，所有农村居民被迫成为“低等的”社会成员类型。除了极少的几种机会，绝大多数社会成员被锁定在户口规定的世袭性社会等级位置之中。出于公民自主意愿的跨越不同行政区域或城乡之间社会地理界限和跨社会政治经济等级的人口流动变得极为困难，并在绝大多数历史时期成为非法行为。（图5.1）

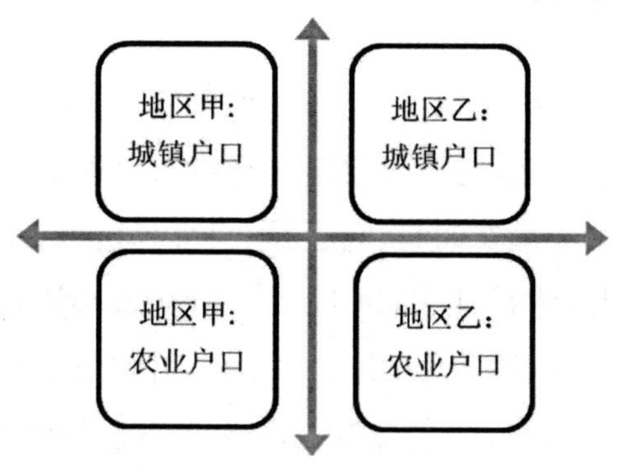

图 5.1 户口制度的类型化

如前文所述，对执政党一国家来说，强制推行这一政策的目的在于将农民“这一潜在的下层阶级锁定在农村土地上，从而成为国家为了优先发展的重工业而随时待命的剥夺对象”（Solinger，1999b，页 27）。户口制度因此成为改革前中央集权的计划经济体制中最核心的关键要件之一。但是除了国家的经济目的之外，正如前一章已经提到的，一种长期以来根深蒂固的对混乱的恐惧心理和对自发人口流动的负面文化认知，同样也在户口制度的形成和实施过程中发挥了重要的建构作用（Mallee，2000，页 137）。在意识形态上，执政党长期宣传的观点之一就是无序的人口流动或流亡是其之前历代政府社会治理失败的结果，因此，“盲目”流动的暂居者往往被视为帝国主义侵略和封建主义剥削导致的内乱的受害者(Lary，1999，页 31)。在文化上，这种观点与中国文化中“故土”或“故乡”的传统概念相呼应。在这种传统中，除非有战乱或自然灾害等无法控制的非人为因素，否则像农民工这样自发的人口移动现象是不被鼓励的。在祖先崇拜的传统下，与故土之间的紧密联系是一个人履行传统道德义务和建构自我身份的重要象征(Stafford，1999)。在这种意义上，不受控制的或自发的人口流动被视为无序和危机的表现，代表着个体尊严和道德秩序的消失，因此常常成为被同情和需要外力加以干预的对象。

正如前面章节所分析的，官方主导的主流话语使用各种不同的词汇，例如，“盲流”“三无人员”[①]等，来污名化农民工群体，将之排除在国家资源分配计划之外，并将他们定义为“社会的弃儿”，从而使之受制于国家主导的收容遣送等强制性惩戒体系的监管。与此同时，由于长期的歧视性制度安排和意识形态宣教，针对“外来者”和“流动者”的歧视性心态盛行于城市主流社会，成为具有文化霸权属性的“素质”意识形态的一部分。皮克(Pieke，1999，页 12)指出：

> ……诸如盲流这样的污名化称谓，具有演变为持久耻辱标记的危险：永恒的贱民，其唯一的身份标志就是他们不属于拥有完整公民权的特权阶层。此类排斥性的笼统刻板印象的例子(在特定情况下会最终被其所指群体所内化，从而成为族群形成的基础)，充斥着整个世界。

的确，与改革前 30 年相对“静止”的人口迁移相比，1970 年代末期以来的改革已经极大地软化了国家对公民跨地区流动的严格控制。随着身份证和暂住证制度以及相关的改革措施的实施，绝大多数公民已经获得相对自由迁徙的基本权利(Mallee，2000)。但是这种改革始终具有局限性，特别是对户口制度的改革进展缓慢，受到来自学者和公共舆论的批评。户口制度的批评者对这一制度的合法性提出强烈质疑，指出其违宪本质，以及这一制度对当代中国城市化发展、社会正义和人权声誉造成的负面影响(例如，胡星斗，2009，2010；周勍，2003)。正如有学者所指出的那样，“相比于 1990 年代，对户口制度的批评主要集中在这一制度在经济上的不合理性，但如今批评者越来越倾向于从人权和公民权利的角度看待改革户口制度的必要性”(F. -L. Wang，2010，页 90)。

---

① 无身份证、无暂居证、无用工证明的城市外来人员。

此外，在过去的二十多年中，不少地方政府推出了一系列所谓"改革"措施来调整目前的户籍政策。但正如本章将要分析的，几乎所有这些表面的"改革"的结果，不是通过建立将普通农民工排斥在外的苛刻高门槛而"将城市户口商品化"①，就是以没有完整城市公民权的户口为交换条件剥夺城郊居民的土地使用权，强迫其成为名不副实的城镇户口居民。这些所谓的"改革"都是以促进经济发展、加速城市化、消除城乡二元结构为借口进行的（Ho，2010）。无论如何，尽管围绕户口制度出现了激烈的争论和一些微小的表面化政策调整，户口的本质迄今为止依然没有发生根本变化。它依然是农民工群体所受排斥和歧视的主要根源。考虑到日益增长的社会流动性和处于流动状态人口的巨大数量，户口制度实际上多多少少影响到当今中国社会的每个人。这使得这一问题成为过去十年来中国公共话语空间中激烈争论的焦点之一。

关于户口制度的话语论争

以上述对户口制度起源及其社会影响的历史制度分析为背景，本节将考察不同的言说者—行动者是如何参与到与这一根深蒂固的社会排斥机制及其与农民工公民权状况之关系相关的公共话语论争中的。本章着重探讨第三章中提出的第二个主要的研究问题，关注的焦点在于户口制度在新闻话语中是如何被定义的，支持不同话语框架的不同言说者一行动者是如何诉诸不同的逻辑（责任和解决之道的因果关系推论）、象征资源和文化资源策略的，以及所有这些方面与农民工公民权状况之间有着什么样的关系。

正如第三章已经说明的，本章的相关分析数据是两组主要报纸媒体中与户口问题相关的文章，包括 7 家党报和 6 家都市报，每组均包括农民工输出地区和输入地区的代表性媒体（参见表 3.3）。文章样本以在相关数据库（CNKI 全

① 例如，正如下文将要分析的，许多地方政府在 2008 年到 2009 年世界金融危机导致的经济衰退期间，推出所谓的"买房送户口"计划，目的在于刺激地方经济复苏。（F. -L. Wang，2010，页 85）其他城市户口门槛包括高等教育学位、大额资本投资、本地亟须的特殊专门才能，等等。所有这些资格要求表明，这些所谓的改革措施远远不是对户口制度的废除或者逐步松绑，而只是地方政府获取包括资本和人才在内的发展资源的工具。城市户口依然是地方政府手中偏向城市进行资源配置的计划工具或排斥手段（吴开亚、张力、陈筱，2010）。

国重要报纸数据库和《人民日报》全文数据库）和在线电子报网站[①]中进行标题关键词搜索的方法获得。抽样覆盖时间从2003年（此为13家报纸中两家的创立时间）到2011年，其跨度时长应足够反映过去十年内相关公共议题论争的动态过程。在通过关键词（“户口”或“户籍”）搜索初步选取相关文章后，作者进一步仔细核对这些搜索结果，排除与主题无关的或同类主题重复的结果，并保持不同新闻话语类型（普通新闻、社论、专栏文章、漫画、新闻摄影图片等）的平衡，以确保搜索样本的最优化。[②] 最终搜索得到样本结果见表5.1。

表5.1　户口问题相关文章样本数

	报纸	被选文章数
党报	《人民日报》	42
	《工人日报》	45
	《南方日报》	40
	《解放日报》	14
	《北京日报》	22
	《河南日报》	11
	《四川日报》	18
都市报	《南方周末》	9
	《南方都市报》	48
	《东方早报》	26
	《新京报》	51
	《大河报》	19
	《华西都市报》	41

如表5.1所示，在7家党报中，《人民日报》和《工人日报》作为两家全国性报纸，被选文章数均超过40篇。其余5家省级党报中，其中4家的文章数则均

① 截至2012年，在13家报纸中，未被专业数据库覆盖的四家报纸是：《新京报》（http://epaper.bjnews.com.cn）、《大河报》（http://newpaper.dahe.cn/dhb）、《华西都市报》（http://www.wccdaily.com.cn/epaper/hxdsb）和《南方都市报》（http://epaper.oeeee.com）。由于在线电子报的数据并不能完全保证囊括了该报在抽样覆盖范围内全部的文章数据，故在某些情形下，搜索的样本结果可能存在不能穷尽与主题相关的文章的情况。

② 例如，对关于各级地方政府采取类似政策措施的文章，一般会根据其重要性选择一到两篇代表性的文章，而舍弃其余。一般来说，如果户口议题尽在文章中以边缘主题被提及的文章，也会被舍弃不用。但如果是户口议题虽然处于次要主题，但文章的核心议题是农民工问题，则会予以保留。

相对较少，只有作为最重要的农民工输入地之一的广东省的省委机关报《南方日报》的报道量与前两者大体持平。正如后文将要分析的，这在一定程度上应与该地区相对较为活跃的改革举措和农民工议题在本地区具有较高显著性有关系。6 家都市报中有 3 家的被选文章数超过 40 篇，而其余 3 家则相对较少。不过需要指出的是，都市报中的《南方周末》由于是周报，故样本量相对于其他都市报自然较少。在所选全部 386 篇与户口主题相关的样本文章中，与农民工主题相关的文章共计 124 篇，约占全部样本的 32%（图 5.2）。

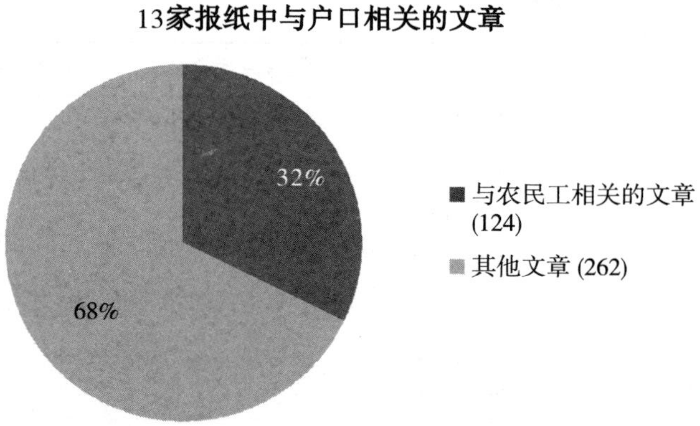

13家报纸中与户口相关的文章

32%

68%

■ 与农民工相关的文章 (124)

■ 其他文章 (262)

图 5.2　农民工相关文章在户口主题文章中所占比例

定义户口

在过去的十年中，执政党－国家和一般社会公众，逐渐一致认为，有必要对户口制度这一前改革时代中央集权的计划经济体制的产物进行改革。因此，公众争议的焦点是如何改革这一制度，而非是否需要改革。围绕这一问题，执政党－国家及其各级决策机构、学术界、媒体、城市公民、农民工自身以及其他社会行动者－言说者参与到一场长期的争论之中。其中的第一个层面，就是这些不同的群体如何理解户口制度的本质，以及为何需要改变这一制度。

尽管党报和都市报的新闻话语间存在差别，但一般来说，这些话语均把户口制度定义为一种相对“过时的”制度安排，有必要进行改革。但在这样的表述中，这些话语实际上暗示了这样一种前提假设，即从其最初的历史和社会语境来看,户口制度是有必要性的,建立这样的制度也是不可避免的。1950 年代,执政党一国家试图通过改造经济和社会结构来建立和巩固中央集权的计划经济体制。这样的特定历史环境,被视为是建立户口制度的主要原因。《人民日报》一篇文章指出的,"客观来说,现行户籍管理制度曾在国家社会管理中起到了不可替代的作用,是特定时代下的特殊产物",在过去几十年间,"为我国的经济和社会发展做出了一定的贡献,有其合理性的一面"。[①]《工人日报》的一篇文章将户口制度描述为在城市和农村之间树立的一道"铁栅栏","对于计划经济背景下维护社会稳定和确保农业的基础地位等",起到了重要作用。[②] 另一篇文章则引用学者的观点来解释建立户口制度的两个主要原因:社会资源的稀缺性使得有必要建立分配控制体系;中央计划经济体制要求对自发的人口和资源流动施加严格控制,以支持国家对经济资源的配置和对社会秩序的控制。[③] 户口制度在一个城乡二元分割的社会结构中的"重要历史功能"包括识别人口身份、维持社会秩序和安全,以及服务于国家的工业化和"社会主义建设"。[④] 在都市报的相关文章中,这些观点也得到了一定程度的审慎呼应。在《南方周末》的一篇专栏文章中,作者认为,"户籍制度在建立之初并不一定是一项歧视制度,只是实施紧缺生活品配给的手段之一,是适应当时计划经济体制需要的,在我国工业化初期发挥过一定历史作用"。[⑤] 国务院一位官方研究者也持有类似的观点,认为户口制度是国家工业化发展的历史需要。[⑥]

但随着时间的变化,相应的社会条件也发生了变化。随着改革时期市场经济的兴起,户口制度被认为是日益脱离改革发展的现实,需要加以改革。相关媒体报道提出了诸多改革的理由。基本上,这些媒体报道指出户口制度导致了三个方面的负面结果。首先,从经济增长和国家发展的角度看,户口制度是中国社会不平衡的二元社会结构以及相对落后的城市化发展的主要肇因。因此,户口制度被看作实现农业现代化和提高农民工收入的主要障碍。此外,二元的

---

① 《中国户籍改革进行时》,《人民日报》,2007 年 5 月 9 日,第 13 版。

② 《期待更加科学的户籍制度》,《工人日报》,2007 年 5 月 28 日,第 7 版。

③ 《户籍改革:一个渐进的过程》,《工人日报》,2007 年 5 月 28 日,第 7 版。

④ 《打破户籍壁垒,释放积极信号》,《四川日报》,2010 年 7 月 16 日,第 5 版;《成都户籍改革的积极意义》,《四川日报》,2006 年 11 月 12 日,第 1 版。

⑤ 《户籍制度的演变》,《南方周末》,2003 年 4 月 3 日。

⑥ 《户籍制度如何改?公安部倾向经济手段》,《南方都市报》,2008 年 3 月 9 日,第 AA03 版。

社会结构在农村地区导致了大量的贫穷现象，并因此限制了国内消费的增长，从而影响经济发展。正如《南方日报》一位评论作者所指出的：

> 现行的城乡二元户籍制度及其依附在户籍制度上的就业权、教育权、社会参与权、社会保障权等附加值，极大地限制了农村剩余劳动力的转移，致使大量的剩余劳动力滞留在农村和农业中，从而迟滞了我国的城市化进程。大量农村剩余劳动力滞留在农村，农民增收缓慢，农业生产率低下。[①]

因此，由于户口制度下差异化的公民权待遇导致的短期的投机性人力资源流动，这使得中国经济发展无法充分实现丰富人力资源价值的最大化。[②] 虽然随着改革的推进和相关政策的调整，户口制度在严格控制人口流动方面的功能已经逐步削弱，但是数亿计的农民工漂泊在城市和乡村之间却无法完全融入城市社会，从而导致所谓“伪城市化”。[③] 由户口差异导致的城乡地区之间的不平衡，有如富裕的欧洲和贫穷的非洲之间悬殊的差异。[④] 因此，改革户口制度，弱化其排斥农村人口融入城市的功能，对加快国家的经济发展以及促进社会平等，都是至关重要的。

户口改革的第二个原因是这一制度导致了大量的歧视、偏见、社会冲突和不公正现象，因此对执政党提出的建设“和谐社会”和落实“科学发展观”的目标构成严重威胁。在现有体制下，农村人口被当作二等公民对待，被剥夺了基本的城市公民权以及绝大多数与之相关的福利待遇。这不仅造就了一个世袭的等级制度，同时也在长期的历史过程中造成一种广为接受的文化霸权性质的观念，即相比于“低等的”农村人，城里人要高人一等。正如《人民日报》一篇评论文章的作者所指出的，当前中国社会存在一种“户籍制度文化”：

---

① 《破除户籍藩篱，破解二元困局》，《南方日报》，2005 年 11 月 23 日，第 A08 版。类似的观点参见《深化户籍制度改革》，《人民日报》，2008 年 9 月 3 日，第 16 版；《全民保障：户籍制度改革的一个方向》，《工人日报》，2009 年 2 月 25 日，第 7 版；《户籍改革：步子还可以迈大一点》，《工人日报》，2009 年 12 月 13 日，第 2 版；《重庆模式：能否突破户籍改革瓶颈》，《工人日报》，2010 年 8 月 29 日，第 1 版；《户籍出身，拉大收入差距的推手》，《大河报》，2010 年 5 月 25 日，第 A31 版。

② 《城乡户籍与人力资本收益》，《南方日报》，2009 年 4 月 7 日，第 A11 版。

③ 《伪城市化的核心是户籍障碍》，《新京报》，2010 年 10 月 16 日，第 B06 版。

④ 《城镇化过程中取消户籍制度，让农民像选职业一样选城市》，《华西都市报》，2010 年 5 月 22 日，第 4 版。

> 所谓“户籍制度文化”,是长期户籍制度之下社会权益的不合理所形成的观念。农村孩子生来就是农村户口,进了城的农村居民是“跳了龙门”;即便是大城市与小城市之间也因着经济上的差距有着身份的差异。……在一些人看来,城市原住民才是城市的主人,所有外来者则是客人。客人不能抢了主人的饭碗,更不能抢主人的头衔“户口”。[①]

这种户籍制度文化,或有评论者所称的“户籍思维”[②],给权力寻租提供了空间,并导致各种社会腐败现象和社会怨恨。为了获得城市户口,许多人不得不给城市主管户口的官员提供贿赂,也有不少人从非法商贩那里购买假冒户口证件。为了促进房地产业或抵消公共福利开支,不少地方甚至公开出售户口。户口以及附着其上的各种城市公民特权成为地方政府官员牟利的商品和工具。[③]这些所谓的“改革”措施大多成为富裕阶层获取大城市户口的机会,而农民工等底层群体则基本与此绝缘。由于户口制度几乎与包括教育、医疗保健、就业、政府补贴的廉价住房等在内的城市公共服务的所有方面有着紧密联系[④],因此成为各地政府手中的一个用来调控城市福利资源分配,维护富裕强势的精英阶层利益的政策杠杆。[⑤] 因此,户口成为当前社会不公的最主要的来源之一,对这一制度加以改革也成为维护社会稳定、促进和谐发展的必不可少的条件之一。

显然,上述两个不同视角都从户口制度在当前国家发展和维持稳定社会秩序中所发挥的负面作用这一角度,来说明对之进行改革的必要性。根据这一逻辑,公民权作为全体社会成员不可剥夺的平等权利,只是在确立或消除户口制度的过程中具有中介性的价值。在国家宏大的政治经济目标中,公民权问题只具有工具性的意义。正如在 1950 年代,部分牺牲农民的平等福利权利对社会主义经济秩序的建立和促进国家工业化的发展来说是“必要的”,现如今部分恢复这些曾被牺牲掉的权利也是必要的,因为在高度市场化和全球化的经济环境下,威权市场化条件下的发展主义策略要求必须充分发挥数量庞大的廉价劳动

① 《户籍制度改革会走多远》,《人民日报》,2009 年 2 月 17 日,第 5 版。

② 《“户籍思维”比“户籍制度”更急需打破》,《新京报》,2007 年 5 月 6 日,第 A02 版。

③ 《户籍改革,小步快走不回头》,《工人日报》,2008 年 3 月 15 日,第 6 版;《杜绝户口造假须改革户籍制度》,《南方都市报》,2009 年 2 月 18 日,第 AA23 版。

④ 《户口:大学生就业之痛》,《工人日报》,2009 年 3 月 31 日,第 7 版。

⑤ 《户口利益不能被特权攫取》,《华西都市报》,2010 年 7 月 14 日,第 8 版。

力资源的优势。无论是哪种制度安排,公民权作为不可剥夺的自然权利,都没有成为自洽的独立范畴和经济发展的目的,相反,公民权话语被视为服务于经济发展的工具性修辞策略或政策手段。《大河报》发表的一篇文章就是一个典型的例子:

> 许多经济问题的解决往往依靠公民权的落实来实现,中央这一决策让我们更清楚地明白了这一点。长期以来,有人总是把经济发展和公民权对立起来,认为公民权是个公平问题,坚守公平有时会牺牲经济决策效率。事实完全不是这样,正因为社会公平有利于国家在政治、经济、社会等方面更快速地发展,所以它才能成为社会的最高准则和社会理想。试想,如果广大农民仍然贫穷,如果早已在城市照章纳税的打工族却不享有社会保障,如果他们的子女在教育、就业问题上受到歧视,能与户籍人口和谐相处吗?在这样的环境中,经济能不遇到问题吗?①

相比之下,第三个视角是从平等公正的公民权本身出发,而不是着眼于它在生产和再生产国家政治经济秩序中的工具性作用。但这一角度在所有这些新闻话语中,处于相对边缘的位置。在所选文章中,只有少数引证支持这一观点。根据这一视角,户口制度是对公民基本权利赤裸裸的侵犯。正如一位农民工问题专家所指出的,中国的工业化和城市过程中所积累起来的巨大财富,是通过对农民工合法利益的系统性剥夺获得的。户口在这一巨大的不公平的社会体制中,处于最核心的位置。户口以个人的出生地和父母的公民权地位状况这些先天因素为基础按照世袭的方式决定一个人在社会等级秩序中的位置,将人分为三六九等,从而将社会成员中的一些个人和群体系统性地排斥在主流社会之外。② 另一位作者则更为明确地指出,自由迁徙权是一项基本的人权,而户口制度是对这一权利的严重侵犯。户口所反映的是“传统的身份社会,将人分成不同的社会地位管理,而在市场经济下则是契约社会,人们首先是平等的关

① 《放宽中小城市户籍限制是民意所归》,《大河报》,2009 年 12 月 08 日,第 A10 版。

② 《刘开明:户籍制造制度歧视》,《南方都市报》,2010 年 7 月 5 日,第 SA31 版。

系。无论从法律上还是道义上,户口制度反映的都是不平等社会”。[①]

不过,尽管存在上述不同视角之间的差异,但无论是哪一种角度,这一点已经成为共识:户口制度本身存在极大的不合理性,因此必须进行改革。但至于如何改革,不同的利益方却存在差异很大的观点,相关的公共话语斗争也更为激烈。农民工输入地区的地方政府(特别是北京、上海和广东这样的最主要的移民输入地)推出的各种户籍改革政策,在媒体话语中引发了广泛的争论。正如下文将要分析的,在这些媒体话语的对峙中,存在两种对立的框架:渐进主义的危机框架强调激进改革可能给城市社会秩序和稳定带来的巨大风险,而改革主义的批判框架则对以维护社会稳定为借口阻碍实质性改革的观点和做法提出严厉批评。

围绕户口改革展开的话语论争
及其与农民工问题的关系

危机框架和渐进主义策略

一般来说,官方的户籍制度改革路线是温和的,大体上遵循渐进主义的策略。[②] 多数官方话语运用了危机框架,主要诉诸这样一种担心:如果彻底解除对现有农村人口的户口限制,可能会给城市社会造成巨大压力和严重社会问题。在关于户口改革的公共争论中,大城市成为关注的焦点。对所选媒体新闻和评论文章样本的分析表明,在主要的农民工输入地如广东省、上海和北京等地区开展的户籍制度改革政策,获得大量的媒体报道。比较而言,北京和上海的党报表现出较为类似的谨慎立场,均把所谓“激进”改革视为潜在“危机”的来源。

与北京地区实行的较为严厉的户籍政策相一致[③],在《北京日报》发表的一

① 《“伪城镇化”的核心是户籍障碍》,《新京报》,2010年10月16日,第B06版。

② 《深化户籍制度改革》,《人民日报》,2008年9月3日,第16版;《我不会马上取消户籍制》,《华西都市报》,2006年3月21日,第7版;《“阶梯放水”式户籍改革可以推行》,《新京报》,2010年9月23日,第A02版。

③ 《北京尚不具备条件放开户籍》,《人民日报》,2001年3月17日,第4版。

篇评论文章中，作者将改革主义的批评立场定义为要求立即彻底废除户口制度。[①] 该文作者承认户口制度改革的必要性已经是社会共识，且存在各种不同的改革主张："浪漫者高呼自由权利，激进者吁求一夜完成，稳健者建议循序渐进，忧惧者强调变则生患，众说纷纭、不一而足"。作者所持的观点与渐进主义策略一致，强调由于中国社会特有的国情，尽快取消户籍制度是不可能的：

> 目前社会舆论中有一种高调宣扬的所谓"改革就是马上完全放开户口限制"的说法……有不同看法就会被抨击为"歧视"、"顽固"，这样的主张和论调既没有实事求是的态度，也缺乏理性平和的精神。笔者可以理解一部分人对于加快户籍改革的急切之情，却无法认同他们无视现实国情和操作难度的偏激空谈。

根据该作者的看法，城乡二元化的社会结构和不同地区巨大的经济发展差距的国情是采取渐进主义策略的最主要的原因。特别是在上海和北京这样的特大型城市，

> 更有特殊的市情，教育、医疗、社保等优质资源吸引着全国甚至全世界的人，倘若一下子不加限制地完全放开，城市必然面临空前的财政、管理和服务压力。近年来的事实表明，北京等城市虽然财政实力和公共服务能力不断提高，但人口、资源、环境的矛盾也在加剧，城市承载能力更不可能无极限，这些城市在加快城乡一体化和公共服务体系建设的同时，对人口流入进行科学合理的控制，实有必要。

上海市委机关报《解放日报》持有类似的观点，主张采取渐进主义方法，避免改革中的盲点。在该报的一篇评论文章中，作者认为：

> 一旦取消对进城农民的户口管制，本来限于城市居民享受的福利和公共资源将会骤显极度短缺，甚至会对城市带来破坏性冲击。在城乡收入和福利差距如此巨大、城市化严重滞后的条件下，户籍制度立即取消，城乡制度完全一体化，大量人口涌入必然导致城市陷入混乱和崩

---

① 《一说户籍改革就是马上完全放开？》，《北京日报》，2010 年 5 月 14 日，第 16 版。

溃。这对特大城市和传统体制浓重的城市来说尤为危险。[①]

该报发表的另一篇文章则强调了所谓的潜在"盲点"和改革的"陷阱"。根据该文作者的看法，那种将城市化和不受限制的公民迁徙自由权视作追求目标的西方式观点，是很成问题的。由于社会情况和文化的差异，这些自由主义式观点在中国语境中并不完全合适。由于农村户口以及附着其上的农民身份，农民至少有国家分配的小块土地可以耕种，这样就能够保证他们的基本生计。该作者批评道，不受限制的绝对的迁徙自由是不存在的。而且中国社会语境下的人口流动和迁徙的概念，与西方的概念并不相同。传统中国社会的文化观念，将流离失所和离开故土视为非常悲惨的遭遇。同时，该作者还认为，不应当盲目崇拜西方的城市化观念。根据其观点，建立户口制度和采取优先发展重工业而不是城市化的发展战略的本来目的，不是要歧视农民，而是要避免城市的过分扩张，以及由此可能带来的各种城市病。总之，对户口的改革必须渐进推进，在现阶段保持现有户口制度是合理的和必要的。[②]

但是，对所选媒体样本的分析表明，这些官方背景的渐进主义或为现存户口制度合理性辩护的话语，受到了许多批评。[③] 在党报中，《工人日报》采取了一种相对温和的批评立场[④]，而《南方日报》则明确否定了松绑户口制度与城市人口扩张之间的关联：

> 事实上，户籍制度也并未能阻止人口涌向大城市，只不过在那些人群那里造成了更大的困难而已。北京、上海等大城市的外地人数量仍然庞大，也不会有人因为有合适自己的工作但是没有户籍而离开。这也证明了流动人口的流向是由一个城市的经济结构决定的，而非户籍制度。但问题是，户籍制度虽未改变人口的流向，却大大加深了对流动人口的歧视。[⑤]

---

① 《户籍改革宜循序渐进》，《解放日报》，2004年11月25日，第13版。

② 《户籍改革：不能忽视前进中的盲点》，《解放日报》，2007年12月27日，第6版。

③ 《国内人口流动不能类似于国家间移民》，《大河报》，2005年8月15日，第A04版；《户籍改革应从大城市破题》，《东方早报》，2007年2月27日，第A15版；《北京户籍改革不能满足于小修小补》，《新京报》，2007年4月21日，第A02版。

④ 《户籍改革：步子还可以迈得更大点》，《工人日报》，2009年12月13日，第2版。

⑤ 《最终还是要取消户籍制度》，《南方日报》，2007年11月22日，第A02版。

这样的观点得到了都市报的呼应。在《南方周末》的一篇评论中,作者对"通过强化户口门槛来限制城市人口膨胀"的观点提出了尖锐批评。作者认为,提出这种观点的人自己也明白它是错误的。问题的关键在于,他们之所以捍卫这样的观点,是因为他们真的相信现有的户口制度,还是因为他们作为现存制度安排下的既得利益者,其利益会受到户籍改革的冲击。现有的针对农民工的所有歧视性政策,已经给城市政府和城市户口居民带来巨大的利益,但他们却无需为此支付成本或只需要极低的代价。[①]

在其他都市报中,《新京报》对所谓潜在危机和特殊国情论的逻辑提出批评,认为这是一种"自我循环论证":户口制度导致了城乡二元结构和巨大的地区不平衡。反过来,这些问题现在成为保留户口制度和推迟实质性改革的借口。[②] 在另一篇报道中,一位学者认为,那种认为由于城乡差距,因此户籍改革的适当时机尚未到来的观点是完全站不住脚的。日益扩大的城乡差距正是户口制度的产物。只要户口制度存在一天,消除城乡差距就永远不可能实现。[③]因此,如果存在地区不平衡,且这些不平衡的现状是错误的,那么采取渐进主义策略来纠正体制错误的过程中,就应当对那些利益受损的社会成员加以补偿,而不是维持甚至强化现有的不平等的制度安排。

上述分析尽管是片段式的,但却清楚地表明,关于户籍改革逻辑的话语论争充满了张力。关于户籍改革的渐进主义策略话语与前一章所分析的关于"盲流"的主流话语,都运用了"危机"框架。在两种情形下,农民工都被描述为具有威胁性的入侵的"他者"。在这些话语框架中,所谓的"危机"以及随之而来的对"混乱"的恐惧成为既得利益群体随意使用的"漂浮能指"(floating signifiers)(Levi-Strauss,1987,页 63—64),其目的是维护现有的利益分配格局和权力结构。但正如我们已经看到的,这些循环论证在本质上的不合法性,已经在持续的话语协商和质疑中被不断揭示。

关于户籍改革具体政策的话语论争

在地方政府推出的众多户籍改革政策中,有三个主要议题争议性最大:第

---

① 《又闻"户籍限制人口"声》,《南方周末》,2005 年 7 月 28 日,第 B14 版。

② 《打破户籍改革的循环论证》,《新京报》,2009 年 3 月 21 日,第 B06 版。

③ 《户籍改革的障碍》,《新京报》,2008 年 10 月 25 日,第 B02 版。

一项是用所谓“居民户口”来统一原来的农业户口和城镇户口的不同类型;第二个议题是购房换取城市户口的政策;以及第三,农民以土地换取城市户口的政策。所有这些所谓的“改革”政策都吸引了大量的媒体报道,在公共舆论中引发激烈争论。作为户口改革的一部分,第一项政策的目的是要用统一的户口名称类型取代农业户口和城镇户口的表述差异,从而实现所谓的城乡居民户口平等。[①] 这一政策的实施,被认为是标志着户口制度的终结和平等公民权的来临。[②] 这种对农村和城市户口身份差别的形式上的统一,被视为户口改革的第一步,是一个积极的信号。[③] 但是,一般来说,不少观点认为,这种“对农村和城市户口的统一”只具有象征性的和表面的意义,因为实质性的差别是附着在户口类型上的不同福利待遇和利益。正如所选样本中许多新闻报道和评论性文章所表明的,这一政策改变的只是人口登记制度的名称,而不是就福利权而言的针对农村居民和城市居民的不同的公民待遇,现有体制下农村户口公民所受的歧视性待遇并未发生任何变化。[④] 正如一位评论者指出的那样,“这种称谓上的统一走出了公民权平等的第一步,但却未能从根本上消除二元户籍所导致的不平等。事实上,眼下与户籍直接相关的各种福利才是指引民众选择户口所在地的真正指挥棒”。[⑤] 因此本质上,这项改革政策只是新瓶装旧酒。(图 5.3)由于流于表面而并未改变公民权实质的歧视性制度安排,所以在某些情况下,甚至出现户口转变后的居民要求恢复其原来户口类型的情况。[⑥]

---

① 《我国将大力推进户籍制度改革》,《人民日报》,2007 年 3 月 31 日,第 4 版;《户籍制度改革确定方向》,《南方都市报》,2008 年 12 月 14 日,第 AA12 版。

② 例如,《西安调整户籍准入政策,三年内城乡无差别》,《大河报》,2006 年 3 月 7 日,第 A22 版;《七个试点市将取消农业户口》,《河南日报》,2006 年 6 与 20 日,第 1 版;《太原合并城乡户籍》,《人民日报》,2007 年 6 月 4 日,第 10 版;《十三个省市区已取消农业户口》,《东方早报》,2008 年 12 月 10 日,第 A19 版;《广州户籍一元化改革年内启动》,《人民日报》,2009 年 7 月 31 日,第 5 版。

③ 《我国户籍改革驶上快车道》,《人民日报》,2008 年 10 月 15 日,第 13 版;《统一城乡户口只是一个积极信号》,《工人日报》,2005 年 10 月 29 日,第 1 版。

④ 例如,《户籍改革是突破城乡二元结构的起点》,《南方日报》,2007 年 4 月 2 日,第 A02 版;《有了进城门票,难享市民待遇》,《南方日报》,2008 年 3 月 5 日,第 A05 版;《二元鸿沟不会一夜填平,当前户口改革期望过高》,《南方都市报》,2008 年 10 月 11 日,第 AA13 版;《户籍改革:称谓统一远远不够》,《东方早报》,2008 年 10 月 20 日,第 B07 版;《缩小户口的福利差异是户籍改革的关键》,《工人日报》,2009 年 6 月 4 日,第 3 版;《落户城市更容易吗?》,《人民日报》,2010 年 1 月 7 日,第 17 版。

⑤ 《缓解户籍矛盾的正解》,《东方早报》,2007 年 5 月 13 日,第 10 版。

⑥ 《户籍改革中大量“农转非”要求“非转农”》,《华西都市报》,2007 年 5 月 31 日,第 2 版。

图 5.3 “居民户口”政策(《南方都市报》,2011 年 12 月 30 日,第 QB02 版)

至于“购房换户口”的政策,早在 1990 年代,不少地方政府即已推出所谓的“蓝印户口”。这种户口由特定城市的地方政府根据特定标准发给在本地投资或购买地产的外地人口。这些人一旦获得“蓝印户口”,就享有大部分本地合法城市居民的福利待遇。这种做法逐渐成为许多地方用来推销房地产的常见手段。[①] 在过去的十年中,特别是在出现经济发展危机时,为了促进经济发展,不少地方政府就会利用“蓝印户口”的政策来吸引投资、人力资源和刺激消费。[②] 由于其功利主义和不公正的本质,此类政策受到公众和媒体的抨击。《工人日报》发表的一篇评论文章认为,这一政策导致户口成为城市政府和商业利益群

① 《蓝印户口:折射教育公平之殇》,《人民日报》,2009 年 8 月 28 日,第 10 版。

② 《新户籍政策引导二手房暖冬》,《华西都市报》,2006 年 11 月 16 日,第 40 版;《落户成都门槛更低了》,《四川日报》,2008 年 12 月 11 日,第 B02 版;《警惕公共资源分配的“小众化”》,《工人日报》,2009 年 2 月 22 日,第 2 版。

体攫取垄断利益的手段。这反过来又导致现有的二元户籍体系被进一步强化，而非对现有不合理制度安排的改革。[①]《南方都市报》的一篇社论则认为，这样的政策没有任何积极的公共价值，刺激经济发展应当通过改革现有的户口制度，而不是通过将其商品化来实现：

> 作为公共政策的户籍制度，不能将其捆绑进入市场交易，这明显有违公共政策的公共意志与公平原则，是以公共政策之名，济特定利益之私。客观上造成了有钱可以购房落户，获得城市户口的政策待遇，变成了以金钱为门槛的社会排斥。尽管以拉动内需之名促成了住房消费，但它在既存的户籍不平等基础上，对弱势农村户口居民造成了更进一步的社会排斥感。[②]

相比前两项政策，第三项"以土地换城市户口"的政策激起的争议更大。虽然各地具体标准有差异，但总的来说，根据该政策，农民要想获得城市户口就必须放弃他们承包的土地，从而彻底成为城市居民。但问题在于，在许多情况下，附着在城市户口上的公民福利权利往往被大打折扣，农民的权利在这一过程无法得到合法可靠的保障。[③] 在某些地方，这一所谓的"改革"甚至演变为赤裸裸的强迫农民改变户口身份的做法，从而激起巨大的反抗和社会争议。[④] 一位农民问题专家认为，如果只是强迫农民成为城市户口居民，但却不给他们相应的平等的完整的城市公民权，那么这样的"改革"在本质上是错误的。[⑤]《华西都市报》一篇评论文章中，作者甚至将这样的做法称作一场旨在"消灭农民"的运动。[⑥] 相比之下，《南方都市报》展现出更具批判性的立场，对这一政策的内在矛盾及其侵犯基本公民权的本质提出批评。在一篇评论中[⑦]，学者秋风针对重庆

---

① 《捆绑户口卖房拯救不了房地产业》，《工人日报》，2009年2月11日，第3版。

② 《户籍改革才是拉动楼市的原动力》，《南方都市报》，2009年2月14日，第AA02版。

③ 《广东农民工积分可转户》，《人民日报》，2010年6月8日，第14版；《重庆启动统筹城乡户籍制度改革》，《人民日报》，2010年7月30日，第4版。

④ 《二三线城市户籍松动却难吸引农民工落户》，《工人日报》，2011年12月1日，第5版；《农民工不愿入城?》，《南方日报》，2010年1月28日，第A04版；《为啥农民不愿意农转非》，《四川日报》，2010年11月26日，第5版。

⑤ 《户籍和土地改革的同步进行时》，《东方早报》，2007年1月30日，第A15版。

⑥ 《强逼"农转非"暴露扭曲的社会密码》，《华西都市报》，2010年11月1日，第8版。

⑦ 《土地换户籍是一宗公平交易么?》，《南方都市报》，2010年8月3日，第AA31版。

政府启动的土地换户口政策指出，强制施行这样一种不公平的政策是不道德的，因为该政策将农民置于一种被迫用土地换取城市公共服务资源的境地。即便这项政策不是强迫性的，要求农民通过出卖土地使用权来换取平等公民权在本质上也是不道德的。因为，

> 乡村居民作为公民，本来就应当享受到与同一区域内城市居民大体均等的公共服务和公共品。这是现代国家维持自己生存的第一道德原则，也是现行宪法的基本原则。现行城乡户籍分割制度违背了这一原则。当然，它真正的错误不在于区分了农村户籍与城市户籍，而在于把不同户籍变成了不平等地分配权利和福利的法律与政治等级身份依据。按照这样的户籍制度，政府只对城市居民承担福利责任，对乡村居民基本上不承担这种责任。

因此，正是国家的不公正的户口政策导致城乡间的巨大政治经济鸿沟，而正是这种差距又反过来使得城市户口充满诱惑和价值。换言之，这意味着国家几十年来一直亏欠农民其应该得到却一直没有享受到的公共产品和服务。政府现行的政策不但缺乏对农民损失的补偿，相反相关政策却强迫农民交出土地来换取其本该享有的平等公民权。因此，作者呼吁人们跳出经济交易的逻辑陷阱，转而从不可剥夺的平等公民权的角度看待这一问题：

> 市民权就是公民权，公民权的本质是平等。一个人，不论是生活在城市，还是生活在乡村，只要在同一行政区域内，理应获得大体均等的公共服务和公共品。这个区域内的城乡公共服务和公共品如果不均等，政府当推进这方面的均等化。政府承担这方面的义务是无条件的，居民不需要拿自己的什么东西与政府做买卖。面对公民，政府不应当是商人；面对政府，农民也不应当是乞讨者。

显然，从上述对关于三个最主要的具体户籍“改革”政策的公共话语论争的分析，可以看出经济发展框架和公民权框架之间的矛盾。地方政府推出这些所谓的“改革”政策，在理论上其目的是要消除城乡之间的差距，刺激经济发展，以及促进城市化。但在另一方面，这些政策的内在逻辑矛盾及其在实践中的负面效果受到了公共舆论的批评。将户口这一公共政策商品化，使之成为维护政府

和城市精英利益的经济杠杆或借口的做法，已经被许多批评者从平等公民权的角度加以质疑和解构。

户口与农民工问题

在围绕户籍制度改革展开的公共论争中，农民工问题始终是媒体和公共舆论关注的焦点之一。就户口制度和农民工问题的关系来说，相关媒体话语建构主要涉及两个方面的议题：第一个问题是现行的户口制度如何限制了农民工的迁徙自由和获得完整城市公民权的平等权利；另一个问题是如何改革现有体制，从而为农民工提供逐渐脱离受歧视的地位并融入城市主流社会的机会。就此而言，对样本媒体文章的分析表明，在诸如广东省这样的最主要的农民工输入地实行的"积分制"准入政策引起了高度的公众关注，并激发了公众关于相关政策的辩论。

正如第四章已经提到的，历史上，户口制度的主要功能之一就是将作为"盲流"的农民工屏蔽在城市的大门之外。相关的政策，例如暂住证和收容遣送制度，都是以户口制度为基础，目的是限制自发流入城市的农村劳动力，特别是所谓的"三无"流动人口。虽然收容遣送制度在孙志刚案之后已经被废除，暂住证等制度也相应逐步进行了改革，但迄今为止，户口制度本身没有发生根本性的变化，依然是针对农民工系统排斥和歧视的制度性来源。在所选的报纸样本文章中，大多都认为户口是针对农民和农民工的政策和文化歧视的基础。正如前面章节提到的，农民工——这一主流社会对流入城市的农村劳动力群体的特定命名方式，反映了他们在现有的以户口为基础的城乡二元结构中相对"低等"的社会地位。"农民"作为与生俱来的污名化身份标志，以世袭的方式强加给他们。这种先赋性的制度性不公正，是农民工群体边缘社会地位的根源。因此，正如一位作者所指出的，农民不只是一个职业名称，同时也是一种社会身份。针对各地要求去除"农民工"这一称呼的政策，这位作者指出，"农民工"这一词汇本身"不仅暗含身份歧视，更意味着待遇悬殊。他们往往无法享有市民、城镇职工应有的住房、医疗、就业、教育、养老等社会福利和劳动权益"。因此，"要消除这种歧视，改'农民工'之名只是一个开始，改这一指称背后的待遇之实，才是关键”。[①]

这就是为什么尽管已经出现了不少新的中性化词汇来指称农民工群体，他们依然无法把自己视作完全融入城市社会的一分子。《工人日报》的一篇新闻报道指出，在甘肃推出了对农民工的新称呼——新市民，对此，调查显示只有2.8%的受访农民工认同这样的身份。[②] 这一个案表明，在现有户籍制度下，“低等的”农民和“高等的”市民之间存在巨大的文化身份和权利的等级差异。通过特定的话语机制，比如，“农民工”和“外来工”等命名词汇，农民和市民间歧视性的制度边界在文化上和社会心理上得到不断巩固。市场化改革带来的人口和劳动力资源的流动性急剧增加，使得农民工现象日益突出。在现有制度安排下，农民工成为始终处于不确定的中间状态的一个特殊群体。这种状态在年轻一代的农民工群体中尤其突出。这些在城市文化熏陶下长大的新一代，在文化上和经济上与城市社会紧密相连，并逐渐疏离于其原有的农村背景和农民身份及其文化传统。但在制度上，由于户口制度的世袭性质，除非他们通过现有制度安排下仅有的几种制度化途径来改变其身份地位，否则他们在现有公民权体系中依然被定义为农民。这种制度性的障碍和农民工群体的现实社会心理状态之间的落差和张力，成为社会矛盾的重要潜在源头之一。正如《新京报》一位评论作者所言：“新生代‘农民工’根本不打算像父辈那样回归乡村，因此他们最需要的是城市的身份认同，取消户籍壁垒，享受同等的公民权利，特别是子女受教育的平等权利”。[③]

为了解决这些问题，在一些地方，例如，作为全国最重要最大的农民工输入省份的广东，已经逐步引入和推广了针对外来人口特别是农民工的以“积分入户”为基本原则的新移民政策。根据这项新政策，能够满足特定要求，从而可以积累到足够分数(在广东，这一分数线是 60 分)的农民工可以有资格申请当地的城市户口，从而有机会变为完全意义上的合法城市居民。最主要的衡量标准包括教育背景、职业技能、社区服务和贡献，以及道德水准。[④] 在《工人日报》发表的一篇报道中，中山市的一位女农民工谢红芬在奋斗和等待十多年后，终于

① 《“农民工”改名是个系统工程》，《河南日报》，2011 年 12 月 28 日，第 5 版。

② 《仅 2.8%进城农民工认同自己是“新市民”》，《工人日报》，2009 年 12 月 28 日，第 1 版。

③ 《新生代农民工最需要的是什么?》，《新京报》，2011 年 6 月 4 日，第 B01 版。

④ 《广东农民工，积分可以转户口》，《人民日报》，2010 年 6 月 8 日，第 14 版。

获得本地城市户口,因此被赞誉为"全国积分入户第一人"。[①] 尽管不少农民工对这些政策持谨慎态度,但评论者认为,在这一政策下,获得城市公民权的机会对农民工来说变得相对更高了些。对他们中的一些人来说,只要稍微跳高一点,获得城市户口已经不再是完全不可能的事。[②]《南方日报》充分肯定这一新政策,认为它"为农民工城市梦打开一扇门"。[③] 媒体也纷纷宣传报道优秀农民工获得城市户口的先进典型。[④] 根据省委机关报的《南方日报》的观点,与其他地区(例如上海)推行的改革措施相比,广东的改革是一个重大突破,因为

> 在户籍问题上,这一政策的合理性与公平性,也决定于它对社会最弱势阶层的照顾程度。在大城市,作为公认的最弱势群体的农民工队伍,显然是衡量该市户籍改革成败与合理性的最重要标杆。从这个意义上来说,广东确立一些比较合理的门槛来进行户籍改革,并使广大农民工可能获益,则是这次户籍改革最重要的进步意义。[⑤]

但这一政策却由于其对教育背景要求的过度强调而受到广东省外媒体和公共舆论的批评。上海《东方早报》发表的一篇学者评论认为,对教育背景的过高要求实际上已经将绝大多数农民工排斥在外,因为这一群体中的绝大多数都不可能受到完整的高等教育。[⑥] 即便是《南方日报》的子报《南方都市报》,也通过一系列关于农民工真实经历的特写报道,对新政策的"进步意义"提出间接质疑和批评。新政策将过多的职业技能和道德要求附加其中的做法,被讽刺为"皇上选秀女"[⑦]。由于过高的要求,对大多数农民工来说,新政策成为"水中月"或"镜中花"。特别是过高的教育学历门槛,使得该政策更像是一场大多数人注

---

① 《"全国积分入户第一人"谢红芬:奋斗10余年,终于拿到城市户口》,《工人日报》,2010年12月6日第4版。

② 《广东农民工淡看"积分入户"——"比起户口,他们更需要真正的公平"》,《工人日报》,2010年10月11日,第3版。

③ 《珠三角户籍制坚冰开始融化:积分制为农民工城市梦打开一扇门》,《南方日报》,2010年8月11日,第A04版。

④ 例如,《百名优秀外来工获得中山户籍》,《南方日报》,2008年2月2日,第7版;《97名优秀农民工昨变成佛山人》,《南方日报》,2008年7月23日,第A11版。

⑤ 《广东户籍改革的实质性进步意义》,《南方日报》,2009年4月1日,第A02版。该文将上海推行的户籍准入政策比喻为"一个看起来很美的肥皂泡"。

⑥ 《广东户籍改革不应忽视最大群体》,《东方早报》,2010年6月11日,第A43版。

⑦ 《是放宽入户,不是皇上选秀女》,《南方都市报》,2010年3月18日,第FA02版。

定要失败的跨栏比赛。这些政策大多倾向于具有中产背景的群体，依然没有摆脱依据不同阶层市场价值对城市公民权进行等级化分配的发展主义逻辑。

在一篇特写报道中，作者直接引用了农民工自身的叙述来描述他们的日常经验，以此反映这项改革政策的实际效果。在该文中，几位农民工的个人故事，成为几十年来中国农民工与户口制度及其强加给他们的歧视和痛苦作斗争的历史的缩影。[①] 其中一位经过二十多年的努力已经从工厂女工变为白领工人。但在严格的积分制入户要求中，她13年的社区服务贡献和相关荣誉不能计入积分范围，因此依然无望变为真正的"深圳人"。于是，这一新政策表面的开放性与其内在的排斥性本质相结合，导致了这样的悖论结果："这座城市似乎处处都在接纳我、认可我，却始终不肯给我一个名分。"

上述分析清晰地表明，与农民工相关的户口制度的核心，依然是围绕"素质"这一空洞能指展开的对人进行市场价值评估的生命政治逻辑。这与改革时期执政党一国家所推行的发展主义意识形态的总体逻辑相一致。根据这样的逻辑，社会成员在社会等级秩序中的位置，应该以其在国家和地区资本积累和经济发展中的实用主义价值为基础来衡量。在这个框架中，公民权，包括其融合性和排斥性的方面(在本书中这指的是"户口")，只是各级政治经济利益实体用来实现其发展主义目标并实现自身权力和利益最大化的工具性手段。正如第四章所分析的，官方主流话语在宏观层面上对农民工问题的建构，经历了从危险的负面形象("盲流"和"危机")到意识形态上"高贵"但实际上只是"低素质"的经济资源("新工人阶级的主力军"和"素质")的转变。与此类似，在本章对户口问题的分析中，主导性的官方话语实际上依然呈现出"危机"和"素质"框架的循环叙事。

正如本章所讨论的，在当地政府需要维持有利于既得利益集团的现有利益格局时，"危机"与"混乱"和外来者"入侵"的"威胁"等空洞能指话语就会成为决策集团拒绝实质性改革的借口。这些话语经过长期的宣教，在一定程度上已经内化为城市主流社会人群文化认知结构的一部分，成为城市主流意识形态的核心框架之一。甚至在某些情形下，这些意识形态也被苏黛瑞(Solinger，1999b，页1)所称的这些"失根的非公民"(unrooted noncitizen)自身所内化。农民工群

① 《打工20年，离"市民"还有多远》，《南方都市报》，2011年12月13日，第AA23版。

体对自己作为具有“农民”背景的“外来者”和“乡下人”身份的认同,并以此建构并承认本群体与城市主流人群(“城里人”)之间的社会经济、文化边界和等级秩序(参见陈映芳[编],2003)。与之相比,当本地经济发展需要大量技能较高或具备某些特殊才能的人力资源时,官方则会推出部分开放的可控的户籍改革政策,同时辅之以文化霸权性质的“素质”话语,作为保留部分关键排斥性环节的逻辑基础。因此,虽然有这些政策和话语范式的变化,但无论是哪种情况,归因逻辑的方向都是一致的:在危机框架中,农民工被定义为威胁,并因此成为需要维持现有户口制度的理由;而在素质框架中,因为农民工的“低人口素质”,因此同样需要保留户口制度中关键性的过滤机制来保证城市合法居民的基本素质水准。在两种情形中,危机或混乱与素质这两个主要关键词成为随时用来合理化不公正现实的漂浮能指。

但同样需要看到的是,这些官方话语模式在许多情况下,遇到了来自不同话语主体的挑战、质疑和批评。在威权主义市场化条件下的准公共媒体领域中,相比更为忠实于官方政策观点和城市主流人群利益的党报而言,都市报媒体展现出相对多元化的观点立场和更具活力的话语论争过程。与执政党一国家主导的将公民权工具化的发展主义逻辑相比,尽管自足的公民权概念作为一种议题定义框架在党控舆论空间中依然处于相对边缘的位置,但正如我们所见,这一框架已经被明确提出,并被频繁用来质疑和重构国家政治经济权力支撑的工具主义和发展主义逻辑。尽管这些替代性话语框架并未成为主导性的论述框架,但它们的出现已经为具有霸权属性的主导话语秩序打开了一些缺口,从而为户口制度的变革提供重新定义的可能。

小　结

本章主要考察了与农民工公民权状况的第一个层面,即围绕户口制度展开的各种排斥和融入机制与政策相关的公共话语论争。以对户口制度的起源及其社会影响的政治经济分析为基础,本章分析了从13家主要报纸抽样选取的与户口议题相关的新闻报道和评论文章。在这些媒体话语中,不同的媒体和不同的话语主体(政府及其官方代言人、农民工或农业问题学者、媒体从业者、公共评论作者等）从不同的角度（经济发展、社会稳定、平等公正的公民权）对户口制度的本质以及改革这一制度的具体政策做出了不同的界定。代表城市主流既得利益群体的话语主体运用“危机”和“混乱”框架来合理化对户口控制的强化，而在倾向于自由化改革的媒体话语中，这种自相矛盾的循环论证逻辑遭到以逻辑和事实为根据的不同话语主体的驳斥和解构。关于具体改革政策的争论，批评者从不同的角度对主要改革政策的流于形式和不公正本质提出批判。最后，关于户籍改革措施与农民工之间的关系，本章的分析表明围绕“素质”展开的霸权话语在塑造这些政策的过程中占据主导地位。在这样的话语框架中，农民工的社会地位和获得公民权的资格依据他们的内在“素质”对输入地的经济发展具有的实用主义价值之大小来加以确定，而作为不可剥夺的平等的公民权利，则只是用来将农民工工具化为经济发展资源的制度性筹码。

第 6 章 公民权的话语建构:个案研究

由于户口制度的限制,进入城市的农村劳动力在改革时期继续被排斥在城市公民权之外。正如第五章已经分析的,户口这一界定了农民工公民权边界的核心制度,受到不同话语主体从不同角度提出的挑战。在此基础上,本章将继续考察公民权问题的第二个层面,即公民权利的具体不同层面,特别是再分配正义和文化身份的问题,在代表性的媒体话语中是如何被建构的。对这一问题的分析主要以三个个案研究为基础:极具争议的 2010 年富士康员工系列自杀事件,农民工子随迁子女上学问题,以及近几年兴起的农民工大众文化生产现象。

个　案

本章分析的第一个案例是富士康员工连环自杀事件。该案例与农民工的基本劳动权紧密相关。自 2007 年以来,世界最大的电子产品组建生产商和世界著名品牌(如诺基亚、苹果等)外包商富士康公司,连续发生员工在厂区或宿舍自杀的事件。特别是从 2010 年间 1 月至 11 月间,富士康深圳厂区有 18 位工人连续自杀,引发了关于农民工在身体和精神的双重剥夺下所处的劳动环境,及其基本民事、社会和政治权利的激烈争论。选择这一案例的原因在于,它在很多方面集中体现了当前中国农民工群体的公民权状况。这些事件之所以反映了公民权的民事和社会层面,是因为这些连续发生的自杀事件与基本劳动权利,包括工资保障、体面的工作环境、社会福利和基本公共服务等这些农民工在现行户口制度下无法获得的权利紧密相关。文本抽样的时间段是 2010 年一整年,文章标题搜索的关键词包括“富士康”“自杀”“跳楼”“农民工”或“民工”。

第二个案例是关于进城农民工的随迁子女就学问题。这一议题大体上属于农民工公民权的社会权利范畴,即农民工的基本社会福利权,例如,教育、医保、住房、养老金等。在这一方面,农民工子女教育问题是导致巨大社会不满的重要议题之一。由于户口制度的限制,随父母进城的农民工子女无法进入城市公办学校就学。本地公共教育系统无法满足的巨大需求,为农民工群体自发建立的农民工子弟学校提供了社会基础。城市本地政治经济利益和农民工子女对公平教育的需求以及常被定义为非法并加以取缔的农民工自发性办学活动之间的张力,成为这一议题的焦点。与此相关的问题早在 1990 年代就成为舆论和学界关注的议题。但直到最近几年,随着公众和官方对农民工问题的关注日益增加,农民工子女就学问题才成为一个极为迫切的问题。本章对相关问题的分析,主要集中在随父母进入城市的儿童教育问题。抽样时间范围从 2007 年到 2011 年,标题搜索关键词包括“民工子弟学校”“打工子弟学校”或“农民工子女学校”。

第三个例子是关于农民工公民权的文化层面,其关注的重点是农民工群体的文化身份和对大众文化实践的参与。尽管这一问题在过去引起的关注较少,但近几年,随着 80 后和 90 后新生代农民工成为这一群体的主力,农民工群体的文化身份问题变得日益重要。与其父辈不同,这些年轻一代的农民工成长于互联网、大众媒体文化和全球化趋势主导的时代。他们具有更为强烈的都市主义文化需求,更愿意表达自己的看法和表露自身的文化身份。在这一方面,本书选择的案例是近几年出现的农民工参与大众媒体文化生产实践的现象。具体来说,选取的个案是著名的农民工二人组合“旭日阳刚”通过网络视频爆红且随后参与央视春晚的事件。该组合在网上发布的音乐视频获得巨大的访问量,受到热烈反响。在获得网络成功后,又受到央视的邀请参加了 2011 年春晚的演出。相关媒体文本的抽样时间段是从 2010 年到 2011 年，搜索关键词包括"旭日阳刚""民工歌手""民工乐队"和"春晚"。由此个案出发，本章进一步讨论了农民工群体的文化实践和身份政治问题。

正如前文所述，在本研究中，公民权主要是指再分配和身份的方面，而政治层面则处于相对次要的位置。在规范意义上，这一层面本该是一般公民权中最重要和最基本的方面。但在中国现有制度条件下，体制外组织化政治参与受到严格禁止。尽管近几年亦有农民工代表被选入各级人民代表大会或国家工会组织，但总体而言，这些政治参与依然是象征性的。在作者与几位新闻记者的访谈中，他们几乎都提到，在政策讨论和媒体报道中，任何旨在促进体制外组织化劳工阶层联合形式合法化的呼吁，在意识形态上都十分敏感，并受到严格禁止。

当然，这并不是说政治层面的讨论不重要。实际上，在一定程度上，上述三个个案都与政治层面相关。富士康事件与农民工群体自组织权利的匮乏息息相关，正是因为缺乏自组织的权利和制度空间，处于分散的原子化个体状态的农民工群体在面对强大的资本力量时，无法有效维护自身的权益，从而陷于身体和精神双重被剥夺的权利贫困处境。农民工无法获得城市教育资源的现实，同样具有深远的政治影响，因为现行户口制度下的教育不公正是促进第二代贫困的底层劳工阶级再生产和降低跨阶层流动性的主要原因之一，这些制度障碍加深了社会裂痕，增加了社会风险。最后，农民工中涌现出的文化偶像人物参与文化和媒介实践的现象，同样间接反映了这样的现实：尽管文化意识在新一代农民工中已经逐步觉醒，但在宣传和市场驱动、执政党一国家主导的文化场域中，边缘群体替代性媒体和文化资源依然十分匮乏。

本章大多数文本数据均以与先前类似的抽样方法，从 13 家主要报纸中获得。相关案例的样本文章数，参见表 6.1。但在相关案例中，一些来自其他替代性来源的数据，比如非政府组织的调查报道和媒体视觉文本等，同样会被用作分析的材料。

表 6.1　个案研究样本文章数

		富士康员工自杀事件	民工子女就学问题	农民工文化偶像
党报	《人民日报》	8	12	10
	《工人日报》	9	13	8
	《南方日报》	4	6	5
	《解放日报》	2	8	4
	《北京日报》	0	17	3
	《河南日报》	2	6	2
	《四川日报》	1	2	3
都市报	《南方周末》	4	1	2
	《南方都市报》	8	3	6
	《东方早报》	10	7	1
	《新京报》	20	20	3
	《大河报》	9	6	8
	《华西都市报》	11	6	6
合计		88	107	61

富士康员工自杀事件：关于工厂体制的话语论争

在国家主导的工业化中，处于严格的户口和集体农业制度下的农村劳动力受到来自国家权力持续而系统的控制。在改革时期，这些人群继续受制于国家发展主义策略下的新劳动体制，这种体制以户口制度为基础，将流动的农民工置于一种相对劣势的公民权位置，以满足日益繁荣的“世界工厂”中劳动密集型产业对廉价劳动力的巨大需求。在国际化资本转移的网络中，处于特定工厂体制（factory regime）控制下的劳动空间，是作为廉价劳动力的农民工所蕴藏的劳动价值被提取和发生转移的起点。在全球和本土语境交织的情况下，工厂体制在日常的基础上对农民工施加身体上和精神上的双重限制。因此，工厂体制实际上体现了特定社会中一般劳动体制的本质。遵循工厂体制的概念（Burawoy,

1985)，许多研究考察了工作场所作为一种生命政治形式在各种社会历史语境下规训劳动者、使之客体化和评定劳动力价值的过程中所发挥的重要作用(例如，Cravey，1997；Lü & Perry，1997；Pun，2005；Warde，1989)。本节对富士康员工自杀事件的个案分析，旨在从与劳动状况紧密相连的农民工民事权的角度出发，考察不同的行动者一言说者如何通过各类媒体话语，围绕工厂体制的本质展开话语论争。

背景

2010 年 1 月 23 日，马向前——一位来自河南的 19 岁农民工，据称在受到长期的工作压力、不公正对待和虐待后，从富士康深圳厂区的员工宿舍坠楼死亡。[①] 在半年之前，2009 年 7 月 16 日，富士康苹果 iPhone 生产部门的员工 25 岁的孙丹勇，在因其负责处理的苹果手机样机出现丢失而遭到毒打和审讯后自杀身亡。[②] 这两起事件引起了一些媒体报道，但很快被公众遗忘。这些悲剧性事件被看作偶然的个案，而非更为深刻的体制性问题的表征。直到 2010 年 5 月，出现了一系列令人震惊的自杀事件之后，媒体的这种相对沉默才被打破。从 2010 年 1 月到 11 月，共计 18 名富士康员工在工作场所尝试自杀，其中有 14 人死亡。[③] 由于在短时间内出现如此集中的自杀事件，富士康公司吸引了各方的关注，并成为当时公众舆论中最受争议的话题之一。

在围绕这些悲剧性事件的公共舆论中，代表不同利益的言说者参与到关于富士康管理体制和中国语境下农民工劳动权相关的议题的话语论争之中。富士康及其主要的商业伙伴(例如，苹果公司)被迫对事件作出回应，为这些悲剧性事件给出解释，并提出解决办法。中央和地方政府以及其他与劳工权益相关的官方组织，例如官方工会，也被要求就相关情况作出调查，并提供关于责任认定和解决方法的官方版本说明。其他言说者一行动者包括专家、知识分子、媒

---

① 《"第一跳"马向前在富士康的日子》，取自 http://www.dooland.com/magazine/article_60991.html，检索日期：2011 年 7 月 17 日。

② 参见《谁是压倒孙丹勇的最后一根稻草?》，取自 http://www.china.com.cn/news/local/2009-07/23/content_18191263.htm，检索日期：2011 年 7 月 17 日。

③ 关于这系列自杀事件的当事人列表，可参见 http://en.wikipedia.org/wiki/Foxconn_suicides，检索日期：2011 年 7 月 17 日。

体评论人士和其他专门领域的公共意见领袖。国内外的非政府劳工组织也积极参与了对相关问题的辩论，发出了不同于主流观点的声音。各种言说者同样引用了农民工自己的声音来支持他们对相关议题的特定定义。言说者一行动者生产的所有这些话语都通过媒体话语得以过滤和呈现。因此，媒体自身作为话语建构的平台，同样参与到了与这些事件相关的话语论争之中。

就媒体报道来说，正如表 6.1 所示，党报中的《人民日报》和《工人日报》这两个全国性的报纸关于富士康事件的报道量相对较多，分别有 8 篇和 9 篇文章被选为样本。相比而言，其他的地区性党报则报道较少，甚至没有报道。作为这些自杀事件所在省份的省委机关报，《南方日报》共有 4 篇文章选中。考虑到富士康在河南和四川省均有工厂和巨大投资，这两个省份的党报对自杀事件的报道相对较少，在一定程度上或许受到地方经济利益的影响。[①]

对这些样本文章的分析表明，围绕富士康员工自杀事件的公共论争，主要采用了三种话语框架。第一个是心理压力或个体归因框架。这一框架以一种关于年轻一代农民工的更为广泛的话语为背景，将问题的原因归结为年轻一代农民工中普遍存在的所谓相对“脆弱”和“缺乏韧性”的精神品质“缺陷”。根据这一框架，这些自杀者与其父母一代相比，精神上的抗压能力较弱，无法适应高强度的工作压力和艰苦的工作环境。第二个是军事化工厂体制或微观体制归因框架。该框架将问题定义为富士康工厂管理体制的非人化本质的悲剧性结果和农民工对压制的绝望反抗。第三个是权利贫困或宏观体制归因框架。根据该框架的逻辑，虽然存在潜在的个人心理脆弱的问题和富士康半军事化管理体制的缺陷，但问题的本质是农民工群体在当前中国社会总体劳动权制度框架内所处的权利贫困状态导致了这些问题的出现。下文逐一对这些不同的框架的逻辑及其不同的话语支持者的立场竞争进行具体分析。

心理压力框架和个体归因

心理压力框架将富士康系列自杀事件界定为由社会转型所产生的压力和农民工个人心理“缺陷”所导致的孤立个案。在对相关问题进行调查之后，深圳

① 《富士康落户郑州带动 50 万人就业》，《新京报》，2010 年 8 月 5 日，第 B05 版；《富士康入川带来了什么?》，《四川日报》，2010 年 10 月 23 日，第 3 版。

市政府发言人宣布,尽管富士康的确在管理上存在一些漏洞,但导致这些事件发生的一个最主要的原因在于这些农民工都很年轻,心理上不够成熟,较为脆弱,因此缺乏足够的能力调适自己,适应工作和生活的压力。他因此呼吁政府和富士康都应为农民工提供心理咨询服务,改善管理方法和农民工的工作生活条件。富士康很快抓住这一官方解释,将问题的原因归结为其员工的个性和情绪,而非自身在组织和管理劳动力方面的体制问题。[①] 具体来说,该公司表示,这些自杀者包括三种类型:"一是个人情感出现问题的人,二是有生理疾病问题的人,三是社会防范意识不够的人"。换言之,所有试图轻生的员工都是在身体上或心理上比较"脆弱"、无法适应市场社会竞争压力的人。[②]

这种观点得到了一些专业心理学家的支持。他们宣称,富士康深圳工厂的 40 万员工的自杀率要低于全国平均自杀率。[③] 因此,问题的主要原因应当可以归结为年轻一代农民工自身的特殊心理特征。根据这样的观点,连续自杀事件反映了社会转型背景下年轻一代农民工在巨大的工作和生活压力下出现的心理危机。根据专业心理学家的观点,与他们的父辈相比,80 后或 90 后一代年轻的农民工在面对逆境时的处理能力较弱。[④] 在《工人日报》的一篇报道中,一位生于 1970 年代的河南籍女性农民工说,在她刚成为一个打工妹时,工厂的管理比现在更为严厉,监工的态度也更为粗暴,但那时却没有太多像富士康员工自杀这样的事件发生。那一代农民工为了"挣钱养家,一切都能忍"。[⑤] 因此,出生于 1950 年代到 1970 年代的老一代农民工因其面对苦难和压力时表现出的吃苦耐劳和坚韧不拔的精神而受到称赞。他们任劳任怨,从不计较低工资和艰苦的劳动环境,只希望尽快挣钱,供养他们在农村的家庭。

相比之下,新生代农民工并不愿意像他们的父辈那样艰苦劳动,也不再愿

---

① 《深圳调查组进入富士康》,《人民日报》,2010 年 5 月 21 日,第 13 版;《就富士康连续发生员工坠楼事件,深圳市政府举行新闻发布会》,《人民日报》,2010 年 5 月 27 日,第 13 版;《深圳市回应"富士康跳楼事件"》,《新京报》,2010 年 5 月 27 日;《深圳市:富士康管理有问题》,《东方早报》,2010 年 5 月 27 日,第 A18 版。

② 《他们那么年轻,年轻得令人心悸》,《工人日报》,2010 年 5 月 19 日,第 3 版。

③ 《富士康"八连跳"自杀之谜》,《南方周末》,2010 年 5 月 13 日,第 A01 版。

④ 《富士康事件暴露出员工心理干预机制不完善,职业倦怠隐藏心理危机》,《人民日报》,2010 年 7 月 8 日,第 19 版。

⑤ 《"被风吹走"的劳动和生命》,《工人日报》,2010 年 5 月 22 日,第 5 版。

意回到农村。尽管他们中的绝大多数缺乏基本的职业技能，但他们大多梦想着能够融入城市生活。富士康一位曾经与两代农民工打过交道的管理者认为，与第一代农民工相比，新生代农民工“急功近利了一些”。[①] 尽管有着种种梦想和追求，但是，正如《人民日报》一位作者所指出的那样，这些年轻的农民工们，

> ……对现实却缺乏认识和把握。走进富士康这样的工厂后，高频率的加班、强硬的各级领导、冷漠的同事关系，把他们变成了机器的一个螺丝钉，浩大“军营”里的一只“蓝蚂蚁”。总之，工作和生活似乎很少体会乐趣。面对一个严酷的社会大环境，和一个找不到快乐的小环境，不懂得隐忍、不善于坚持的年轻人就会表现得很脆弱，一次失恋、一场小病……小小的导火线或许就足以推动他们走到窗口，向下跳去。[②]

因此，相应的问题对策应当是建立起常规的心理教育和培训机制，为员工提供心理服务，同时改进企业文化和内部管理。政府和雇主都应当采取更多的措施，来帮助年轻农民工改善他们自身的心理健康和文化生活。[③] 在《人民日报》的一封读者来信中，一位农民工呼吁雇主和地方政府为新生代农民工提供心理健康培训和文化活动服务。[④] 与此相呼应，富士康邀请危机管理和心理学专家来协助调查和解决所谓的员工心理问题。更有甚者，富士康还邀请了高僧来帮忙驱散晦气、安抚员工。[⑤] 与此同时，富士康还推出风险预防机制，包括建立内部心理工作小组、安装自杀防护网、反自杀集会以及所谓的“不自杀协议”。[⑥]

根据上述逻辑，自杀危机是社会转型的压力和农民工个人脆弱心理素质相结合的产物。虽然管理方面的问题也有所提及，但并没有被视为最主要的原

---

① 《富士康“八连跳”自杀之谜》，《南方周末》，2010年5月13日，第A01版。

② 《让他们更热爱生活》，《人民日报》，2010年6月7日，第19版。

③ 《新生代打工族心理健康堪忧》，《工人日报》，2010年5月19日，第7版。

④ 《关注心理健康、强化拓展训练》，《人民日报》，2010年12月3日，第5版。

⑤ 《富士康调查结果将公开》，《新京报》，2010年6月13日，第A22版；《不问员工问鬼神?》，《华西都市报》，2010年5月13日，第7版；《破解富士康员工自杀的魔咒》，《南方周末》，2010年5月13日，第A04版。

⑥ 《心理辅导师上马太草率?》，《南方都市报》，2010年5月27日，第AA08版；《笨方法：富士康要建“天罗地网”》，《大河报》，2010年5月27日；《富士康员工“珍惜生命”游行》，《新京报》，2010年8月19日，第A24版；《富士康该直面员工惨淡的人生》，《东方早报》，2010年5月27日，第A22版。

因。在多数情况下,心理素质框架占据主导地位,工厂管理体制的问题只是被看作诸多相关因素之一。富士康员工连续自杀事件所反映的问题被定义为与新生代农民工的心理特征相关的新现象。在这一话语中,这些新生代农民工被描述为与上一代人相比,无论在身体上,还是在心理上,都更为脆弱。通过对心理学专业话语和其他科学解释的互文挪用,这一框架把自杀问题定义为“成长的烦恼”式叙事。在这一叙事中,经济潮流带来的社会压力被自然化为某种不可避免的代价,农民工等边缘群体只有努力调节自身以适应这样的压力。因此,改善自身的能力以适应社会发展对个体身体和心理素质提出的要求,是个体自己的责任。至于国家权力和市场资本行动者的责任,则在这些话语建构中被最大程度地压缩和置换,甚至被彻底遮蔽了。而正是这些致力于维护主导性社会权力制度安排的行动者,通过歧视性的公民权政策和劳动密集型产业劳动规训机制的结合,在很大程度上造成了农民工群体处于极度边缘化社会地位的状况。

军事化工厂体制框架与微观体制归因

然而,心理压力的阐释逻辑受到了军事化工厂体制框架的挑战。这一框架以对富士康员工的日常真实生活状态的深入调查和详细描述为基础,强调了富士康追逐利益最大化的管理体制的非人化本质。正是这样的管理体制,通过劳动力滥用、低工资水平、过度的工作量、严酷的工厂规训制度、对个人尊严的漠视和社会福利的最小化等手段,系统性地剥夺了农民工基本的劳动权利和作为社会主体的存在感。在这一框架中,心理压力的解释逻辑和对工作与生活压力的自然化倾向受到了强烈质疑,无条件地适应压力不再被视为一种天经地义的个体义务,而是针对不合理的压力和个体心理危机的制度性根源进行深层追问。①

一些重要学术机构和新闻媒体均发布了富士康农民工真实工作和生活环境的第一手报告。其中,来自中国大陆、港澳和台湾的教授和学生调查撰写的一系列报告揭露了富士康工厂管理体制中存在的大量令人震惊的问题:在招工

---

① 《心理医生能制止“十一连跳”吗?》,《解放日报》,2010 年 5 月 27 日,第 2 版。

环节，为了降低劳力成本，富士康使用了大量廉价的实习生。这些实习生的工资水平要低于正式工，且不享受任何社会保险福利待遇；在工厂管理上，最主要的管理方法就是辱骂，把工人当作机器对待。工人被严格锁定在高强度且严重超时的劳动中，不断重复同样的工作流程。与此同时，严格的工厂进入规则和不友好的行政管理关系，使得工人们觉得像是生活在一个“新时代专制主义的工人集中营”；工作生活的时间和空间经过精心的设计，形成了一套严酷的工厂时空体制，以最有效的方式提取劳动力的价值来服务于富士康的“零存货生产”(just in time production)全球策略。这一策略的目的是要通过生产过程中库存和相关成本的最小化来促进利润回报的最大化。工人的生活作为生产的延伸来加以管理。餐饮、娱乐、文化和体育等设施，只具有装饰性功能，因为工人工作之外的时间已经被最大限度地压缩了。在这样的情况下，日常生活的目的不是为了满足工人基本的人性化的生活和社会需求，而只是为了满足产品的生产需要，在最短的时间内以最低的成本再生产出劳动力自身；工伤等工作风险问题均没有得到有效的防御和保护，受伤的工人没有得到公正公平的对待；最后，由于缺乏一个能监督企业不法行为，并能够有效地将工人组织起来捍卫自身利益的强有力的体制外制度性监督力量，导致农民工始终处于一种离散的原子化个体状态，从而无法有效抵御资本和政治权力的伤害。①

另一篇由香港非政府组织“大学师生监察无良企业行动”(Students & Scholars Against Corporate Misbehaviour，SACOM)发布的报告，同样揭露了滥用劳动力的情况。例如，过低的工资水平、过长的劳动时间、以“绝对服从”和“非人惩罚”为特征的管理体制、压抑的工作和生活环境、缺乏有效的工会和申诉机制、缺乏相关行业行为规范的限制，等等。这一报告特别强调了富士康所处的全球产业生产网络。作为世界顶级合同制造商，富士康与世界顶级品牌，例如，苹果、惠普、索尼、诺基亚等，都有合作关系。所有这些公司都有特定的行为规范，其合同制造商必须遵守这些规范，确保为工人提供良好的工作和生活环境。该报告指出，苹果的供应商行为规范指明，“工人不应受到骚扰，工作时长应合乎当地法律，以及加班必须是自愿的”。然而，“令人失望的是，这些都只

---

① 《“两岸三地”高校富士康调研总报告全文发布》，取自 http://tech.163.com/10/1009/15/6IIHU0KT000915BD.html，检索日期：2011 年 7 月 18 日。

是一些停留在纸面的美好许诺”(SACOM,2010)。

一些重要媒体同样发表了与富士康工厂体制相关的深度调查报道和评论文章。《工人日报》发表的一篇报道引用工人自己的话来描述工厂体制强加在他们头上的存在危机:“每个人上班的时候,都要 100%地关注自己,不允许有一点走神”。无论何时,只要工人们进入工厂车间,他们都会有这样的感觉:“每一个人和设备机械并无二致”。但问题是,“设备靠电运转,设备每年计算损耗,还会保养,人呢? 不断消磨和麻木的人,靠什么支撑着继续,靠加班来的那点微不足道的工资?”[①]富士康这种受到严格控制的劳动密集型生产模式,被称为当下的“摩登时代”式军事化工厂体制:

> 有着“代工王”之称的富士康的生态环境已久为人所诟病。劳动和睡觉几乎成为许多工人生活的全部,吃饭就仿佛给机器加油,工作程序类似卓别林的《摩登时代》,人成为流水线上螺丝钉或是智能机器人。40 多万工人生活在相对封闭的环境,穿同样的工装,很多时候同一宿舍的也叫不出彼此名字,成为熟悉的陌生人。公司太大,个人太孤独,成为相当多员工生活边缘化的直接感受。[②]

针对这些特征,北京学者秋风突出强调了这一工厂规训体制的反社会性本质。通过各种控制机制,富士康模式有效地剥夺了工人生命存在的社会属性,将工人的生存过程异化为资本生产的工具性要素:

> 员工被封闭在狭窄的“城中城”,他们的整个人都被纳入流水线的效率算计中,也可以说生产线延至员工的全部生存活动中;家庭、亲友等社会关系在这里是受排挤的,是荒芜的。而富士康采取的铁血管理模式,体现为集权式的保安管理,不仅维护了城中城的因素,还强化并实现了反社会的空间塑造。[③]

在《南方周末》两篇以记者亲身卧底调查为基础的深度报道中,富士康工厂体制的冷酷本质,首先直接体现在其厂区建筑物的空间排列的秩序中:

---

① 《“被风吹走”的劳动和生命》,《工人日报》,2010 年 5 月 22 日,第 5 版。

② 《富士康第十一跳与郭台铭“二十个假如”》,《南方都市报》,2010 年 5 月 26 日,第 GC06 版。

③ 《富士康现象:劳动者异化的样本》,《南方都市报》,2010 年 5 月 23 日,第 TM01 版。

厂区里一幢幢厂房整齐敦实地竖立,除开顶上用英文字母和数字组合起来的序号,便几乎再没什么特质。厂房里的机器,仓库里的货箱,乃至流水线上着齐整工衣的工人们,也都是如此。[①]

图 6.1 富士康流水线上的女工(《南方周末》,2010 年 5 月 13 日,第 A01 版)

在这样的工作和生活环境中,人际关系变得极其冷漠,工人们成为彼此"熟悉的陌生人"。同时,由于这一体制对工人劳动价值的系统性剥夺,导致工人工资总体水平的低下。这种情况导致了这样一个悖论:为了能够获得更多的现金收入,在富士康打工的农民工们主动要求加班,"甚至要通过讨好线长、组长来实现这一点"。[②] 对农民工的经济剥夺最鲜明地体现在这样一个极具讽刺性的场景之中:

新开的手机店门口,销售员洋气地向围观的员工们展示着 iPhone,所有人都紧紧盯着他每一个"酷炫"的操作,像看着什么新奇。可事实上,富士康生产着包括 iPhone、iPad 在内的几乎所有知名品牌数码产品的配件,那"新奇"的机器每个部件都来自这些工人们之手,只是他们从未想过拥有最终的成品。[③]

根据上述描述,富士康自杀事件的主要原因应当是企业本身严酷的工厂体制模式,而非员工自身面临的压力和个人心理问题。根据这一"军事化工厂体制"框架,相应的解决方法应当是对富士康管理体制的改造和调整,特别是应该要提高员工的工资和福利待遇,废除工厂内部惩戒性的控制机制。作为对公众批评的回应,深圳地方官方工会对富士康的准军事化管理体制、高度等级化的内部官僚体制和将工作机器化的过分严厉的管理方法提出温和的批评。富士

① 《与机器相伴的青春和命运——潜伏富士康 28 天手记》,《南方周末》,2010 年 5 月 13 日,第 A02 版。
② 《富士康"八连跳"自杀之谜》,《南方周末》,2010 年 5 月 13 日,第 A01 版。
③ 《与机器相伴的青春和命运——潜伏富士康 28 天手记》,《南方周末》,2010 年 5 月 13 日,第 A02 版。

康应做的远不止是提供心理支持,同时应当解决其管理体系中存在的问题。[①]而富士康自身则在强调个人心理素质的原因之外,同时也采取措施向媒体开放其厂区,以试图改变公众舆论的态度。[②] 在其他行动者中,中央政府相关部门或派出调查小组,或对自杀事件表示悲痛之情;而作为富士康的主要商业伙伴之一而受到批评[③]的苹果公司,也派出调查组了解情况,同时也提高了富士康代工产品的补贴,以提高工人的工资水平。[④]

权利贫困框架与宏观体制归因

权利贫困框架超越了心理和工厂体制框架,进一步将富士康自杀事件看作改革时期威权主义市场化和发展主义策略下,关于一般农民工劳动制度以及基本劳动权受侵犯的普遍状况的更广阔社会现实的一种体现。农民工连环自杀的悲剧性事件,被看作现行制度安排的结果。这些制度安排将农民工置于匮乏基本公民权的不利处境,使之成为支撑以"中国制造"为标志的劳动密集型生产方式的廉价劳力大军。因此,透过富士康现象,人们需要反思的不只是时代压力下的个人心理素质和特定企业的工厂管理体制问题,更重要的是要反思总体的发展主义意识形态及其制度安排。

在所选的样本文章中,《南方都市报》发表的一篇评论文章明确地将自杀事件的原因归结为农民工在现行政治经济制度下的弱势地位。该文作者指出:

> 长期以来,我国的劳动力被当作一种纯粹的自然资源在使用,与发达国家相比,不但没有集体谈判工资的权利,更没有各种福利保障,以致有人得出了如下结论:在我国,呼吁保护环境是合法的,而呼吁保护劳动者权利事实上是不合法的。如果不改变这种现象,在笔者看来,即使把心理需求的重视和人文关怀的加强发挥到顶点,也无法从根本上消除员工自杀现象的再现。[⑤]

① 《富士康坠楼事件频发让人警醒》,《南方日报》,2010 年 4 月 14 日,第 A11 版;《富士康如何走出自杀阴影》,《人民日报》,2010 年 5 月 21 日,第 13 版。
② 《笨方法:富士康要建"天罗地网"》,《大河报》,2010 年 5 月 27 日。
③ 《郎咸平建议富士康改生产方式》,《新京报》,2010 年 7 月 8 日,第 B05 版。
④ 《苹果或补贴富士康代工产品》,《新京报》,2010 年 5 月 28 日,第 A20 版。
⑤ 《权利贫困是坠楼事件频发的根源》,《南方都市报》,2010 年 4 月 15 日,第 SA26 版。

因此，根据这种逻辑框架，问题的关键在于当今中国社会的威权发展主义模式所导致的劳动异化。富士康工人的困境实际上也是整个中国社会面临的问题。根据这样的观点，处于发展主义改革议程中的整个国家实际上是一个放大的富士康。在这样的社会模式中，公民只是被定义为具有资本增值价值的经济主体，个体的价值是通过其在创造财富和促进社会财富增长中具备的功能来加以衡量的。在国内和全球经济危机的背景下，国家的发展主义议程受到质疑：农民工通过其艰苦的劳动和巨大牺牲，为实现国家的经济发展的目标做出了巨大贡献，但其自身的财富却以最低的速度积累。《时代》杂志曾把中国农民工赞誉为拯救全球经济危机的英雄和 2009 年度人物。① 但是，正如《南方周末》一位记者所言，通过对富士康自杀事件更为细致的考察，可以发现，《时代》杂志所称赞的中国工人的“坚毅”，实际上“却是忍耐机器异化、资本侵蚀所必需的品质”。于是，“当电脑、手机、汽车，每一样商品都成了资本的产物，汗水、青春，乃至生命，每一样代价也被资本消耗殆尽”。② 斯蒂夫·乔布斯的员工所处的创造性和自我满足的工作状态与身处中国模式下制造苹果产品的富士康员工的压抑生活之间的鲜明对比，清晰地解释了这种悲剧的根源。正如一位学者所指出的那样，中国经济增长的方式是以牺牲基本劳动权利为代价的：

> 我们以“农民工”的身份为借口，以平均低于第三世界的工资水平来支付他们的劳动报酬，使他们无法在城市中安家生活，漂泊徘徊于城市与农村之间，过着无根无助、家庭分离、父母无人照顾、孩子缺乏关爱的没有尊严的生活。③

因此，正如许多评论者所指出的，解决问题的办法应当是采取有效的措施改革现行的二元户口制度，促进城乡融合，以及保护基本的劳工权，包括在一定限度内允许农民工组织化利益博弈活动的逐步合法化。④

---

① ‘Person of the Year 2009：The Chinese Worker’，取自 http://www.time.com/time/specials/packages/article/0,28804,1946375_1947252_1947256,00.html，检索日期：2011 年 7 月 18 日。

② 《与机器相伴的青春和命运——潜伏富士康 28 天手记》，《南方周末》，2010 年 5 月 13 日，第 A02 版。

③ 《富士康的反思有些简单》，《大河报》，2010 年 5 月 27 日。

④ 《跳楼的他们不该无助》，《人民日报》，2010 年 5 月 21 日，第 13 版；《组织化的工人方能成为强者》，《大河报》，2010 年 5 月 28 日；《劳动保障：实现体面劳动的必须》，《工人日报》，2010 年 5 月 29 日，第 6 版；《“维稳必先维权”亟待做实》，《东方早报》，2010 年 5 月 31 日，第 A22 版。

归纳而言，上述分析考察了与富士康员工自杀事件紧密相关的三个主要框架。其中，富士康本身以及相关官方行动者采取了心理压力框架，把问题定义为主要是个人心理健康议题。以一种社会达尔文主义意识形态为基础，把农民工视为应对这些悲剧性结果负责的主要行动者，因为正是他们自身的身体和心理缺陷导致了他们不够坚强，无法适应社会环境的变化带来的压力和挑战。这与第四章所讨论的“素质”意识形态逻辑保持高度一致，即认定农民工群体在内在人口的心理素质上处于比较“低下”的状态，这更进一步在其身体物理属性的低市场定价基础上增加了对农民工群体精神属性的“劣等的”他者化定义。考虑到农民工群体弱势地位形成的制度基础是国家权力支撑的次等公民权地位与资本剥夺相结合的产物，官方和资方立场代言人采取这种内在素质归因的个体化解释框架也就不足为奇，因为这样可以遮蔽这些悲剧的制度性成因。相比之下，军事化工厂体制框架把这种心理学话语从个体化和去语境化的科学框架中，重新语境化到一个更为复杂的生命权力和工厂体系的规训网络之中。采取这一框架的多是采取独立调查方法对农民工生存出境进行详尽描述的非政府组织机构和具有新闻专业主义倾向的市场化媒体。通过调查报告和媒体话语形式，他们对集权工厂管理体制给工人带来的诸种影响进行了生动再现和解释。根据这一框架，事件责任的最主要承担者应该是资方。农民工群体的悲惨处境是全球资本利益驱动的高度机械化的非人化生产体制压制的结果，农民工生存状态的去社会化和工具化导致社会疏离、抑郁等心理危机，从而引发了连锁的激烈对抗性反应。在此基础上，权利贫困框架进一步推动了相关讨论向宏观的劳动体制的现实问题转变，在工厂体制的基础上进一步深入到对公民权制度缺陷的批判思考。呈现这一框架的多是市场化报刊发表的一些知识界人士的评论。根据这一框架，富士康事件所表明的远不只是个人心理素质或工厂体制本身的问题，而是这样一种悲剧性现实：正是以基本民权为代价换取资本利益的“中国模式”的一般制度逻辑，将中国农民工群体定义为国家的“贱民”，从而使其成为成本极低的经济发展和资本积累任意摆布的廉价生产力要素，并由此引发了以自杀为表征的底层消极抗争。

“穷二代”的再生产:关于农民工子女就学问题的公共讨论

背景

农民工子女教育问题是与农民工相关的诸多重要议题之一。与公共服务的许多其他方面相同,中国社会的教育系统也根据不同行政级别和户口类型被等级化。作为最基本的福利权利之一,一个人接受教育的权利与其户口辖区相捆绑。这意味着人们只能在其户口所在地区接受公共教育。这样的制度安排大体上是计划经济时代政治经济秩序的遗产。正如前文所讨论的,户口制度导致了在不同辖区间和城乡地区间经济发展以及社会资源分配的极度不平衡。就教育来说,高度不平衡的资源分配制度,已经使得不少农村地区的教育接近破产的边缘,而绝大多数高质量资源则被投入城市教育中。

这种差别和不平衡,在前改革时代得到了很好的维持,因为在那时,城乡社会基本上处于完全隔离的状态。但是随着改革开放的推进,数百万农民工进入城市,这样的教育差异、资源的不公正分配以及城市教育资源的垄断开始成为一个严重问题。对绝大多数有孩子的打工者来说,都必须在是将孩子留在家乡还是带他们一起入城之间做出选择。前者称为“留守儿童”,而后者称为“打工子弟”。根据全国妇联课题组 2013 年发布的《我国农村留守儿童、城乡流动儿童状况研究报告》,中国农村留守儿童和城乡流动儿童总数已超 9 600 万,其中农村留守儿童 6 102.55 万,城乡流动儿童 3 581 万(全国妇联课题组,2013)。在现行世袭户口制度下,所有这些民工子女出生时都继承其父母的公民权类别,成为农业户口居民,这实际上决定了他们天生的次等公民地位,跟随父母流入城市的农民工子女同样无法获得包括教育在内的城市公共服务资源。

为了回应公共批评,中央政府制定了各种政策措施,敦促地方政府对相关政策进行松绑,试图逐步解决这些问题。中央政府分别于 1998 年和 2003 年颁布了两个以农民工子女为目标人群的政策文件:《流动儿童少年就学暂行办法》[①]和《国务院办公厅转发教育部等部门关于进一步做好进城务工就业农民子女义务教育工作意见的通知》[②]。同时,农民工子女教育问题也被列入中央政府的《中国儿童发展纲要(2001—2010年)》。[③] 但所有这些政策文件大体上停留在一般的指导层面,没有提出具体的强制性要求。同时由于这些政策会大幅增加地方政府的财政开支从而损害其所代表的城市群体的既得利益,因此受到不同程度的抵制或漠视。只要户口制度依然占据主导地位,城市政府采取的大多数"改革"措施一般都停留在表面。为了让自己的孩子能够在公立学校获得借读的机会,农民工往往必须要与内部人士有特别的关系,通过权力寻租的方式来实现其目的。但对大多数底层农民工来说,拥有这样的关系基本是不可能的。因此,户口制度和金钱的结合将绝大多数农民工子弟排除在城市公共教育体制之外。这一教育服务的巨大空白,为快速涌现的非法民工子弟学校的发展提供了空间。但由于其非法性质,这些学校始终受到城市地方政府经常性的打击和整顿。国家权力和与民工子弟教育相关的民间力量之间的激烈冲突和对立不断出现。在这样的背景下,农民工子女的平等教育权和将这些孩子排除在城市教育资源之外的户口障碍之间的摩擦,成为城市社会冲突和公共论争的持久来源之一。

媒体报道和公共论争

农民工子女教育问题是与民工问题相关的媒体话语中争论最多的议题之一。如表6.1所示,在所选文章中,党报的报道要比都市报的报道量多些。尤其是《北京日报》,有17篇文章成为样本,是党报中数量最多的。但对新闻主题的分析表明,几乎所有这些文章都是关于北京市政府采取的积极措施及其成果,而对持续存在的针对民工子弟学校的限制性政策以及农民工对此的抵抗则完全没有提及。这种情况在《解放日报》的报道中同样存在。相比之下,《南方

① 取自 http://www.moe.edu.cn/publicfiles/business/htmlfiles/moe/moe_621/200409/3192.html,检索日期:2011年8月23日。

② 取自 http://www.gov.cn/zwgk/2005-08/14/content_22464.htm,检索日期:2011年8月23日。

③ 取自 http://www.edu.cn/20011009/3004216.shtml,检索日期:2011年8月23日。

日报》在报道外地个案时采取了相对批判性的立场，但对本地情况则转换为积极肯定的立场。而两大民工输出地省委机关报《四川日报》和《河南日报》，则对农民工输入地的相关政策持有相对批判的立场。就都市报而言，《新京报》有 20 篇成为样本，而其余报纸的报道数都低于 10 篇。这些文章从不同的角度对民工子女教育问题的多个方面展开讨论。

总的来说，在与农民工子女教育问题相关的公共论争中，主要利益相关者包括不同的党政部门，即中央政府、农民工输出地政府、农民工输入地政府，以及社会领域的行动者，包括民工子弟学校的运作者、农民工及其子女、非政府组织，以及其他能够在公共媒体中占据一席之地的舆论领袖。这些行动者使用了不同的框架，来定义这一议题，并对相关责任和解决之道提出各自的主张，即谁应对当前的问题负责，解决这些问题最可行的措施又是什么。就此而言，本节考察的重点是不同话语主体如何参与到对农民工的基本社会权利(在此处指的是平等的教育权)的话语建构之中并彼此展开竞争的。

对所选媒体文本的分析表明，与民工子女教育相关的话语中主要存在两种话语包。第一个与社会排斥和穷二代的社会再生产相关。此处关注的焦点是作为新一代“贱民”的农民工子女的再生产，如何在话语层面被合法化或受到质疑。另一个话语包是关于私立民工子弟学校的合法性问题以及其政府的相关责任。具体而言，此处考察的是不同言说者的不同逻辑框架，其目的是要指明不同的言说者提出了什么样的论证，以此来合法化或质疑相关政府政策。同时要考察的，还有不同话语主体，如何就平等的公民教育权和政府在改革现行制度中的责任等问题展开话语论争。

“穷二代”的再生产

不少媒体报道的篇幅都集中在农民工子弟在日常生活中经历的歧视性待遇和社会排斥，以及这些制度和文化排斥机制如何导致向上的社会流动被阻断，从而固化代际地位转移。一般认为，教育是底层阶层成员改变其社会地位的最基本的资源之一。但对农民工子女来说，他们的户口类型使其处于二等公民的地位，无法获得城市公共教育资源。对这些农民工子弟来说，他们很可能已经输在起跑线上。[①] 户口制度的各种负面效果,成为针对农民工子女的各种歧视的源头,包括城市公立学校对农民工子女的排斥,城市政府对私人主办的民工子弟学校的系统性压制,以及来自城市主流社会的文化和身份歧视。

由于户口制度,农民工子女通常没有资格在民工输入地公立学校就读。之所以如此,是因为教育资源的分配是以特定行政辖区内"户籍人口"的数量为基础的。而农民工及其子女不是流入地本地"户籍人口",因此无权享受本地公共服务资源。这一逻辑的基本框架是:因为城市资源是有限的,为了保证本地户籍人口的福利得到优先保障,农民工对这些资源的获取,必须受到限制。对城市决策者来说,现存的二元城乡户口制度,是他们制定各项政策的制度基础。在他们看来,"以前农民甚至不能流动到城市里来,现在来干活是可以的,但迁徙自由之外并无定居即落实户口的自由,你无法享受城市的社保待遇和子女受教育权利;即使下一代出生在城里也仍是'农民'"。[②] 虽然在近几年,有部分入学指标可以留给农民工子女,但通常必须缴纳大笔赞助费,并需要准备众多申请材料,才能够顺利入学。[③] 一些地区推出了"积分制"以缓解农民工子女的教育问题。但由于门槛过高,这些政策的实际效果很有限。[④] 同时,城市政府采取不断关闭民工子弟学校或将

图 6.2　民工子女与具有城市户口的本地学生

---

① 《穷二代:别让我输在起跑线》,《人民日报》,2011 年 3 月 31 日,第 18 版。

② 《民工子女愁高中,为什么呢》,《四川日报》,2008 年 2 月 20 日,第 B03 版。

③ 《求学梦,在困境中前行》,《人民日报》,2010 年 3 月 1 日,第 12 版;《在农民工子弟徐晓支教的日子》《工人日报》,2010 年 12 月 13 日,第 4 版;《北京 30 所打工子弟学校受到关停通知,影响 3 万名学生》,《新京报》,2011 年 8 月 16 日;《分流学生报道仍被索"五证"》,《新京报》,2011 年 8 月 17 日,第 A08 版。

④ 《为了让农民工子女上好学》,《工人日报》,2008 年 11 月 23 日,第 1 版;《应建立积分制,打工子弟按分入学》,《北京日报》,2011 年 3 月 13 日,第 3 版;《外来工子女积分入学,看上去很美,实际效果有限》,《南方都市报》,2011 年 7 月 26 日,第 GS12 版;《外来工子女,遭遇入学困境》,《南方日报》,2011 年 9 月 1 日,地 A13 版;《大理试水外来工积分入学》,《南方日报》,2011 年 11 月 2 日,第 A09 版。

其吸纳入官方教育体系的压制行动，成为另一种形式的社会排斥。绝大多数农民工子女学校都不是经过注册的合法学校，因此很容易成为官方打击的对象。通常，其本身的非法性质和劣质的教学设施，是城市政府关闭这些学校的主要理由。尤其是当"一个地方要被开发，往往意味着在那里蜗居的农民工就要离开，农民工子弟学校也会被拆除，孩子就要到更远更偏僻的地方上学。"①

除了上述两个方面以外，来自城市主流社会的文化和身份歧视同样也对农民工子女的身心健康产生深刻的负面影响。绝大多数公立学校都不愿接受农民工子弟。根据《工人日报》一位评论者的看法，这主要有三个方面的原因：

> 首先，遭到就读的城市户籍家庭反对，认为校风、学风会被打工子弟"带坏"。其次，具体办学者担心给办学带来麻烦，影响本校的教育平均水平和升学率。打工子弟进入公办学校，确实会给原有办学带来冲击。……再次，城市管理者担心把打工子弟求学问题解决得太好，会使城市成为"教育洼地"，导致更多打工子弟涌入，让城市不堪重负。就是有条件，也应制造"障碍"，让打工子弟不那么顺利入学。②

显然，农民工子女在这里被描述为对城市主流人群既得利益构成威胁的"入侵者"，并以十分直白的方式将农民工子女定义为先天"素质低下"的群体，其在城市公共教育空间的存在将会对"优秀的"城市孩子产生负面影响。这种将农民工子女与其父辈一同标记为"劣等"类型的本质主义叙事，将农民工子女群体总体学业表现不佳的现实自然化为一种代际相传的阶层内在素质问题，而非长期系统性的教育权利剥夺的社会性后果。即便是农民工子女能够顺利进入公立学校就读，基于本质主义逻辑的身份歧视也会继续延伸到课堂之中。课堂复制了广义社会空间的等级化公民权制度。作为"借读生"，他们在学校体制的权力等级体系中，始终处于边缘者和二等成员的地位。在许多方面，民工子弟与城里孩子受到的待遇不同。例如，民工子女和本地学生的班级是彼此隔开的。在某些情况下，一旦农民工子女占据了主导地位，本地学生几乎会全部更

---

① 《随迁入城，渴望一张安稳的书桌》，《工人日报》，2009 年 12 月 3 日，第 5 版。

② 《打工子弟城市就学的障碍在哪里》，《东方早报》，2011 年 8 月 22 日，第 A22 版。至于第三个原因，北京市政府官员向媒体明确表达了他们的担忧，参见《北京将尽力接受打工子弟入学》，《新京报》，2010 年 1 月 25 日，第 A09 版。

换学校。所有这些形式的歧视和排斥,导致农民工子女处于一种被忽略和与其他学生相互隔离的状态之中,从而给他们留下心理创伤和社会身份暗示。因此,很多农民工子女存在严重的身份危机,发现自己既难以完全融入城市主流社会,也无法彻底退回到原有的生活状态之中。其结果是,自我抛弃和自卑感成为农民工子女群体中的普遍现象。因此,正如相关报道所指出的,农民工子女教育问题需要严肃地加以解决,因为如果这些孩子带着心理"缺陷"长大,将会成为潜在的社会不稳定因素。[①]

这样,通过维持系统的社会排斥机制,农民工和其子女间的代际社会地位转移在很大程度上被固化了。教育体系中的社会排斥至少部分实现了对作为廉价弱势劳动力资源的农民工的再生产。农民工子女在城市社会的边缘地位和"他者"身份,充分体现在制度上和空间上都被边缘化的民工子弟学校所处的不稳定状态,同时也体现在他们在公立学校遇到的歧视性待遇。这些儿童实现自我发展的途径因此受到严重限制,以至于他们常常主动或被动地退回到其所属的亚群体文化之中。这种亚文化一方面以一种对主流价值的抵抗形式存在。但在另一方面,正如威利斯(Willis,1977)对年轻工人阶级成员的研究所表明的那样,这种文化也可能会讽刺性地进一步强化和再生产其边缘阶级地位。

"黑学校"与政府责任

农民工子弟学校的合法性问题是关于农民工子弟教育的公共论争中的核心问题之一。所选的报纸文章大多数聚焦于这些学校之所以存在的原因,以及如何理解地方政府针对这些学校采取的政策措施。地方政府为了合法化其整顿农民工子弟学校的做法,通常会把大多数此类"黑学校"定性为非法,有些学校甚至因为其低质量的教学、不符合标准的设施或者管理上的不规范行为等,而被认为具有极大的危险,是对正常教育秩序的破坏,必须立即关闭或加以整

---

① 《农民工子女高中的课桌在哪里?》,《人民日报》,2008年2月19日,第11版;《外来娃,在京"借读"好尴尬》,《工人日报》,2009年9月17日,第5版;《随迁入城,渴望一张安稳的书桌》,《工人日报》,2009年12月3日,第5版;《打工子弟学校校长:我有一肚子话要说》,《工人日报》,2010年12月26日,第1版;《当平权运动遇上市民权利》,《东方早报》,2011年8月24日,第A23版。

改。在这些理由中,危房或其他潜在安全漏洞成为最常见的实施整顿的理由。①

相反,市场专业主义导向的都市报和倾向于改革的意见领袖则提出这样的问题:为什么这些学校有存在的空间?在处理私立的农民工子弟学校问题时,应当采取什么样的策略是合适的?根据这些观点,正是制度性的排斥和政府在为农民工提供基本公共服务方面的不作为,才使得这些私立的民工子弟学校有了存在的空间,在城市的边缘地带迅速繁荣起来。与公立学校的高门槛和高昂成本相比,这些私人主办的学校学费极低,且入学十分容易。同样,与公立学校中的歧视性做法不同,在民工子弟学校中,尽管存在教学质量低下和设施简陋等问题,但所有学生都来自农民工家庭,拥有类似的社会背景和生活经验。因此,学生受到的对待也是相对平等的,他们不会有被排斥的感觉,也有更多的机会逐步实现自我的社会化。②

图 6.3 北京一所农民工子弟学校的教室(《新京报》,2011 年 8 月 3 日,第 A11 版)

① 《甘肃首个农民工子弟学校前途堪忧》,《工人日报》,2007 年 5 月 30 日,第 8 版;《"非法"农民工子弟学校被叫停》,《南方都市报》,2009 年 7 月 2 日,第 FA36 版;《我可以不办打工学校,但必须把学生分流好》,《南方日报》,2011 年 8 月 23 日,第 A19 版;《打工子弟的完美结局是什么》,《新京报》,2011 年 9 月 3 日,第 B02 版;《一所简陋学校隐藏着 260 多个希望》,《大河报》,2011 年 12 月 1 日,第 C09 版。

② 《农民工子弟校成"黑校"背后的困境》,《工人日报》,2007 年 2 月 1 日,第 5 版;《除了简单取缔,还有更多要做的事》,《工人日报》,2011 年 6 月 8 日,第 3 版。

但是,民工子弟学校只是被视为在公共教育服务资源匮乏的情况下的一种次优或替代性选择。虽然在都市报中对民工子弟学校的描述总体上是正面的,但是同样也有一些调查报道深入挖掘这些学校存在的诸多问题。例如,《南方周末》发表的一篇报道调查了民工子弟学校的主办者利用其边缘身份来获得公众同情和捐助的做法。国家权力和农民工子弟学校之间的冲突有时候也为这些学校的主办者提供了通过吸引媒体和公众关注来维护其自身利益的机会。在许多这样的媒体报道中,唱主角的往往是这些学校的主办者,而学校的教师、学生以及家长的声音,则相对较少。有学者甚至将某些民工子弟学校的状况形容为一种恶性循环:"越是教学条件恶劣,越是能博得同情,可以获得更多的社会捐助"。另一位专家则认为,公众不应当只是责备这些学校主办者的牟利倾向,同时应当理解这些现象存在的原因在于政府没有切实履行其为民工子女提供公共教育服务的职责。因此,关闭这些学校的前提应当是"政府有能力把学生安置好。比起没学上,起码这些民办学校给了孩子最后的选择"。[①]

其他市场报也持有类似的观点。政府针对民工子弟学校采取的铁腕政策受到这些媒体的批评。《新京报》的一篇社论认为,学校校舍不应当被看作普通的非法建筑,因为它们与数百万农民工子弟的命运紧紧相关。[②] 在《华西都市报》的一篇评论文章中,作者问道:

> 对待打工子弟学校,有必要像对待瘟疫一样,今天下关停通知,明天学校即成瓦砾吗?打工子弟学校不拿政府一分钱补贴,却同样在干着培养人才的事,关停取缔怎么就成了"一致的政策方向"?……大多数城市的公立学校都不给他们解决问题,所以打工子弟学校才大面积应运而生。城市管理者理当对这些打工子弟学校代为分担教育责任心存感激才是。若要取缔此类学校,至少也应先给这些孩子们安排一个去处。不能将学校关了就算完事,对学生此后何处就读却撒手不管。[③]

因此,根据这些观点,正确的做法不应是不加区别地一律关停这些学校,而

---

① 《穷孩子遭遇问题学校——打工子弟学校的另一面》,《南方周末》,2011 年 8 月 25 日。
② 《打工子弟学校,应"无安置不关停"》,《新京报》,2011 年 8 月 17 日,第 A02 版。
③ 《打工子弟学校不能想关就关》,《华西都市报》,2011 年 8 月 17 日,第 7 版。

是“加强对这类学校办学方式的管理监督，强化对办学者的教育培训和监管，对这些社会力量进行规范引导，可让其成为填补北京公办学校资源不足的有生力量”。① 其他人则呼吁政府采取更为开放的态度，支持民工子弟学校的发展，增强民间教育的力量。② 与此同时，有观点认为，农民工子女教育问题不应当只是从实用主义角度来理解。例如，不少地方政府推出的相关政策，鼓励农民工子女就学本地职业学校，原因是这些学校在本地的生源匮乏。对此，《大河报》的一位评论作者认为：“在面对农民工群体时，能够用权利思维代替实用思维，主动地给予农民工机会，完整地保护农民工权益，逐渐地实现权利的平等，而不是出于实用的有限开放。”③

综上所述，与农民工子女教育问题相关的公共论争的第一个主要方面是对农民工子女的社会排斥及其对这些儿童的社会融合和社会流动产生的负面影响。大多数评论者都认为，在现行户口制度度下，农民工子女受到严重的歧视，并被排斥于主流城市社会之外，这一现实导致了这些儿童内在的自卑感和社会冷漠。这可以视为是一种文化抵抗的形式，但同时也可以是促进第二代底层农民工再生产的要素之一。第二个方面是关于私立民工子弟学校合法性的问题。这些学校被城市政府视为麻烦制造者，但市场导向的都市报媒体和公共舆论领袖则对它们有相对公允平衡的评价。总的来说，这些观点认为，所谓“非法的”农民工子弟学校不应当成为城市政府用来逃避其为民工子女提供教育服务的责任的借口或挡箭牌。

草根偶像：身份建构与文化实践

背景

本章的最后一节将简要分析农民工公民权文化维度的媒体建构，分析的个案是近几年出现的农民工草根偶像参与大众媒体文化生产实践（例如，央视春

① 《打工子弟的完美结局是什么》，《新京报》，2011 年 9 月 3 日，第 B02 版。
② 《民办学校岂能“公办”了事》，《南方都市报》，2008 年 7 月 4 日，第 FA34 版。
③ 《以权利思维促进教育更加开放》，《大河报》，2011 年 3 月 2 日，第 A05 版。

晚）的现象。这里要考察的重点是农民工的草根文化实践如何被整合到全国性的电视节目生产过程中，以及这些现象在媒体话语中又是被如何呈现的。

文化公民权与自我的塑造和生存感建构的过程息息相关（Ong ct al.，1996）。在过去的几十年中，中国农民工经历了代际变迁，出生于 1980 年代和 1990 年代的新生代农民工逐渐取代了上一代人，日益成为农民工劳动力的主力军。正如前文已经指出的，这些新生代农民工是在中国进入快速市场化和日益融入全球化发展的背景下出生和成长起来的。技术和文化的新形式已经冲击了人们传统的生活和文化表达方式。对农民工来说，同样如此。与其父辈将文化需求最小化的做法不同，尽管依然存在阶层间的巨大经济和文化鸿沟，新生代农民工能够通过手机和网络获得更多文化产品，从而在这一群体中逐渐孕育了一种自我表达的文化冲动。近年来，越来越多的农民工积极参与到亚文化以及公共文化实践中，其形式多种多样，包括打工文学、民工合唱团、民工街舞团、民工乐队、民工歌手和民工春晚。一些农民工甚至建立了民工博物馆，目的是记录自己的历史，以免被人代写、改写或误读。[①]

在执政党一国家建设和谐社会和文化空间日益市场化的背景下，农民工文化实践的新现象迅速吸引了全国媒体的关注。自从 2007 年来，农民工形象开始出现在中央电视台春节联欢晚会的舞台上。由于过去几十年内在塑造媒体和大众文化方面的巨大影响力，春晚在中国的媒体文化中具有十分特殊的地位。它不仅是一种特殊的电视娱乐形式，同时也是国家意识形态的传达者。除夕之夜的传统家庭聚会与媒体事件狂欢的形式相结合，有效地将民族主义话语嵌入到家庭团圆的隐喻之中，从而服务于维持国家主导的意识形态秩序。因此，春晚实际上也是一种媒体仪式。通过这样的仪式，想象的和谐民族共同体在家庭、本地、全国和全球维度的不同语境中建构起来（Lu，2009；Pan，2010；Zhao，1998）。

农民工与春晚

在早年的春晚中，对包括农民工在内的流动人口的表现大多是负面的。比

---

① 《我们的历史自己记录，请勿代写、改写或误读》，《工人日报》，2011 年 5 月 30 日，第 4 版。

图 6.4　2007 年春晚:《心里话》(来源 CCTV)

如,1990 年的小品《超生游击队》将试图逃避国家一胎化政策的农村流动人口描述为荒谬无知的形象。但真正的农民工群体直到很晚才真正登上春晚的舞台。2007 年,一群来自北京某民工子弟学校的儿童出现在春晚,朗诵了一首题为《心里话》的诗歌。在该节目中,这群农民工子弟背后的舞台背景大屏幕上显示的是蓝天下的向日葵。这里,向日葵这一视觉元素是一种典型的指代儿童的政治隐喻。(图 6.4)在节目中,孩子们念道:

要问我是谁,
过去我总不愿回答,
因为我怕,
我怕城里的孩子笑话。
我们的校园很小,
放不下一个鞍马;
我们的校舍简陋,
还经常搬家;
我们的教室很暗,
灯光只有几瓦;
我们的座椅很旧,
坐上去吱吱哑哑;
但是我们作业工整,
我们的成绩不差,
要问我此刻最想说什么,
我爱我的妈妈,我爱我的爸爸,
因为是妈妈把城市的马路越扫越宽,

因为是爸爸建起了新世纪的高楼大厦。

……

作文课上 我们写下了这样的话,

别人与我比父母,我和别人比明天!①

现场和电视机前的观众满含热泪地聆听这些民工子弟的朗诵。通过这种形式,民工子弟受歧视的经验现实,被转化为关于希望和爱以及讴歌作为城市建设者的农民工的煽情叙事。由此,在象征层面上,农民工被接纳为通过春晚话语建构起来的民族共同体的成员之一。在这样的叙事中,没有人被排斥在民族国家大家庭的温暖之外,对未来充满希望的积极精神安全地置换了民工子女所承受的等级化公民权待遇和广泛的制度与文化歧视的现实。对农民工群体及其后代所遭遇的不公正现实的制度根源的追问被温情的人伦叙事所取代。

2011年,农民工的形象和主题再次出现在春晚的舞台上。其中包括农民工二人组合"旭日阳刚"。该组合于2010年8月在视频分享网站发布了一个自制的音乐视频后,迅速获得极高的知名度。在该音乐视频中,两位农民工歌手演唱了知名歌手汪峰原作的歌曲《春天里》。视频拍摄的场景是一个民工宿舍的房间,两位歌手则赤裸上身。(图6.5)这样的场景对中国社会无数曾经历过底层生活的人来说,是十分熟悉的。

图6.5　农民工二人组合:"如果有一天,我老无所依"

副歌的歌词唱道:"如果有一天,我老无所依,请把我留在,在那时光里;如果有一天,我悄然离去,请把我埋在,这春天里"。歌手模仿原作歌手汪峰的唱腔以几乎是嘶喊的方式唱出这几句歌词,配以演唱者的底层身份和表演所处的简陋场景,极大地强化了情绪渲染的力量。在这里,汪峰的原作音乐文本的语

① 诗歌正文参见网络视频 http://v.youku.com/v_show/id_XMjE4MzYxMg==.html,检索日期:2011年9月14日。

境，从对怀旧的伤感情绪的一般音乐表达，置换为农民工日常的典型生活场景，以及这种场景所表征的更为广阔的中国社会底层生活困境。这样的语境移植，将一首普通的流行歌曲与绝大多数处于流离颠沛状态的底层普通人的日常生活经验联系起来，从而赢得了巨大的心理共鸣。该视频在网络上迅速蹿红，获得了其原作未曾获得的巨大影响力，在当时国内最大的视频分享网站上被观看了260多万次。① 许多观众的评论都表达了他们在观看此视频时的强烈感受。显然，这一视频，包括其内容和形式，都会让人想起普通人在迅速变化的中国社会中的日常奋斗的艰辛，以及那种对未来迷茫无助的愁苦情绪。特别是对包括农民工在内的底层社会成员来说，这样的体会更深，正如下列具有代表性的网友评论所表达的那样：

- 又看了两遍，我是爷们也会哭，我70后，也做过农民工，现在还在北漂，虽然现在比原来好多了，但光膀子，夏天抽烟，尤其那个门帘子，太熟悉了，就像原来自己住过的地方。
- 求生存的悲壮与凄凉透过歌声流露，他们唱出的是千千万万你我这样人的声音。感动！每每观看这段视频都会流泪。
- 打开视频跟着唱了好几遍。只有草根和不屈生活的人才能感动地流下眼泪。虽然歌曲本身比原唱要差。都是这首歌却带着灵魂。
- 已经不清楚这是第几次看这个视频了，但每次看都给我深深的感动。赤膊，空啤酒瓶，杂乱的房间，还有那点燃的香烟，还有那屋外跑过的火车，这些都是我们现在正在经历的。每次都会忍不住想"如果有一天，我老无所依"，我会在哪？

几乎是一夜之间，该视频迅速流行开来，获得无数赞誉，甚至连湖南省委书记都为之感动洒泪。② 很快，"旭日阳刚"获得了主流媒体的关注。最终，该二人组合被邀请到2011年央视春晚的舞台表演《春天里》。在此之后，他们迅速被纳入到主流娱乐产业，谋求演艺生涯的更大发展。但讽刺的是，根据市场的逻

① 参见 http://v.youku.com/v_show/id_XMjIwNjIwNDI0.html，检索日期：2011年12月12日。
② 《民工组合"最底层的呐喊"唱哭湖南省委书记》，《华西都市报》，2010年11月12日，第12版。

辑,他们的知名度必须通过不断挖掘、开发和消费其特定的草根身份,因为正是这种身份使得他们与众不同,从而在文化市场中具备了资本青睐的商业价值。尽管如此,农民工获得知名度,在极短时间内成为大众明星式的人物这一现象本身,已经带来了大量关于他们的农民工出身背景和底层文化表达的媒体报道和公众讨论。

就媒体对“旭日阳刚”现象的报道来说,绝大多数报道关注的都是其娱乐价值。因此,大多数所选的媒体样本文章都发表在报纸的娱乐版,主要报道的是草根偶像的话题和该二人组合与成名歌曲原作者之间的版权纠纷。[①]总体来说,这一现象被定义为对遗失、伤感、希望、信念和底层共有的生活经验的积极文化表达。《人民日报》一篇文章认为,“旭日阳刚”是我们中的一员。正是他们“非专业的”表演在普通人中唤起了巨大共鸣。他们的演唱中所表达的面对困难的积极态度是最珍贵的品质。[③]在《工人日报》的一篇评论中,作者认为:

图 6.6　农民工二人组合“旭日阳刚”在 2011 年央视春晚舞台上[②]

> 他们唱出了身居社会底层,但对梦想执着追求的生命力。……当他们在出租屋光着膀子用音乐表达心声的时候,他们或许没有意识到,他们会被作为农民工的代表而受到高度关注。……围观的人群中,我们每一个都是在场者,都是一段历史的亲历者。我们有着相近的经历、梦想,相近的失望、悲伤,也有着相近的“执着追求的生命力”。……这首歌以及围绕这首歌发生的故事,其实更是一个人群、一段历史的表

---

① 《哪里才是草根明星的舞台?》,《北京日报》,2011 年 2 月 8 日,第 12 版;《没了“春天”旭日阳刚去哪里?》,《南方都市报》,2011 年 2 月 13 日,第 AA15 版;《再美的春天也需尊重版权》,《南方日报》,2011 年 2 月 14 日,第 F02 版;《草根明星还难走进“春天里”》,《解放日报》,2011 年 2 月 17 日,第 5 版;《在“本色”和“星味”之间去向何方?》,《南方日报》,2011 年 3 月 6 日,第 16 版。

② 参见 http://v.youku.com/v_show/id_XMjQxMjc1NTc2.html,检索日期:2011 年 9 月 14 日。

③ 《每个人都能走进“春天里”》,《人民日报》,2011 年 2 月 10 日,第 4 版。

> 达和记录。在城市化浪潮席卷之下，漂泊已经成为一种常态。时间的推移、空间的变化，需要艺术上的表达。这种表达是主动的抒发、自由的流露，而不是被代言。①

一些文章将这一现象与关于改善底层人群的生活条件和福利的关切联系起来。《解放日报》的一位作者指出：

> 他们唱出了一些人群的心声，或是农民工、或是农村贫困人口、城镇失业下岗职工、城里从事底层工作拿着微薄薪水的打工仔，抑或是“蜗居”在城乡结合部的大学毕业生“蚁族”。读懂了他们的歌，便能体味那份民生情怀。……“老无所依”、“悄然离去”，反映了弱势群体的一种恐慌心理。弱势群体是在市场竞争中、在社会财富和权力分配过程中遭遇不公平，或是没能获得良好机会，而处于边缘地位，经济收入、社会地位低下，话语权不足。②

但这一现象产生的后果却是悖论性的。一方面，通过媒体，草根偶像的表演及其所传达的心声能够得到更多人的关注，从而可以激发公众对农民工和其他边缘群体议题的更多的了解。但与此同时，这些草根偶像的文化参与也冒着被纳入商业文化机制，从而消解原有的文化身份表达意义的风险。这种商业化运作机制将其边缘身份包装为文化卖点，这会不可避免地反过来对其原初的文化真实性产生解构作用。这导致了自相矛盾的结果：最初促成其获得公众影响力的文化表达目的，最终被商业动机所置换。③

在现有的公民权制度安排下，中国社会尚缺乏能够容许各种次文化群体建构独立自主的文化生产和表达空间的制度性条件，对包括农民工在内的弱势群体而言，这一问题显得更为迫切。这并不是要否定农民工群体努力建构自身文化身份的种种努力，实际上，近几年来，北京皮村农民工文化团体举办的农民工春晚，在得到了诸多主流文化力量的支持下，已经连续举办了四届。这些文化

---

① 《记住春天里对梦想的执着》，《工人日报》，2010 年 11 月 16 日，第 3 版。

② 《春天里不要听过就忘》，《解放日报》，2010 年 11 月 28 日，第 2 版。

③ 《旭日阳刚被招安的命运》，《南方周末》，2011 年 2 月 25 日，第 F30 版。

实践试图在国家舞台的边缘地带，建构一个属于农民工群体自身的文化舞台。[①] 但正如上述个案所分析表明的那样，这类文化实践的话语策略和群体主体性极易受制于主流意识形态和强大的资本逻辑的影响，其最终所能产生的社会意义和文化价值，特别是能在多大程度上改变农民工群体公民权和文化身份在象征层面的弱势状态，真正在主流话语空间中突出农民工群体自己的声音，都是一个有待解答的疑问。

总结而言，本节通过农民工对主流文化的挪用及其参与到主流媒体文化生产的个案分析，简要考察了农民工公民权的文化维度。起源于草根背景的文化形式在推动替代性文化表达，并促使其获得公众认同的过程中，扮演着重要的作用。这些非主流的文化表达形式，不仅表达了边缘群体自己的文化身份，同时也激发了公众对自身以及他人，特别是文化行动者所代表的群体的处境的认识。农民工在春晚电视舞台上的表演，在意识形态上象征着民族共同体和祖国大家庭的包容性，具有十分突出的政治仪式属性。但在另一方面，主流媒体对这些边缘文化行动者的整合，也导致了其边缘身份和有意义的文化表达的消解。其最初的文化独特性，经过主流文化机制的转换，被商品化为一种能够带来利润的文化资本形式。对农民工群体的文化实践社会意义的理解，有待田野观察和制度分析相结合的经验研究加以进一步说明。

小　结

本章以三个个案研究为基础，考察了农民工公民权问题的几个主要方面。其中，对富士康自杀事件的分析表明，不同的话语主体分别使用了个体归因的心理压力、微观体制归因的军事化工厂体制和宏观体制归因的权利贫困这三种主要话语框架对民工的基本劳动权问题提出不同的定义，并彼此展开话语竞争。第二个案例是对农民工子女教育问题的分析。围绕非法民工子弟学校和政府责任等问题，话语斗争的焦点是诸种将农民工子女排斥在城市公共教育资

① 《农民工的“呐喊春晚”》，取自 http://news.china.com.cn/2015－02/03/content_34717837.htm，检索日期：2015 年 2 月 4 日。

源之外的歧视性机制。对农民工子女公平教育权的剥夺，有利于固化跨阶层社会流动，维持城市既得利益阶层现有的特权地位，确保底层身份在不同代际农民工之间的转移，从而维持“穷二代”的再生产。最后，公民权的文化维度主要关注的是农民工通过文化形式展开的自我表达，以及这种表达与主流商业文化机制之间的关系。农民工出现在春晚的现象表明，边缘群体和主流文化领域之间的关系是矛盾性的。农民工对主流文化的挪用和语境移植，具有创造独特文化形式的潜力，其目的是服务于边缘群体自身的身份建构与表达。但一旦这种文化实践被纳入主流媒体和文化生产的轨道，它就会走向自己的对立面，被解构为商业化大众文化娱乐消费的对象。这一过程经历了从主流文化文本被重新语境化入边缘群体的身份表达话语，然后再经过国家主流意识形态舞台的重新包装再度重新语境化为政治和商业文化的主流形式。在这些个案中，无论是对农民工悲惨处境通过不同框架进行的定义，农民工“穷二代”再生产机制的话语合法化机制以及对这些合法化逻辑的批评，还是主流文化场域对农民工边缘文化表达的重新主流化，其共性特征之一是农民工群体自身话语的微弱地位，即农民工自身无法为自己代言，必须通过各种其他不同的社会主体（资方、政府、媒体记者、非政府组织、学者等）的代言才能够获得在公共话语中被呈现的可能性。这与农民工公民权状况的第一个层面紧密相关。正是因为户口制度的存在，农民工群体及其后代，不仅被排斥在主流城市社会和相关福利待遇之外，还在公共话语论争中处于失语的状态。这种失语状态只能通过其他社会行动者的言说来打破。尽管有旭日阳刚这样的文化表达，但这种表达因为其边缘身份的独特性，被迅速吸纳入国家主流意识形态的象征表演秩序和商业化文化生产逻辑中，这使得边缘群体的利益和文化身份表达，继续维持了大体沉默的状态，其“主体性”依然是作为整体主流社会的依附性“他者”而存在的。要彻底改变这种状况，只有在公民权层面彻底破除户口制度对农民工群体的歧视性待遇和社会排斥，实现农民工的市民化，才能真正使得这一群体在经济社会权利和文化身份表达这两个方面获得真正的解放。

第 7 章 结论

通过对代表性媒体新闻、评论和政府文本以及相关个案的分析，本书考察了中国农民工公民权的几个核心层面是如何在公共话语中被建构的。通过把历史制度分析和文化语言分析路径相结合，本书把对媒体文本和其他相关话语的分析，置于过去 30 年的社会政治变迁和持久的文化概念与意识形态语境之中。话语建构被视为社会行动者的能动实践，既受制于这些结构要素和观念背景，同时也对它们产生能动的重构作用。为了提出分析框架，本书批判地考察了相关西方理论及其在中国语境下的理论发展，并按照对公民权这一概念的定义来安排了相关研究问题和研究发现的讨论。公民权在本书中被定义为两个层面的关系的结合：与个体在特定政治共同体中的成员资格和身份相关的融合或排斥机制，以及与这一成员资格相关的权利和责任。农民工公民权议题主要指的是农民工的市民权问题。对前一个关系来说，相关讨论以当前中国社会最重要的公民权排斥机制——户口制度为焦点。对后一个关系来说，本书考察了与户口制度紧密相关的几个主要公民权层面，包括基本的民事、社会和文化权利。

在执政党一国家对农民工的意识形态建构中，对党报和相关政策文件的话语分析表明，在过去 30 年的时间内，执政党一国家在不同时期基于特定的政治经济语境和国家战略需要，针对农民工群体采取了十分不同的政策方针和相应的意识形态话语策略。在中国经济被纳入全球经济体系之前，即中国外向型经济结构尚未形成之际，官方话语将农民工群体定义为不受控制的盲流流动的人潮。农民工作为“盲流”的负面形象，成为社会混乱、危险和挑战的象征。这种主导性的控制危机框架，大体上是前几十年中央集权的计划经济体制遗产的残留物，并在改革时代随着政治经济形势的变化，成为一个具有持久效力的针对边缘群体的政策话语框架。这些话语建构在一定程度上是市场经济和传统体制残余的政治经济结合的产物，同时也反映了随着自由人口流动而受到利益冲击的城市主流人群和作为这些群体利益代言人的人口流入地地方政府的意志。在这样的语境下，“盲流”以及其他许多相关的用来指称农民工的负面词汇，不仅反映了这些话语形成时所处的特定社会环境，同样反映了一些中国传统政治文化中与社会流动和社会秩序相关的根深蒂固的文化概念。根据这些概念，大规模的人口流动预示着混乱的到来，标志着政治合法性的流失。从“盲流”到“农民工”的命名系统的更新，并没有从根本上改变对农村向城市流动的人口的他者化逻辑，以农民这一特定传统文化类型为基础，从直白的歧视性称呼向相对中性化称呼的转变，只是意味着对这一边缘群体的他者化定位以一种相对更加隐蔽的方式得以实现，而农民工这一命名所携带的负面本质主义内涵并没有消失。

随着市场经济体制在 1990 年代中后期的建立，特别是新世纪后中国经济逐步融入全球市场，针对流动人口的压迫性机制逐步废除，流动的基本权利在一定程度上得到了保障。农村劳动力受到鼓励进城务工，在劳动密集型产业寻求就业机会。相应地，与农民工相关的官方话语也从负面建构逐渐变为相对正面的形象，将农民工定义为对国家经济发展做出巨大贡献的新工人阶级的一部分。这些话语诉诸于传统的工人阶级革命意识形态，在象征层面上颂扬并抚慰新的弱势劳动阶层，试图通过这种象征性的修辞手段缝合因为工农阶级边缘化的发展主义现实而出现的意识形态裂痕。这种话语经过官方媒体的宣传，确认了农民工作为官方意识形态中认定的领导阶级的一部分，从而在政治修辞上确认了农民工群体的合法性。但这种工人阶级的特定话语，经过语境移植，已经从一种前改革时代的政治经济地位的象征，变为一个缺乏实质性政治经济权利和利益基础的空洞能指，与当下执政党－国家－社会关系所呈现出的社会结构现实之间存在着矛盾。在改革时代，发展主义意识形态将霸权性的素质（即以市场标准所衡量的个体的经济价值）话语，设置为界定不同个人所属的不同社会地位等级的核心标准。与长期以来形成的关于农村和农民的负面文化偏见以及现行的城乡二元户口制度相结合，这种发展主义话语使得农民工处于一种十分矛盾的生存处境：从个体的角度看，他们的价值和基本公民权被极大地压缩，但当被视为一个群体或集体的时候，其在经济发展中的巨大价值和重要作用却又得到高度肯定。只有当被整合到国家主义宏观计划中，这一群体被赋予的政治经济价值才具有合法性。

对户口制度的历史制度分析考察了这一政策作为一种世袭等级制度的本质。危机框架在1980年代末到1990年代中期曾被用作替限制自发人口流动的政策作辩护的手段。而在新世纪，这样的叙述框架同样被用来为现行户口制度辩护。作为对这一框架的回应，倾向于改革的行动者运用了不同的话语框架来反驳危机框架的循环论证，并强调户口改革的必要性。这里存在两种不同的合理化策略：第一种策略挪用了发展主义话语，强调户口制度的负面结果已经阻碍了经济发展，压抑了国内消费和危害社会稳定。比较而言，第二种合理化策略超越了发展主义逻辑，将户口制度定义为对基本人权和平等公民权的直接侵犯。城市政府采取的各种“改革”户口制度的措施，被赞誉为巨大的成就，而非政府在确保平等公民权方面本应履行的基本职责。地方政府建立起以素质话语为逻辑基础的各种准入制度。其中，户口成为地方政府过滤“低素质”人口的工具。这些逻辑在倾向于改革的媒体话语和关于农民工日常经验的新闻叙事中，虽然遭到一定程度的质疑和批评，但这些批评意见基本上处于边缘位置。

关于公民权的第二个层面，即与公民权类型本身相连的具体权利和责任，本书主要通过相关个案研究来加以考察。户口制度作为最重要的社会排斥机制之一，在民事和社会权利方面，处于权利和资源分配的核心，因为这些权利均与户口制度紧密相连。就富士康自杀事件所反映的基本劳动权利问题而言，相关政府和市场主体运用去语境化和去政治化的话语策略，把问题从其所处的组织和社会背景中抽离出来，并以科学主义的客观话语为基础，将之重新定义为纯粹独立的个体性悲剧事件。相反，工厂体制等对立框架，则揭露了发展主义语境下，劳动密集型产业中工厂管理体制的去社会化本质，及其对工人在肉体和精神上的双重规训。就社会权利而言,对农民工子女教育问题的讨论,反映了制度性歧视和排斥机制在代际间的传递或再生产。媒体话语对这一问题的报道,显示出对这些排斥机制对农民工子女的负面影响的深刻关切。至于文化层面,对农民工参与主流文化实践现象的分析,则展示了农民工的亚文化实践与主流商业化媒体和文化机制之间的悖论性关系。通过市场化的文化机制,农民工的自我表达被放大和推广,但与此同时也迅速被主流政治经济秩序异化为廉价的文化产品,从而消解了边缘群体自身的文化主体性。

归纳而言,上述讨论显示,中国语境下媒体文本和不同话语主体对农民工公民权的话语建构,总体上受到刚性政治边界和发展主义逻辑以及合法化这些政治经济秩序的意识形态的限制。在官方话语中,农民工被视为廉价劳动力的来源,成为建立在劳动密集型产业基础上的中国经济发展模式的基石。在前改革时代,农民完全没有迁徙自由,并被锁定在农业生产中,以便于国家抽取农业生产价值,用来支持工业化。在改革时期,农村流动劳动力逐渐获得了移动的自由,但依然缺乏获得平等市民权的制度途径。与此类似,新的劳动体制依然将他们定义为国家、城市社会以及资本可以任意摆布的对象,从而能够以最低的成本提供廉价劳动力,以此吸引投资,促进制造业和服务业的发展。相应地,处于主导地位的发展主义意识形态,通过两组话语或框架包将现状合法化:其一是“国情”话语,这一框架将城乡二元对立的现实作为维持现有制度安排的理由。与此相关的则是“危机”或“混乱”框架。根据这个框架,如果现存制度被废除,将会导致严重的社会问题和不稳定。其二是个人素质框架。在这个框架内,农民工个体本身的内在素质被视为问题的根源。尽管农民工自身的缺陷实际上在一定程度上是长期存在的城乡二元结构和社会不公正的产物,但在素质话语中,这些问题被脱离于社会制度背景,被自然化和客观化为个体的独立本质属性,并以此为基础来捍卫现存的排斥性制度安排。尽管这两种框架间存在一定的差异,但实际上两者都源自改革时期的发展主义主导意识形态和相关制度安排。根据这样的意识形态,公民身份以及附着在这种身份上的公民待遇并不是全体社会成员可以平等获得的自然权利。相反,它们只是社会和经济发展的工具性手段。在这种情况下,作为人口集群的公民只是具备人力资源价值的物质身体的集合,被抽离了基于基本政制框架的政治、文化和社会属性。这些身体根据其具备的不同素质水平，即经济价值，来加以规训和估值，并匹配相应的社会地位和待遇。

这构成了当下中国发展主义语境下身体政治（corporeal politics）的一个基本征候。围绕针对农民身份的传统歧视性价值体系、现代差异化的国家公民权制度安排以及改革时代的人口素质话语，形成了对农民以及由此而来的农民工群体持续的系统性的意识形态化表征。在意识形态上，素质话语“成为主体在一个更大的社会秩序中识别其社会位置，并由此确立自身进行社会经济斗争条件的表征体系”（Anagnost，2004，页193）。无论在何种语境中，农民工群体以及与之相关的一切要素都被冠之以缺乏价值的“低素质”标签，而“低素质”的个体所构成的庞大群体形象，始终成为现代性工程的一个威胁或持久阻碍。无论是在前改革时代国家通过户口制度和一系列国家主导的计划经济政策实现的农业剩余价值转移，还是改革时代权力与资本合作进程中对廉价劳动力价值的提取，正是这种去价值化叙事合法化了在各个历史时期针对农民以及农民工群体实施的各种歧视性和剥夺性政策和治理手段，从而遮蔽了经济、政治和道德领域的剩余价值是以对这一底层群体进行系统性他者化处置为基础的事实。换言之，改革时代发展主义现实下围绕素质话语所产生的不仅是经济意义上的剩余价值，同样在政治和道德表征的领域再生产出了高度等级化的象征秩序。

当然，我们的分析也表明，无论在何种层面上，在当前中国宣传—市场驱动的准多元化的媒体空间中，具有文化霸权性质的发展主义逻辑在一定程度上也遭到来自替代性框架的质疑、挑战，甚至否定，尽管这些挑战性框架大体上依然处在从属的边缘位置。尽管存在诸多局限性，市场化改革后媒体空间呈现出的双层结构，依然为相对多元化的意见表达提供了有限度的可能性。在这一空间中出现的对立框架从自然权利角度理解公民权，并认为现存体制的诸种问题应成为改革的对象。农民工基本公民权利之所以必须得到制度化的保障，不只是因为这些变化有利于社会发展，同时也因为它们与人的尊严和社会公正息息相关。同时，不同地区媒体间的信息分布，也为多样化舆论空间的生成提供了条件。正如在对户口制度论争的讨论所显示的，不同地区的利益差异会反映在不同地区的媒体言论中，从而形成对同一话题在空间维度的差异化界定。限于篇幅，本书的分析没能充分考虑网络化传播条件下，围绕特定弱势群体公民权的公共论争的状况究竟发生了何种变化？尤其是准替代性传播渠道的出现，是否改变了传统媒体所呈现的不同言说者的话语策略？传播格局整体的变化将对公共论争产生何种影响，这又将如何不断推动公民权观念的重构，并对弱势群体再分配正义和身份政治起到何种促进作用？最后，随着国家多层次的户籍制度改革的逐步深入推进，农民工群体的城市公民权状况的制度基础将会发生相应的变化，这些变化又将引发何种新的学术和舆论讨论，并在建构一个更公正、更美好社会共同体的政治想象中增加何种新的动力？这些都是在未来的研究中有待深入探索的问题。

参考文献

中文部分

陈红梅.(2004).《大众媒介与社会边缘群体的关系研究——以拖欠农民工工资报道为例》，载《新闻大学》(1)，第6－10页。

陈力丹.(1993).《精神交往论：马克思恩格斯的传播观》，北京：开明出版社。

陈力丹.(2008).《"党管媒体"的基本体制》，载《传播与社会学刊》(6)，第20－23页。

陈力丹.(2009).《不能忘却的1978－1985年我国新闻传播学过刊》，北京：人民日报出版社。

陈力丹.(2010).《艰难的新闻自律》，北京：人民日报出版社。

陈力丹.(2011).《列宁关于出版物党性原则的思想》，载《新闻前哨》(6)，第93－94页。

陈文高.(2007).《当前农民工媒介镜像批判》，载《学术交流》(5)，第135－138页。

陈卫星.(1998).《建构都市的传播空间》，载《南方都市报》(1998.12.28)。

陈卫星.(2004).《传播的观念》，北京：人民出版社。

陈映芳.(主编)(2003).《征地与郊区农村的城市化——上海市的调查》，上海：文汇出版社。

邓炘炘.(2006).《动力与困窘：中国广播体制改革研究》，北京：中国经济出版社。

邓正来.(2002).《市民社会理论的研究》，北京：中国政法大学出版社。

方汉奇.(1991).《中国近代报刊史》，太原：山西教育出版社。

方汉奇、丁淦林、黄瑚、薛飞.(2004).《中国新闻传播史》，北京：中国人民大学出版社。

甘惜分.(2007).《甘惜分自选集》，北京：中国人民大学出版社。

高华.(2000).《红太阳是怎样升起的》，香港：香港中文大学出版社。

高剑宁、祁媛、梁兰.(2006).《对农民工话语媒体表述的调查》，载《甘肃联合大学学报》(6)，第48－53页。

戈公振.(1935).《中国报学史》，上海：商务印书馆。

郭超人.(1997).《喉舌论》，北京：新华出版社。

国家统计局.(2015).《2014年全国农民工监测调查报告》，取自：http://www.stats.gov.cn/tjsj/zxfb/201504/t20150429_797821.html，检索日期：2015年4月30日。

国务院研究室课题组.(2006).《中国农民工调研报告》,北京:中国言实出版社。

何绍辉.(2008).《在"扎根"与"归根"之间:新生代农民工社会适应问题研究》,载《青年研究》(11),第9—14页。

何舟.(1998).《从喉舌到党营舆论公司:中共党报的演化》,载何舟、陈怀林(主编),《中国传媒新论》,第66—107页,香港:太平洋世纪出版社有限公司。

胡星斗.(2009).《中国户籍制度的命运:完善抑或废除》,载《学术研究》(10),第65—70页。

胡星斗.(2010).《户籍制度的违宪分析和社会危害》,引自 http://www.aisixiang.com/data/34871.html,检索日期:2010年8月15日。

胡正荣.(2003).《后WTO时代我国媒介产业重组及其资本化结果》,引自 http://academic.mediachina.net/article.php? id=5149,检索日期:2010年2月14日。

金观涛、刘青峰.(2009).《观念史研究:中国近代重要政治术语的形成》,北京:法律出版社。

李彬.(2008).《中国新闻社会史》,北京:清华大学出版社。

李红艳.(2009).《乡村传播与城乡一体化:北京市民与农民工传播关系之实证研究》,北京:社会科学文献出版社。

李艳红.(2004).《弱势社群的公共表达——当代中国市场化条件下的城市报业与"农民工"》,未出版博士论文,香港:香港中文大学。

李艳红.(2006).《大众传媒,社会表达与商议民主——两个个案分析》,载《开放时代》(6),第5—21页。

李艳红.(2007).《传媒市场化与弱势社群的利益表达——当代中国大陆城市报纸对"农民工"收容遣送议题的报道研究》,载《传播与社会学刊》(2),第111—132页。

林晖.(2004).《未完成的历史:中国新闻改革前沿》,上海:复旦大学出版社。

刘隽.(2008).《大众传媒中弱势群体利益表达现状——以重庆传媒农民工报道的内容分析为例》,载《西南政法大学学报》10(2),第114—120页。

刘娜.(2008).《农民工对媒介的"使用与满足"研究》,未出版硕士学位论文,上海:同济大学。

潘忠党.(2006).《架构分析:一个亟需理论澄清的领域》,载《传播与社会学刊》(1),第17—46页。

潘忠党.(2008).《序言:传媒的公共性与中国传媒改革的再起步》,载《传播与社会学刊》(6),第1—16页。

潘毅、卢晖临、严海蓉、陈佩华、萧裕均和蔡禾.(2009).《农民工:未完成的无产阶级化》,载《开放时代》(6),第5—35页。

潘毅、任焰.(2008).《国家与农民工:无法完成的无产阶级化》,载《二十一世纪》(6),第26—37页。

裴宜理 (2001),《上海罢工:中国工人政治研究》,南京:江苏人民出版社。

乔同舟、李红涛.(2005).《农民工社会处境的再现:一个弱势群体的媒体投影》,载《新闻大学》(4),第32—37页。

秦晖.(2007).《中国经济发展的低人权优势》,取自 http://www.aisixiang.com/data/16401.html,检索日期:2010年11月2日。

全国妇联课题组.(2013).《我国农村留守儿童、城乡流动儿童状况研究报告》,取自 http://acwf.people.com.cn/n/2013/0510/c99013-21437965.html,检索日期:2013年10月5日。

人民日报.(2003).《人民日报基本情况》,取自 http://www.people.com.cn/GB/21596/1842027.html,检索日期:2010年12月20日。

孙旭培.(1994[1981/1984]).《论社会主义新闻自由》,取自 http://academic.mediachina.net/article.php? id=4043,检索日期:2010年2月23日。

孙旭培.(2005).《新闻法:最困难和最需要的立法》,取自 http://academic.mediachina.net/article.php? id=4038,检索日期:2010年2月23日。

孙旭培.(2010).《自由与法框架下的新闻改革》,武汉:华中科技大学出版社。

孙玉胜.(2003).《十年:从改变电视的语态开始》,北京:三联书店。

汤晓羽.(2005).《大众传播媒介与城市农民工》,未出版硕士学位论文,南京:南京师范大学。

童兵.(1994).《主体与喉舌》,郑州:河南人民出版社。

王海光 (2003),《当代中国户籍制度形成与沿革的宏观分析》,载《中共党史研究》,16(4),第22—29页。

吴敬琏.(2009).《遏制权贵资本主义才能防极"左"》,取自 http://news.xinhuanet.com/local/2009-05/05/content_11315787.htm ,检索日期:2010年12月12日。

吴开亚、张力、陈筱.(2010).《户籍改革进程的障碍:基于城市落户门槛的分析》,载《中国人口科学》(1),第66—74页。

吴强.(2009).《晚期威权主义的序幕》,取自 http://www.gaopi.net/2009/03/blog-post_5067.html ,检索日期:2009年3月15日。

吴廷俊.(2008).《中国新闻史新修》,上海:复旦大学出版社。

许纪霖.(2003).《近代中国的公共领域:形态,功能与自我理解——以上海为例》,载《史林》(2),第77—89页。

许纪霖、罗岗.(2007).《启蒙的自我瓦解:1990年代以来中国思想文化界重大论争研究》,长春:吉林出版集团有限责任公司。

许向东.(2009).《一个特殊群体的媒介投影——传媒再现中的"农民工"形象研究》,载《国际新闻界》(10),第42—45页。

许学峰、任孟山、武闽.(2009).《城市农民工群体的传媒境遇及其成因》,载《现代传播》(4),第39—41页。

许正林.(2008).《中国新闻史》,上海:上海交通大学出版社。

杨聪敏、杨黎源.(2009).《当代中国农民工流动规模考察》,取自 http://www.sociology.cass.cn/shxw/zxwz/P020091123314338285891.pdf ,检索日期:2011年6月30日。

杨善华、朱伟志.(2006).《手机:全球化背景下的"主动"选择——珠三角地区农民工手机消费的文化和心态解读》,载《广东社会科学》(2),第168—173页。

于建嵘.(2007).《当代中国农民工的维权抗争:湖南衡阳考察》,香港:中国文化出版社。

俞可平.(2005).《增量民主与善治》,北京:社会科学文献出版社。

张鹏.(2006).《农民工形象再现与传媒建构》,未出版硕士学位论文,苏州:苏州大学。

张育仁.(2002).《自由的历险——中国自由主义新闻思想史》,昆明:云南人民出版社。

张玉林.(2003).《迁徙的自由是如何失去的——关于1950年代中期的农民流动与户籍制度》,引自 http://www.usc.cuhk.edu.hk/PaperCollection/Details.aspx? id=2704 ,检索日期:2011年8月12日。

张志安.(2010).《潜入深海 :深度报道30年幕后轨迹》,广州:南方日报出版社。

赵鼎新.(2006).《政治与社会运动讲义》,北京:社会科学文献出版社。

赵月枝.(2008b).《中国和国际传播的民主化:中国传媒改革的未来》,载《传播与社会学刊》(6),第25—27页。

周葆华.(2010).《城市新移民的媒体使用与人际交往——以"新上海人"抽样调查为例》,载《新闻记者》(4),第53—57页。

周葆华、吕舒宁.(2010).《城市新移民的媒体形象、表达与标签 ——上海报纸中的"新上海人"报道内容分析(下)》,载《新闻记者》(5),第82—87页。

周葆华、吕舒宁.(2011).《上海市新生代农民工新媒体使用与评价的实证研究》,载《新闻大学》(2),第145—150页。

周勍.(2003).《中国最大的人权案——现行户籍制度》,取自 http://www.observechina.net/info/ArtShow.asp? ID=38920 ,检索日期2009年12月16日。

周瑞金.(2009).《权贵资本主义的危险越来越大》,取自 http://www.ftchinese.com/story/001030266,检索日期:2010年12月12日。

周翼虎、杨晓民.(1994).《中国单位制度》,北京:中国经济出版社。

朱大可.(2006).《流氓的盛宴》,北京:新星出版社。

英文部分

Allan, S. (1998). News from NowHere: Televisual News Discourse and the Construction of Hegemony. In A. Bell & P. Garrett (Eds.), *Approaches to Media Discourse* (pp. 105—141). Oxford: Blackwell.

Ames, R. T., & Rosemont, H., Jr. (1999). *The Analects of Confucius: A Philosophical Translation*. New York: Ballantine Books.

Amin, A. (1999). An Insitutitonal Perspective on Regional Economic Development. *International Journal of Urban and Regional Research*, 23(2), 365—378.

Anagnost, A. (2004). The Corporeal Politics of Quality (Suzhi). *Public Culture*, 16(2), 189—208.

Archer, M. S. (1995). *Realist Social Theory: The Morphogenetic Approach*. Cambridge: Cambridge University Press.

Archer, M. S. (2000). *Being Human: The Problem of Agency*. Cambridge: Cambridge University Press.

Ashcroft, B., Grifths, G., & Tifn, H. (2000). *Post Colonial Studies: The Key Concepts*. London: Routledge.

Ashcroft, B., Grifths, G., & Tifn, H. (Eds.). (1995). *The Post-Colonial Studies Reader*. London: Routledge.

Babe, R. E. (2009). *Cultural Studies and Political Economy: Toward a New Integration*. Lanham, MD: Lexington Books.

Barbalet, J. M. (1988). *Citizenship: Rights, Struggle, and Class Inequality*. Minneapolis: University of Minnesota Press.

Barboza, D. (2010). China Passes Japan as Second-Largest Economy. Retrieved August 16, 2010, from http://www.nytimes.com/2010/08/16/business/global/16yuan.html?_r=1

Barthes, R. (1972[1957]). *Mythologies*. New York: The Noonday Press.

Bell, A. (1991). *The Language of News Media*. Oxford: Blackwell.

Bell, A. (1998). The Discourse Structure of News Stories. In A. Bell & P. Garrett (Eds.), *Approaches to Media Discourse* (pp. 64—104). Oxford: Blackwell.

Bell, D. A. (1999). Democratic Deliberation: The Problem of Implementation. In S. Macedo (Ed.), *Deliberative Politics: Essays on Democracy and Disagreement* (pp. 70—87). Oxford: Oxford University Press.

Benford, R. D. (1993). Frame Disputes within the Nuclear Disarmament Movement. *Social*

Forces, 71(3), 677—701.

Benford, R. D., & Snow, D. A. (2000). Framing Processes and Social Movements: An Overview and Assessment. *Annual Review of Sociology*, 26, 611—639.

Berger, P. L. (1986). *The Capitalist Development: Fifty Propositions about Prosperity, Equality, and Liberty*. New York: Basic.

Berger, P. L., & Luckmann, T. (1967). *The Social Construction of Reality*. New York: Doubleday/Anchor.

Besson, S., & Mart, J. L. (2006). Introduction. In S. Besson & J. L. Mart (Eds.), *Deliberative Democracy And Its Discontents* (pp. xiii—xxxi). Burlington, VT: Ashgate Publishing.

Blommaert, J. (2005). *Discourse: A Critical Introduction*. Cambridge: Cambridge University Press.

Boesche, R. (2002). *The First Great Political Realist: Kautilya and His Arthashastra*. Lanham: Lexington Books.

Bohman, J. (1998). Survey Article: The Coming of Age of Deliverative Democracy. *The Journal of Political Philosophy*, 6(4), 400—425.

Bohman, J., & Rehg, W. (1997). Introduction. In J. Bohman & W. Rehg (Eds.), *Deliberative Democracy: Essays on Reason and Politics* (pp. ix—xxx). Cambridge, Massachusetts: The MIT Press.

Bourdieu, P. (1989). Social Space and Symbolic Power. *Sociological Theory*, 7(1), 14—25.

Bourdieu, P. (1991). On Symbolic Power. In J. B. Thompson (Ed.), *Language and Symbolic Power* (pp. 163—170). Cambridge: Polity.

Bourdieu, P., & Wacquant, L. J. D. (1992). *An Invitation to Reflexive Sociology*. Chicago: University Of Chicago Press.

Brady, A.-M. (2005). Regimenting the Public Mind: The Modernisation of Propaganda in the PRC. In E. Palmer (Ed.), *Asian Futures, Asian Traditions* (pp. 157—175). Folkstone: Global Oriental.

Brady, A.-M. (2006). Guiding Hand: The Role of the CCP Central Propaganda Department in the Current Era. *Westminster Papers in Communication and Culture*, 3(1), 58—77.

Brady, A.-M. (2008). *Marketing Dictatorship: Propaganda and Thought Work in Contemporary China*. Lanham: Rowman & Littlefield Publishers, Inc.

Broderick, A. (Ed.). (1970). *The French Institutionalists. Maurice Hauriou, Georges Re-*

nard, *Joseph Delos*. Cambridge, Mass: Harvard University Press.

Burawoy, M. (1985). *The Politics of Production: Factory Regimes Under Capitalism and Socialism*. London: Routledge.

Burgess, R. G. (1982). Elements of sampling in field research. In R. G. Burgess (Ed.), *Field Research: A Source Book and Field Manual* (pp. 75—78). London: Allen & Unwin

Burgess, R. G. (1984). *In the Field: An Introduction to Field Research*. London: Allen & Unwin.

Burton, C. (2008). The 'Beijing Consensus' and China's quest for legitimacy on the international stage. In A. Laliberte & M. Lanteigne (Eds.), *The Chinese Party-State in the 21st Century: Adaptation and the reinvention of legitimacy* (pp. 146—161). London: Routledge.

Büsgen, M. (2005). *NGOs and the Search for Chinese Civil Society: Environmental Non-Governmental Organizations in the Nujiang Campaign*. Unpublished masters thesis, Erasmus University, The Hague, Netherlands.

Byrd, W., & Lin, Q. (Eds.). (1990). *China's Rural Industry: Structures, Development, and Reform*. New York: Oxford University Press..

Calhoun, C. (1993). Civil Society and the Public Sphere. *Public Culture*, 5(2), 267—280.

Campbell, J. (2002). Ideas, Politics and Public Policy. *Annual Review of Sociology*, 28, 21—38.

Canak, W. L. (1984). The Peripheral State Debate: State Capitalist and Bureaucratic-Authoritarian Regimes in Latin America. *Latin American Research Review*, 19(1), 3—36.

Carey, J. (1995). Abolishing the Old Spirit World. *Critical Studies in Mass Communication* 12 (1), 82—89.

Chamberlain, H. B. (1993). On the Search for Civil Society in China. *Modern China*, 19(2), 199—215.

Chambers, S., & Costain, A. (Eds.). (2000). *Deliberation, Democracy, and the Media*. New York: Rowman & Littlefiled Publishers, Inc.

Chan, J. M. (1993). Commercialization without Independence: Trends and Tensions of Media Development in China. In J. Cheng & M. Brosseau (Eds.), *China Review* 1993 (pp. 25.21—25.21). Hong Kong: The Chinese University of Hong Kong.

Chan, K. W. (1992). Economic Growth Strategy and Urbanization Policies in China, 1949—82. *International Journal of Urban and Regional Research*, 16(2), 275—305.

Chan,K. W. (1999). Internal Migration in China:A Dualistic Approach. In F. N. Pieke & H. Mallee (Eds.), *Internal and International Migration: Chinese Perspectives* (pp. 49—72). Richmond:Curzon.

Chan,K. W., & Zhang,L. (1999). The Hukou System and Rural-Urban Migration in China: Processes and Changes. *The China Quarterly*(160),818—855.

Cheek,T. (1989). Redefining Propaganda:Debates on the Role of Journalism in Post-Mao Mainland China. *Issues and Studies*(25),47—74.

Chen,F. (1998). The Dilemma of Eudaemonic Legitimacy in Post-Mao China. *Polity*,29(3), 421—439.

Cheng,T., & Selden,M. (1994). The Origins and Social Consequences of China's Hukou System. *The China Quarterly*(139),644—668.

Chin,T.-k. (1954). *A Study on Chinese Communist Propaganda: Its Policy and Operations*. Hong Kong:Jindaishi Yanjiusuo.

China Labour Bulletin. (2008). Migrant Workers in China. Retrieved March 16,2011,from http://www.clb.org.hk/en/node/100259#35

Christiano,T. (1997). The Significance of Public Deliberation. In J. Bohman & W. Rehg (Eds.),*Deliberative Democracy:Essays on Reason and Politics* (pp. 243—277). Cambridge,Massachusetts:The MIT Press.

Chu,L. (1994). Continuity and Change in China's Media Reform. *Journal of Communiction*, 44(3),4—21.

Cohen,J. (1989). Deliberation and Democratic Legitimacy. In A. Hamlin & P. Pettit (Eds.), *The Good Polity:Normative Analysis of the State*(pp. 17—34). Oxford:Blackwell.

Cohen,J. (1997). Procedure and Substance in Deliberative Democracy. In J. Bohman & W. Rehg (Eds.),*Deliberati ve Democracy:Essays on Reason and Politics*(pp. 67—92). Cambridge,MA:MIT Press.

Cohen,M. L. (1993). Cultural and Political Inventions in Modern China:The Case of the Chinese "Peasant". *Daedalus*,122(2),151—170.

Connell,I. (1980). The Political Economy of Broadcasting:Some Questions. *Screen Education* (37),89—100.

Costain,A. N. (1992). *Inviting Women's Rebellion*. Baltimore: Johns Hopkins University Press.

Cravey,A. J. (1997). The Politics of Reproduction: Households in the Mexican Industrial

Transition. *Economic Geography*,73(2),166—186.

Crozier,M. ,Huntington,S. P. ,& Watanuki,J. (1975). *The Crisis of Democracy:Report on the Governability of Democracies in the Trilaterla Commission*. New York: New York University Press.

Cubitt,S. (2008). Indigenous,Settler and Migrant Media. *Third Text*,22(6),733—742.

Curran,J. (1991). Rethinking the Media as a Public Sphere. In P. Dahlgren & C. Sparks (Eds.),*Communication and Citizenship:Journalism and the Public Sphere in the New Media Age*(pp. 27—56). London:Routledge.

Dahlgren,P. (1991). Introduction. In P. Dahlgren & C. Sparks (Eds.),*Communication and Citizenship:Journalism and the Public Sphere in the New Media Age*(pp. 1—23). London:Routledge.

Danso,R. ,& McDonald,D. A. (2001). Writing Xenophobia:Immigration and the Print Media in Post-Apartheid South Africa. *Africa Today*,48(3),115—137.

Davies,T. ,& Gangadharan,S. P. (Eds.). (2009). *Online Deliberation:Design,Research,and Practice*. Chicago:University of Chicago Press.

de Burgh,H. (2003a). *The Chinese Journalist:Mediating Information in the World's Most Populous Country*. London & New York:RoutledgeCurzon.

de Burgh,H. (2003b). Kings without Crowns? The Re-Emergence of Investigative Journalism in China. *Media,Culture & Society*,25(6),801—820.

Deininger,K. ,& Jin,S. (2005). The Potential of Land Rental Markets in the Process of Economic Development: Evidence from China. *Journal of Development Economics*,78(1),241—270.

Dirlik,A. (1983). The Predicament of Marxist Revolutionary Consciousness: Mao Zedong,Antonio Gramsci,and the Reformulation of Marxist Revolutionary Theory. *Modern China*,9(2),182—211.

Dong,X. -Y. (1996). Two-Tier Land Tenure System and Sustained Economic Growth in Post-1978 Rural China. *World Development*,24(5),915—928.

Downing,J. ,& Husband,C. (2005). *Representing Race:Racisms,Ethnicities and Media*. London:Sage.

Downing,J. D. (1996). *Internationalizing Media Theory: Transition,Power,Culture. Reflections on Media in Russia,Poland and Hungary* 1980 — 95. Thousand Oaks,CA: Sage.

Dryzek, J. S. (2000). *Deliberative Democracy and Beyond*. Oxford: Oxford University Press.

Eagleton, T. (1991). *Ideology: An Introduction* London & New York: Verso.

Eisinger, P. K. (1973). The Conditions of Protest Behavior in American Cities. *The American Political Science Review*, 67(1), 11—28.

Elias, N. (1978). *What is Sociology?* New York: Columbia University Press.

Elster, J. (1997). The Market and the Forum: Three Varieties of Political Theory. In J. Bohman & W. Rehg (Eds.), *Deliberative Democracy: Essays on Reason and Politics* (pp. 3—33). Cambridge, Massachusetts: The MIT Press.

Elster, J. (1998). Introduction. In J. Elster (Ed.), *Deliberative Democracy* (pp. 1—18). Cambridge: Cambridge University Press.

Entman, R. M. (1993). Framing: Toward Clarification of a Fractured Paradigm. *Journal of Communication*, 43(4), 51—58.

Entman, R. M. (2004). *Projections of Power: Framing News, Public Opinion, and U. S. Foreign Policy*. Chicago: The University of Chicago Press.

Fairclough, N. (1989). *Language and Power*. London: Longman.

Fairclough, N. (1992). *Discourse and Social Change*. Cambridge: Polity Press.

Fairclough, N. (1995a). *Critical Discourse Analysis: the Critical Study of Language* London and New York: Longman.

Fairclough, N. (1995b). *Media Discourse*. London: E. Arnold.

Fairclough, N. (1998). Political Discourse in the Media: An Analytical Framework. In A. Bell & P. Garrett (Eds.), *Approaches to Media Discourse* (pp. 142—162). Oxford: Blackwell.

Fairclough, N. (2003). *Analysing Discourse: Textual Analysis for Social Research*. London: Routledge.

Fan, C. C. (2008). *China on the Move: Migration, the State, and the Household*. London & New York: Routledge.

Fang, C., & Wang, M. (2010). Urbanisation with Chinese Characteristics. *China: The Next Twenty Years of Reform and Development* Retrieved 16 July 2011, from http://epress.anu.edu.au/apps/bookworm/view/China%3A+The+Next+Twenty+Years+of+Reform+and+Development/311/ch15.xhtml

Fearon, J. D. (1998). Deliberation as Discussion. In J. Elster (Ed.), *Deliberative Democracy* (pp. 44—68). Cambridge: Cambridge University Press.

Ferree, M. M., Gamson, W. A., Gerhards, J., & Rucht, D. (2002). *Shaping Abortion Discourse: Democracy and the Public Sphere in Germany and the United States*. Cambridge: Cambridge University Press.

Fish, S. (1999). Mutual Respect as a Device of Exclusion. In S. Macedo (Ed.), *Deliberative Politics: Essays on Democracy and Disagreement* (pp. 88—102). Oxford: Oxford University Press.

Fishman, J. A. (1965). Who Speaks What Language to Whom and When? *La Linguistique*, 1(2), 67—88.

Fiske, J. (1989). *Understanding Popular Culture*. London: Routledge.

Fiske, J., & Hartley, J. (1978). *Reading Television*. London: Methuen & Co. Ltd.

Florence, E. (2006). Debates and Classification Struggles Regarding the Representation of Migrants Workers. Retrieved June 20, 2011, from http://chinaperspectives.revues.org/629

Forester, J. (1999). *The Deliberative Practitioner: Encouraging Participatory Planning Processes*. Cambridge, Mass: The MIT Press.

Forges, A. D. (2007). *Mediasphere Shanghai — the Aesthetics of Cultural Production*. Honolulu University of Hawai'i Press.

Foucault, M. (2002a). *Archaeology of Knowledge*. London; New York: Routledge.

Foucault, M. (2002b). *The Order of Things: An Archaeology of the Human Sciences*. London; New York: Routledge.

Foucault, M. (2010). *The Birth of Biopolitics: Lectures at the Collège de France*, 1978—1979. New York: Palgrave Macmillan.

Fraser, N. (1992). Rethinking the Public Sphere: A Contribution to the Critique of Actually Existing Democracy. In C. Calhoun (Ed.), *Habermas and the Public Sphere* (pp. 109—142). Cambridge, MA: MIT Press.

Fung, A. (2003). Marketing Popular Culture in China: Andy Lau as a Pan-Chinese Icon. In C.—C. Lee (Ed.), *Chinese Media, Global Contexts*. New York: Routledge.

Gaetano, A. M., & Jacka, T. (Eds.). (2004). *On the Move: Women and Rural-to-Urban Migration in Contemporary China*. New York: Colunbia University Press.

Gamson, W. A. (1989). News as Framing. *American Behavioral Scientist*, 33(2), 157—161.

Gamson, W. A. (1992). *Talking Politics*. Cambridge: Cambridge University Press.

Gamson, W. A. (2001). Foreword. In S. D. Reese, J. O. H. Gandy & A. E. Grant (Eds.), *Framing Public Life: Perspectives on Media and Our Understanding of the Social*

World(pp. ix—xi). Mahwah, New Jersey: Lawrence Erlbaum Associates, Inc.

Gamson, W. A., & Lasch, K. E. (1983). The political Culture of Social Welfare Policy. In S. E. Spiro & E. Yuchtman—Yaar (Eds.), *Evaluating the Welfare State: Social and Political Perspectives* (pp. 397—415). San Diego, CA: Academic Press.

Gamson, W. A., & Modigliani, A. (1989). Media Discourse and Public Opinion on Nuclear Power: A Constructionist Approach. *American Journal of Sociology*, 95(1), 1—37.

Gamson, W. A., & Wolfsfeld, G. (1993). Movements and Media as Interacting System. *Annals of the American Academy of Political and Social Science* 528, 114—125.

Gan, Y. (1998). A Critique of Chinese Conservatism in the 1990s. *Social Text*, 16(2), 45—66.

Garnham, N. (1992). The Media and the Public Sphere. In C. Calhoun (Ed.), *Habermas and the Public Sphere* (pp. 359—376). Cambridge, MA: MIT Press.

Garnham, N. (1995a). Political Economy and Cultural Studies: Reconciliation or Divorce? *Critical Studies in Mass Communication*, 12(1), 62—71.

Garnham, N. (1995b). Reply to Grossberg and Carey. *Critical Studies in Mass Communication*, 12(1), 95—100.

Garrett, P., & Bell, A. (1998). Media and Discours: A Critical Overview. In A. Bell & P. Garrett (Eds.), *Approaches to Media Discourse* (pp. 1—20). Oxford: Blackwell.

Georgiou, M. (2006). *Diaspora, Identity and the Media: Diasporic Transnationalism and Mediated Spatialities*. Cresskill, N. J.: Hampton Press.

Giddens, A. (1991). *Modernity and Self-Identity: Self and Society in the Late Modern Age*. Stanford, CA: Stanford University Press.

Gillespie, M. (1995). *Television, Ethnicity and Cultural Change*. London: Routledge.

Gilley, B. (2003). The Limits of Authoritarian Resilience. *Journal of Democracy*, 14(1), 18—26.

Goffman, E. (1974). *Frame Analysis: An Essay on the Organization of Experience*. Boston, MA: Northeastern University Press.

Gold, T. B. (1990). The resurgence of Civil Society in China. *Journal of Democracy*, 1(1), 18—31.

Golding, P., & Murdock, G. (1979). Ideology and the Mass Media. In M. Barrett (Ed.), *Ideology and Cultural Production* (pp. 198—224). London: Croom Helm.

Goldman, M. (2002). The Reassertion of Political Citizenship in the Post-Mao Era: The Democracy Wall Movement. In M. Goldman & E. J. Perry (Eds.), *Changing Meanings of Citizenship in Modern China* (pp. 159 — 186). Cambridge, MA: Harvard University Press.

Goldman, M., & MacFarquhar, R. (1999). Dynamic Economy, Declining Party-State. In M. Goldman & R. MacFarquhar (Eds.), *The Paradox of China's Post-Mao Reforms* (pp. 3—29). Cambridge, MA: Harvard University Presss.

Goldman, M., & Perry, E. J. (2002). Introduction: Political citizenship in Modern China. In M. Goldman & E. J. Perry (Eds.), *Changing Meanings of Citizenship in Modern China* (pp. 1—19). Cambridge, MA: Harvard University Press.

Goldstein, S. M. (1995). China in Transition: The Political Foundations of Incremental Reform. *The China Quarterly*, 144, 1105—1131.

Grossberg, L. (1995). Cultural Studies vs. Political Economy: Is Anybody Else Bored with this Debate? *Critical Studies in Mass Communication*, 12(1), 72—81.

Gumperz, J. (1982). *Discourse Strategies*. Cambridge: Cambridge University Press.

Gumperz, J. (1992). Contextualization Revisited. In P. Auer & A. DiLuzio (Eds.), *The Contextualization of Language* (pp. 39—53). Amsterdam: John Benjamins.

Guo, K., & N'Diaye, P. (2009). Is China's Export — Oriented Growth Sustainable? *IMF Working Paper*. Retrieved from http://www. imf. org/external/pubs/ft/wp/2009/wp09172. pdf

Gutmann, A., & Thompson, D. (1998). *Democracy and Disagreement* Cambridge, MA: Belknap Press of Harvard University Press.

Gutmann, A., & Thompson, D. (2004). *Why Deliberative Democracy*? Princeton, NJ: Princeton University Press.

Habermas, J. (1974). The public sphere. *New German Critique*, 1(3), 49—55.

Habermas, J. (1987). *The Theory of Communicative Action vol. II*. Cambridge: Polity.

Habermas, J. (1988). *Legitimation Crisis*. Cambridge: Polity.

Habermas, J. (1991). *The Structural Transformation of the Public Sphere*. Cambridge, MA: The MIT Press.

Habermas, J. (1996). *Between Facts and Norms: Contributions to a Discourse Theory of Law and Democracy*. Cambridge, MA: The MIT Press.

Habermas, J. (1997). The public sphere. In R. E. Goodin & P. Pettit (Eds.), *Contemporary Political Philosophy: An Anthology* (pp. 105—108). Oxford: Blackwell Publishers.

Hall, P. A. (1989). *The Political Power of Economic Ideas*. Princeton, NJ: Princeton University Press.

Hallin, D. C. (2008). Neoliberalism, Social Movements and Change in Media Systems in the Late Twentieth Century. In D. Hesmondhalgh & J. Toynbee (Eds.), *The Media and Social Theory* (pp. 43—58). London & New York: Routledge.

Hammersley, M. (1992). *What's Wrong with Ethnography*? London: Routledge.

Hammersley, M., & Atkinson, P. (1995). *Ethnography: Principles in Practice* (2nd ed.). London: Routledge

Han, X. (2005). *Chinese Discourses on the Peasant*, 1900 — 1949. Albany, NY: State University of New York Press.

Hanks, W. F. (1995). *Language And Communicative Practices*. Boulder, CO: Westview Press.

Harbeson, J. W. (1998). A Bureaucratic Authoritarian Regime. *Journal of Democracy*, 9(4), 62—69.

He, B. (1997). *The Democratic Implication of Civil Society in China*. London: Macmillan.

He, B. (2006a). Participatory and Deliberative Institutions in China. In E. J. Leib & B. He (Eds.), *The Search for Deliberative Democracy in China* (pp. 175—196). New York.

He, B. (2006b). Western Theories of Deliberative Democracy and the Chinese Practice of Complex Deliberative Governance. In E. J. Leib & B. He (Eds.), *The Search for Deliberative Democracy in China* (pp. 133—148). New York: Palgrave Macmillan.

He, B., & Leib, E. J. (2006). Editors Introduction In E. J. Leib & B. He (Eds.), *The Search for Deliberative Democracy in China* (pp. 1—19). New York: Palgrave Macmillan.

He, Q. (2008). *The Fog of Censorship: Media Control in China*. New York: Human Rights in China.

He, Z. (2000). Chinese Communist Party Press in a Tug-of-War: A Political Economy Analysis of the Shenzhen Special Zone Daily. In C.-C. Lee (Ed.), *Power, Money, and Media: Communication Patterns and Bureaucratic Control in Cultural China* (pp. 112—151). Evanston, IL: Northwestern University Press.

Heberer, T., & Schubert, G. (Eds.). (2009). *Regime Legitimacy in Contemporary China: Institutional Change and Stability*. New York: Routledge.

Herman, E. S., & Chomsky, N. (2002). *Manufacturing Consent: the Political Economy of the Mass Media*. New York: Pantheon Books.

Hesmondhalgh, D., & Toynbee, J. (2008). Why Media Studies Needs Better Social Theory. In D. Hesmondhalgh & J. Toynbee (Eds.), *The Media and Social Theory* (pp. 1—24). London & New York: Routledge.

Ho, P. (2008). Introduction: Embedded Activism and Political Change in a Semi-Authoritarian Context. In P. Ho & R. L. Edmonds (Eds.), *China's Embedded Activism: Opportunities and Constraints of a Social Movement* (pp. 1—19). London: Routledge.

Ho, P. (2010). Contesting rural Spaces: Land Disputes, Customary Tenure and the State. In E. J. Perry & M. Selden (Eds.), *Chinese Society: Change, Conflict and Resistance* (3rd ed., pp. 101—122). London: Routledge.

Holbig, H., & Gilley, B. (2010). Reclaiming Legitimacy in China. *Politics & Policy*, 38(3), 395—422.

Hsieh, W. (1993). Migrant Peasant Workers in China: the PRC's Rural Crisis in an Historical Perspective. In G. T. Yu (Ed.), *China in Transition: Economic, Political, and Social Developments* (pp. 89—98). Lanham: University Press of America.

Huang, C. (2001). China's State-Run Tabloids: The Rise of 'City Newspapers'. *International Communication Gazette*, 63(5), 435—450.

Huang, C. (2007a). Editorial: From Control to Negotiation: Chinese Media in the 2000s. *International Communication Gazette*, 69(5), 402—412.

Huang, C. (2007b). Trace the Stones in Crossing the River: Media Structural Changes in Post-WTO China. *International Communication Gazette*, 69(5), 413—430.

Huang, P. C. C. (1993). "Public Sphere"/"Civil Society" in China?: The Third Realm between State and Society. *Modern China*, 19(2), 216—240.

Huang, Y. (1994). Peaceful Revolution: The Case of Television Reform in Post-Mao China. *Media, Culture & Society*, 16(2), 217—241.

Huang, Y. (2008). *Capitalism with Chinese Characteristics: Entrepreneurship and the State*. New York: Cambridge University Press.

Human Rights Watch. (2011). World Report 2011: China. Retrieved April 12, 2011, from http://www.hrw.org/en/world—report—2011/china

Hung, C.-f. (2010). The Politics of China's Wei—Quan Movement in the Internet Age. *International Journal of China Studies*, 1(2), 331—349.

Hymes, D. (1996). *Ethnography, Linguistics, Narrative Inequality: Towards an Understanding of Voice*. London: Taylor and Francis.

Immergut,E. (1992). *Health Politics: Interests and Institutions in Western Europe*. Cambridge:Cambridge University Press.

Jacobs,L. R. ,Cook,F. L. ,& Carpini,M. X. D. (2009). *Talking Together: Public Deliberation and Political Participation in America*. Chicago:The University of Chicago Press.

Jayasuriya,K. (2001). The Rule of Law and Governance in East Asia. In M. Beeson (Ed.), *Reconfiguring East Asia:Regional Institutions and Organisations after the Crisis* (pp. 99—116). London:Curzon.

Jha,P. S. (2009). *Managed Chaos: The Fragility of the Chinese Miracle*. London:Sage.

Jones,A. F. (2001). *Yellow Music: Media Culture and Colonial Modernity in the Chinese Jazz Age* Durham:Duke University Press.

Kalra,V. S. ,Kaur,R. ,& Hutnyk,J. (2005). *Diaspora & Hybridity*. London:Sage.

Karmel,S. M. (1995). *The Neo-Authoritarian Contradiction: Trials of Developmentalist Dictatorships and the Retreat of the State in Mainland China*. Unpublished Ph. D Dissertation,Princeton University.

Kaye,R. (2001). 'Blaming the Victim':an Analysis of Press Representation of Refugees and Asylum-Seekers in the United Kingdom in the 1990s. In R. King & N. Wood (Eds.), *Media and Migration:Construction of Mobility and Difference* (pp. 53—70). London: Routledge.

Keane,M. (2001). Broadcasting policy,Creative Compliance and the Myth of Civil Society in China. *Media,Culture & Society*,23(6),783—798.

Keane,M. (2006). From Made in China to Created in China. *International Journal of Cultural Studies*,9(3),285—296.

Kellogg,T. (2008). Constitutionalism with Chinese Characteristics? Constitutional Development and Civil Litigation in China. Retrieved September 28,2010,from http://www.indiana.edu/~rccpb/Working_Paper/RCCPB_WP1_Kellogg_Feb_08.pdf

King,V. V. S. (1966). *Propaganda Campaigns in Communist China*. Cambridge,MA:Center for International Studies,MIT.

Kingdon,J. W. (1995). *Agendas,Alternatives,and Public Policies*. New York,NY:Harper—Collins.

Kipnis,A. (2006). Suzhi:A Keyword Approach. *The China Quarterly*,186,295—313.

Kipnis,A. (2007). Neoliberalism Reified:Suzhi Discourse and Tropes of Neoliberalism in the People's Republic of China. *Journal of the Royal Anthropological Institute*, 13(2),

383—400.

Kitschelt, H. P. (1986). Political Opportunity Structures and Political Protest: Anti-Nuclear Movements in Four Democracies. *British Journal of Political Science*(16), 57—85.

Kivisto, P., & Faist, T. (2007). *Citizenship: Discourse, Theory, and Transnational Prospects*. Malden, Mass.: Blackwell Publishing.

Knight, J. (1995). Price Scissors and Intersectoral Resource Transfers: Who Paid for Industrialization in China? *Oxford Economic Papers*, 47(1), 117—135.

Knight, J., & Song, L. (1999). *The Rural-Urban Divide: Economic Disparities and Interactions in China*. Oxford: Oxford University Press.

Knorr—Cetina, K. D. (1981). The Micro-Sociological Challenge of Macro-Sociology: Toward a Reconstruction of Social Theory and Methodology. In K. Knorr-Cetina & A. V. Cicourel (Eds.), *Advances in Social Theory and Methodology* (pp. 1—48). London & Boston: Routledge and Kegan Paul.

Kramer, D. C. (1972). *Participatory Democracy: Developing Ideals of the Political Left*. Cambridge, Mass: Schenkman Pub. Co.

Kress, G., & van Leeuwen, T. (1998). Front Pages: (The Critical) Analysis of Newspaper Layout. In A. Bell & P. Garrett (Eds.), *Approaches to Media Discourse* (pp. 186—219). Oxford: Blackwell.

Kress, G., & van Leeuwen, T. (2006[1996]). *Reading Images: the Grammar of Visual Design*. London & New York: Routledge.

Kriesi, H. (2004). Political Context and Opportunity. In D. A. Snow, S. A. Soule & a. H. Kriesi (Eds.), *The Blackwell Companion to Social Movements* (pp. 67—90). Malden, MA: Blackwell Publishing Ltd.

Krusekopf, C. C. (2002). Diversity in Land-Tenure Arrangements Under the Household Responsibility System in China. *China Economic Review*, 13(2—3), 297—312.

Kung, J. K.-s. (2002). Off-Farm Labor Markets and the Emergence of Land Rental Markets in Rural China. *Journal of Comparative Economics*, 30(2), 395—414.

Lai, H. (2010). Uneven Opening of China's Society, Economy, and Politics: Pro-Growth Authoritarian Governance and Protests in China. *Journal of Contemporary China*, 19(67), 819—835.

Laliberté, A. (2008). The Issue of Challenges to the Legitimacy of CCP rule. In A. Laliberté & M. Lanteigne (Eds.), *The Chinese Party-State in the 21st Century: Adaptation and the Reinvention of Legitimacy*(pp. 1—21). London and New York: Routledge.

Lary, D. (1999). The 'Static' Decades: Inter-Provincial Migration in Pre-Reform China. In F. N. Pieke & H. Mallee (Eds.), *Internal and International Migration: Chinese Perspectives*(pp. 29—48). Richmond: Curzon.

Lasswell, H. D. (1948). The Structure and Function of Communication in Society. In L. Brvson (Ed.), *The Communication of Ideas*(pp. 37—51). New York: Harper & Row.

Lee, C. -C. (1994). Ambiguities and Contradiction: Issues in China's Changing Political Communication. *Gazette*, 53(1—2), 7—21.

Lee, C. -C. (2000). China's Journalism: The Emancipatory Potential of Social Theory. *Journalism Studies*, 1(4), 559—575.

Lee, C. -C. (2003). The Global and the National of the Chinese media: Discourses, Market, Technology, and Ideology. In C. -C. Lee (Ed.), *Chinese Media, Global Contexts* (pp. 1—31). London & New York: RoutledgeCurzon.

Lee, C. -C. (Ed.). (1990). *Voices of China: The Interplay of Politics and Journalism*. New York: Guilford Press.

Lee, C. -C., He, Z., & Huang, Y. (2007). Party-Market Corporatism, Clientelism, and Media in Shanghai. *The Harvard International Journal of Press/Politics*, 12(3), 21—42.

Lee, C. -C., He, Z., & Huang, Y. (2008). 'Chinese Party Publicity Inc.' Conglomerated: the Case of the Shenzhen Press Group. In K. Sen & T. Lee (Eds.), *Political Regimes and the Media in Asia*(pp. 11—30). London: Routledge.

Lee, C. C. (1990). Mass Media: of China, about China. In C. C. Lee (Ed.), *Voices of China: The Interplay of Politics and Journalism*(pp. 3—32). New York: Guilford Press.

Lee, C. K. (2000). Pathways of Labour Insurgency. In E. J. Perry & M. Selden (Eds.), *Chinese Society: Change, Conflict and Resistance* (2nd ed., pp. 71—92). London: RoutledgeCurzon.

Lee, L. O. -f. (1999). Shanghai Modern: Reections on Urban Culture in China in the 1930s. *Public Culture*, 11(1), 75—107.

Lee, S. -P. (2001). Satellite Television and Chinese Migrants in Britain. In R. King & N. Wood (Eds.), *Media and Migration: Construction of Mobility and Difference* (pp. 143—157). London: Routledge.

Levi-Strauss, C. (1987). *Introduction to Marcel Mauss*. London: Routledge.

Lewis, J. W., & Litai, X. (2003). Social Change and Political Reform in China: Meeting the

Challenge of Success. *The China Quarterly*(176),926—942.

Li,C. (2009). Intra-Party Democracy in China:Should We Take It Seriously? *China Leadership Monitor* Retrieved 20 February 2011,from http://media. hoover. org/sites/default/files/documents/CLM30CL. pdf

Li,G. ,Rozelle,S. ,& Brandt,L. (1998). Tenure,Land Rights,and Farmer Investment Incentives in China. *Agricultural Economics*(19),63—71.

Li,X. (2007). An Alternative Framework for the Analysis of Media Deviance: The Case of *Southern Weekend*. *The Chinese Journal of Communication and Society*(2),133—160.

Li,X. ,& Yang,Y. (2007). *Power Relations in Chinese News Production:An Exploration of Rent-Seeking Model*. Paper Presented at the International Communication Association 2007 Annual Meeting.

Lieberthal,K. (2004). *Governing China: from Revolution through Reform* (2nd ed.). New York:W. W. Norton.

Lieberthal,K. ,& Oksenberg,M. (1988). *Policy Making in China:Leaders,Structures,and Processes*. Princeton,NJ:Princeton University Press.

Lin,G. (2004). Leadership transition,Intra-party Democracy,and Institution Building in China. *Asian Survey*,44(2),255—275.

Lin,J. Y. (1988). The Household Responsibility System in China's Agricultural Reform: A Theoretical and Empirical Study. *Economic Development and Cultural Change*,36(3),S199—S224.

Lin,J. Y. ,Cai,F. ,& Li,Z. (2003 [1996]). *The China Miracle:Development Strategy and Economic Reform (revised edition)*. Hong Kong:The Chinese University Press.

Litzinger,R. A. (2002). Theorizing Postsocialism:Reflections on the Politics of Marginality in Contemporary China. *The South Atlantic Quarterly*,101(1),33—55.

Liu,A. P. L. (1971). *Communications and National Integration in Communist China*. Berkeley:University of California Press.

Liu,G. (2007). *The Right to Leave and Return and Chinese Migration Law*. Leiden/Boston: Martinus Nijhoff Publishers.

Lowenthal,R. (1970). Development vs. Utopia in Communist Policy. In C. Johnson (Ed.), *Change in Communist Systems*(pp. 33—116). Stanford Stanford University Press.

Lu,X. (1999). From Rank—seeking to Rent—seeking: Changing Administrative Ethos and Corruption in Reform China. *Crime,Law and Social Change*,32(4),347—370.

Lu, X. (2009). Ritual, Television, and State Ideology: Rereading CCTV's 2006 Spring Festival Gala. In Y. Zhu & C. Berry (Eds.), *TV China* (pp. 111—128). Bloomington & Indianapolis: Indiana University Press.

Lü, X., & Perry, E. J. (1997). *Danwei: the Changing Chinese Workplace in Historical and Comparative Perspective*. New York: M. E. Sharpe.

Lu, Y. (2008). NGOs in China: Development Dynamics and Challenges. In Z. Yongnian & J. Fewsmith (Eds.), *China's Opening Society: The Non—state Sector and Governance* (pp. 89—105). London: Routledge.

Lu, Y. (2009). *Non-Governmental Organizations in China: The Rise of Dependent Autonomy*. London: Routledge.

Luo, Y. (2009). Chinese Television In C. H. Sterling (Ed.), *Encyclopedia of Journalism* (pp. 293—296). Thousand Oaks, CA: Sage.

Lynch, D. C. (1999). *After Propaganda State: Media, Politics and 'Thought Work' in Reformed China*. Stanford: Stanford University Press.

Ma, E. K.-W. (2000). Rethinking Media Studies: The Case of China. In J. Curran & M.-J. Park (Eds.), *De-Westernizing Media Studies* (pp. 17—28). London and New York: Routledge.

Ma, Q. (2006). *Non-governmental Organizations in Contemporary China: Paving the Way to a Civil Society?* New York: Routledge.

Mai, N. (2001). 'Italy is Beautiful': the Role of Italian Television in Albanian Migration to Italy. In R. King & N. Wood (Eds.), *Media and Migration: Construction of Mobility and Difference* (pp. 95—109). London: Routledge.

Mai, N. (2002). Myths and Moral Panics: Italian Identity and the Media Representation of Albanian Immigration. In R. D. Grillo & J. C. Pratt (Eds.), *The Politics of Recognising Difference: Multiculturalism Italian Style* (pp. 77—95). Aldershot: Ashgate.

Mai, N. (2005). Transnational Media and Migration: the Re-Negotiation of 'Youth Identities' within the Albanian Migratory Flow. *Transitions*, 45(1), 79—91.

Mallee, H. (2000). Migration, Hukou and Resistance in Reform China. In E. J. Perry & M. Selden (Eds.), *Chinese Society: Change, Conflict and Resistance* (2nd ed., pp. 136—157). London: RoutledgeCurzon.

Manin, B. (1987). On Legitimacy and Political Deliberation. *Political Theory*, 15 (3), 338—368.

March, J. G., & Olsen, J. P. (2006). Elaborating the "New Institutionalism". In R. A. W. Rhodes, S. A. Binder & B. A. Rockman (Eds.), *The Oxford Handbook of Political Institutions* (pp. 3—20). New York: Oxford University Press.

Marshall, T. H. (1963). *Sociology at the Crossroad and Other Essays*. London: Heinemann.

Marshall, T. H. (1998[1950]). Citizenship and Social Class. In G. Shafir (Ed.), *The Citizenship Debates: A reader* (pp. 93—111). Minneapolis: Univesity of Minnesota Press.

Marti, J. L. (2005). The Sources of Legitimacy of Political Decisions: Between Procedure and Substance. In L. Wintgens (Ed.), *The Theory and Practice of Legislation: Essays in Legisprudence* (pp. 259—281). Aldershot: Ashgate.

Martin-Barbero, J. (1993). *Communication, Culture and Hegemony: From the Media to Mediations* London: Sage Publications.

Marvasti, A. B. (2004). *Qualitative Research in Sociology: An Introduction* London: Sage Publications.

Mason, J. (2002). *Qualitative Researching* (2nd ed.). London: Sage

Matheson, D. (2005). *Media Discourses: Analysing Media Texts*. Berkshire: Open University Press.

McAdam, D. (1982). *Political Process and the Development of Black Insurgency*, 1930—1970. Chicago: University of Chicago Press.

McAdam, D., Tarrow, S., & Tilly, C. (2004). *Dynamics of Contention*. Cambridge: Cambridge University Press.

McCarthy, J. D., Smith, J., & Zald, M. N. (1996). Accessing Public, Meida, Electoral, and Government Agendas. In D. McAdam, J. D. McCarthy & M. N. Zeld (Eds.), *Comparative Perspectives on Social Movements* (pp. 291—311). Cambridge: Cambridge University Press.

McChesney, R. W. (2001). Global media, neoliberalism, and imperialism. *Monthly Review*, 52(10), 2—19.

McQuail, D. (1994). *Mass Communication Theory: An Introduction*. London: Sage.

Meehan, E. M. (1993). *Citizenship and European Community*. London: Sage Publications.

Merrill, J. C., & Lowenstein, R. L. (1971). *Media, Messages and Men: New Perspectives in Communication*. New York: David McKay.

Mertha, A. (2010). Society in the State: China's Nondemocratic Political Pluralization. In P. Gries & S. Rosen (Eds.), *Chinese Politics: State, Society and the Market* (pp. 69—84).

London:Routledge.

Metzger,T. A. (1998). *The Western Concept of a Civil Society in the Context of Chinese History*. Stanford:Hoover Institution on War,Revolution and Peace

Meyer,D. S. ,& Minkoff,D. C. (2004). Conceptualizing Political Opportunity. *Social Forces*, 82(4),1457—1492.

Mihelj,S. (2004). Negotiating European Identity at the Periphery:Media Coverage of Bosnian Refugees and 'Illegal Migration'. In I. Bondebjerg & P. Golding (Eds.),*European culture and the media*(pp. 165—189). Bristol:Intellect Books.

Milani,T. M. , & Johnson, S. (2010). Critical Intersections: Language Ideologies and Media Discourse. In S. Johnson & T. M. Milani (Eds.),*Language Ideologies and Media Discourse:Texts,Practices,Politics*(pp. 3—12). London:Continuum International Publishing Group.

Milbrath,L. W. (1965). *Political Participation; How and Why do People Get Involved in Politics?* Chicago:Rand McNally.

Montgomery,M. (2007). *The Discourse of Broadcast News:A Linguistic Approach*. London:Routledge.

Morley,D. (1992). *Television,Audiences and Cultural Studies*. London:Routledge.

Mosco,V. (2004). *The Digital Sublime:Myth,Power,and Cyberspace*. Cambridge,Massachusetts:The MIT Press.

Murdock,G. (1995). Across the Great Divide:Cultural Analysis and the Condition of Democracy. *Critical Studies in Mass Communication*,1(12),89—95.

Murdock,G. ,& Janus,N. (1985). *Mass Communications and the Advertising Industry*. Paris:UNESCO

Murphy,R. (2002). *How Migrant Labor is Changing Rural China*. Cambridge:Cambridge University Press.

Murphy,R. ,& Fong, V. L. (2006). Introduction: Chinese Experiences of Citizenship at the Margins. In V. L. Fong & R. Murphy (Eds.),*Chinese Citizenship:Views from the Margins*(pp. 1—8). London:Routledge.

Nathan,A. J. (2003). Authoritarian Resilience. *Journal of Democracy*,14(1),6—17.

Nevitt,C. E. (1996). Private Business Associations in China:Evidence of Civil Society or Local State Power? *The China Journal*(36),25—43.

Noakes,J. A. ,& Johnston,H. (2005). Frames of Protest:A Road Map to A Perspective. In

H. Johnston & J. A. Noakes (Eds.), *Frames of Protest: Social Movements and the Framing Perspective*(pp. 1—29). New York: Rowan & Littlefield Publishers, Inc.

Nolan, P. (1983). De-Collectivization of Agriculture in China, 1979 — 1982:: A Long Term Perspective. *Cambridge Journal of Economics*(7), 381—403.

O'Brien, K. J. (2002). Villagers, Elections, and Citizenship. In M. Goldman & E. J. Perry (Eds.), *Changing Meanings of Citizenship in Modern China* (pp. 212 — 231). Cambridge, MA: Harvard University Press.

O'Donnell, G. A. (1978). Reections on the Pattern of Change in the Bureaucratic—Authoritarian State. *Latin American Studies*, 13(1), 3—38.

O'Keeffe, A. (2006). *Investigating Media Discourse*. New York: Routledge.

O'Leary, G., & Watson, A. (1982). The Role of the People's Commune in Rural Development in China. *Pacific Affairs*, 55(4), 593—612.

Ogan, C. L. (2001). *Communication and Identity in the Diaspora: Turkish Migrants in Amsterdam and Their Use of Media*. Lanham, Maryland: Lexington Books.

Oi, J. C. (1989). *State and Peasant in Contemporary China : The Political Economy of Village Government*. Berkeley: University of California Press.

Ong, A., Dominguez, V. R., Friedman, J., Schiller, N. G., Stolcke, V., Wu, D. Y. H., et al. (1996). Cultural Citizenship as Subject-Making: Immigrants Negotiate Racial and Cultural Boundaries in the United States. *Current Anthropology*, 37(5), 737—762.

Page, B. I. (1996). *Who Deliberates? Mass Media in Modern Democracy*. Chicago: The University of Chicago Press.

Pan, Z. (2000). Spatial Configuration in Institutional Change: A case of China's jounalism reforms. *Journalism*, 1(3), 253—281.

Pan, Z. (2005a). *Media Change through Bounded Innovations: Journalism in China's Media Reforms*. Paper presented at the International Communication Association 2005 Annual Meeting.

Pan, Z. (2005b). *Media Change through Bounded Innovations: Journalism in China's Media Reforms*. Paper presented at the International Communication Association 2005 Annual Conference.

Pan, Z. (2010). Enacting the Family-Nation on a Global Stage: An Analysis of the CCTV's Spring Festival Gala. In M. Curtin & H. Shah (Eds.), *Reorienting Global Communication: Indian and Chinese Media beyond Borders* (pp. 240 — 259). Urbana: University of

Illinois Press.

Pan, Z., & Chan, J. M. (2000). Encoding the Communist Ideological Domination: Changing Modes of Television and National Integration in China. In M. Richards (Ed.), *Television in Asia*, . London: Sage.

Pan, Z., & Kosicki, G. M. (1993). Framing Analysis: An Approach to News Discourse. *Political Communication*, 10(1), 55—75.

Pan, Z., & Kosicki, G. M. (2001). Framing as a Strategic Action in Public Deliberation In S. D. Reese, J. Oscar H. Gandy & A. E. Grant (Eds.), *Framing Public Life: Perspectives on Media and Our Understanding of the Social World* (pp. 35—66). Mahwah, New Jersey Lawrence Erlbaum Associates, Inc.

Pan, Z., Lee, C.-C., Chan, J. M., & So, C. Y. K. (1999). One Event, Three Stories: Media Narratives of the Handover of Hong Kong in Cultural China. *International Communication Gazette*, 61(2), 99—112.

Pan, Z., & Lu, Y. (2003). Localizing professionalism: discursive practices in China's Media Reforms. In C.-C. Lee (Ed.), *Chinese Media, Global Contexts* (pp. 215—236). London & New York: RoutledgeCurzon.

Parsons, T. (1951). *The Social System* New York: Free Press.

Patton, M. Q. (2002). *Qualitative Research & Evaluation Methods* (3rd ed.). Thousand Oaks, California: Sage Publications.

Peck, J. (1994). Regulating Labour: The Social Regualtion and Repoduction of Local Labour-markets. In A. Amin & N. Thrift (Eds.), *Globalization, Institutions and Regional Development in Europe* (pp. 147—176). Oxford: Oxford University Press.

Pei, M. (1994). *From Reform to Revolution: The Demise of Communism in China and the Soviet Union*. Cambridge, MA: Harvard University Press.

Pei, M. (2006a). *China's Trapped Transition: The Limits of Developmental Autocracy*. Cambridge, MA: Harvard University Press.

Pei, M. (2006b). The Dark Side of China's Rise. *Foreign Policy, March/April* (153), 32—40.

Pieke, F. N. (1999). Introduction: Chinese Migrations Conpared. In F. N. Pieke & H. Mallee (Eds.), *Internal and International Migration: Chinese Perspectives* (pp. 1—26). Richmond: Curzon.

Polumbaum, J. (1994). Striving for Predictability: the Bureaucratization of Media Management in China. In C.-C. Lee (Ed.), *China's Media, Media's China* (pp. 113—128). Boulder,

CO:Westview.

Przeworski, A. (1998). Deliberation and Ideological Domination. In J. Elster (Ed.), *Deliberative Democracy* (pp. 140—160). Cambridge: Cambridge University Press.

Pun, N. (2005). *Made in China: Women Factory Workers in a Global Workplace*. Durham, North Carolina: Duke University Press.

Pun, N., & King-Chi Chan, C. (2008). The Subsumption of Class Discourse in China. *boundary 2*, 35(2), 75—91.

Ramwo, J. C. (2004). *The Beijing Consensus*. London: The Foreign Policy Centre.

Rankin, M. B. (1982). 'Public Opinion' and Political Power: Qingyi in Late Nineteenth Century China. *The Journal of Asian Studies*, 41(3), 453—484.

Rankin, M. B. (1986). *Elite Activism and Political Transformation in China: Zhejiang Province*, 1865—1911. Stanford, Calif.: Stanford University Press.

Rankin, M. B. (1990). The Origins of a Chinese Public Sphere: Local Elites and Community Affairs in the Late Imperial Period. *Etudes Chinoises*, 9(2), 13—60.

Rankin, M. B. (1993). Some Observations on a Chinese Public Sphere. *Modern China*, 19(2), 158—182.

Rawls, J. (1993). *Politcal Liberalism*. New York: Columbia University Press.

Rawls, J. (1997). The Idea of Public Reason. In J. Bohman & W. Rehg (Eds.), *Deliberati ve Democracy: Essays on Reason and Politics* (pp. 93—141). Cambridge, MA: MIT Press.

Rawls, J. (1999). *A Theory of Justice*. Cambridge, MA: Press of Harvard University Press.

Rawnsley, G. D. (2008). The Media, Internet and Governance in China. In Z. Yongnian & J. Fewsmith (Eds.), *China's Opening Society: The Non-State Sector and Governance* (pp. 118—135). London: Routledge.

Rees, A. M. (1996). T. H. Marshall and the Progress of Citizenship. In M. Anthony & M. Bulmer (Eds.), *Citizenship Today: The Contemporary Relevance of T. H. Marshall* (pp. 1—23). London: UCL Press.

Reese, S. D. (2001). Prologue-Framing Public Life: A Bridging Model for Media Research. In S. D. Reese, J. O. H. Gandy & A. E. Grant (Eds.), *Framing Public Life: Perspectives on Media and Our Understanding of the Social World* (pp. 7—31). Mahwah, New Jersey: Lawrence Erlbaum Associates, Inc.

Richardson, J. E. (2007). *Analysing Newspapers: An Approach from Critical Discourse Analysis*. New York: Palgrave Macmillan.

Riskin,K. (1987). *China's Political Economy: The Quest for Development since* 1949. New York: Oxford University Press.

Ritchie,J. ,Lewis,J. ,& am,G. E. (2003). Designing and Selecting Samples. In J. Ritchie & J. Lewis (Eds.),*Qualitative Research Practice*(pp. 77—108). London: Sage.

Roberts,J. M. ,& Crossley,N. (2004). Introduction. In N. Crossley & J. M. Roberts (Eds.), *After Habermas: New Perspectives on the Public Sphere* (pp. 1—27). Malden, MA: Blackwell Publishing.

Robins,K. ,& Webster,F. (1987). The Communications Revolution: New Media, Old Problems. *Communication* 10(1),71—89.

Robinson,D. C. (1981). Changing Functions of Mass Media in the People's Republic of China. *Journal of Communication*,31(4),58—73.

Robson,C. (2002). *Real World Research*(2nd ed.). Oxford: Blackwell.

Roche,M. (1992). *Rethinking Citizenship: Welfare, Ideology and Change in Modern Society*. Cambridge: Polity Press.

Rosenthal, E. (2002). Under Pressure, Chinese Newspaper Pulls Exposé on a Charity. Retrieved March 10,2011,from http://www. nytimes. com/2002/03/24/world/under-pressure-chinese-newspaper-pulls-expose-on-a-charity. html

Rostbøll,C. F. (2008). *Deliberative Freedom: Deliberative Democracy as Critical Theory*. Albany, NY: State University of New York Press.

Roussopoulos,D. ,& Benello,C. G. (Eds.). (2003). *The Participatory Democracy: Prospects for Democratizing Democracy*. Montreal: Black Rose Books.

Rowe,W. T. (1984). *Hankou: Commerce and Society in a Chinese City*, 1796—1889. Stanford,Calif: Stanford University Press.

Rowe,W. T. (1990). The Public Sphere in Modern China. *Modern China*,16(3),309—329.

Rowe,W. T. (1993). The Problem of "Civil Society" in Late Imperial China. *Modern China*, 19(2),139—157.

Ryan,C. (1991). *Prime Time Activism: Media Strategies for Grassroots Organizing*. Boston, MA: South End Press.

SACOM. (2010). Workers as Machines: Military Management in Foxconn. Retrieved July 18, 2011, from http://sacom. hk/wp — content/uploads/2010/11/report-on-foxconn-workers-as-machines_sacom. pdf

Samuels,W. J. (1972). The Scope of Economics Historically Considered. *Land Economics*, 48

(3),248—268.

Schell,O. ,& Delury,J. (2014). *Wealth and Power:China's Long March to the Twenty-first Century*. New York:Random House Trade Paperbacks.

Schiller,D. (2005). Poles of Market growth?:Open Questions about China,Information and the World economy. *Global Media and Communication* 1(1),79—103.

Schram,S. R. (1969). The Party in Chinese Communist Ideology. *The China Quarterly*,38, 1—26.

Scollon,R. (2001). *Mediated Discourse:The Nexus of Practice*. London:Routledge.

Scott,J. C. (1992). *Domination and the Arts of Resistance:Hidden Transcripts*. New Haven:Yale University Press.

Selden,M. ,& Perry,E. J. (2010). Introduction:Reform,Conflict and Resistance in Contemporary China. In E. J. Perry & M. Selden (Eds.),*Chinese Society:Change,Conflict and Resistance*(pp. 1—30). London:Routledge.

Sen,K. (2008). Mediating Political Transition in Asia. In K. Sen & T. Lee (Eds.),*Political Regimes and the Media in Asia*(pp. 1—10). London:Routledge.

Severin,W. J. ,& Tankard,J. W. J. (2001). *Communication Theories:Origins,Methods,and Uses in the Mass Media*. New York:Longman.

Shafir,G. (1998). Introduction:the Evolving Tradition of Citizenship. In G. Shafir (Ed.),*The Citizenship Debates:A Reader*(pp. 1—28). Minneapolis:Univesity of Minnesota Press.

Shapiro,I. (1999). Enough of Deliberation:Politics is about Interests and Power. In S. Macedo (Ed.),*Deliberative Politics:Essays on Democracy and Disagreement*(pp. 28—38). Oxford:Oxford University Press.

Shirk,S. L. (1993). *The Political Logic of Economic Reform in China*. Berkeley,CA:University of California Press.

Siebert,F. S. ,Peterson,T. ,& Schramm,W. (1956). *Four Theories of the Press:The Authoritarian,Libertarian,Social Responsibility,and Soviet Communist Concepts what the media should be and do*. Urbana:University of Illinois Press.

Silverstein,M. ,& Urban,G. (1996). The Natural History of Discourse. In M. Silverstein & G. Urban (Eds.),*Natural Histories of Discourse*(pp. 1—17). Chicago:University of Chicago Press.

Simon,W. H. (1999). Three Limitations of Deliberative Democracy:Identity Politics,Bad Faith,and Indeterminacy. In S. Macedo (Ed.),*Deliberative Politics:Essays on Democra-*

cy and Disagreement(pp. 49—57). Oxford:Oxford University Press.

Sinclair,J. ,& Cunningham,S. (2000). Go with the Flow:Diasporas and the Media. *Television & New Media* ,1(1),11—31.

Skocpol,T. (1979). *States and Social Revolutions :A Comparative Analysis of France ,Russia and China* Cambridge:Cambridge University Press.

Skocpol,T. (1985). Bringing the State Back in:Strategies of Analysis in Current Research. In P. B. Evans,D. Rueschemeyer & T. Skocpol (Eds.),*Bringing the State Back In*(pp. 1—37). Cambridge:Cmabridge Unviersity Press.

Snow,D. A. ,Rochford,E. B. ,Jr. ,Worden,S. K. ,& Benford,R. D. (1986). Frame Alignment Processes, Micromobilization, and Movement Participation. *American Sociological Review*,51(4),464—481.

Solinger,D. J. (1991). *China's Transients and the State : a Form of Civil Society*? Hong Kong: Hong Kong Institute of Asia-Pacific Studies, the Chinese University of Hong Kong.

Solinger,D. J. (1999a). China's Floating Population. In M. Goldman & R. MacFarquhar (Eds.),*The Paradox of China's Post-Mao Reforms*(pp. 220—240). Cambridge, MA: Harvard University Presss.

Solinger,D. J. (1999b). *Contesting Citizenship in Urban China :Peasant Migrants ,the State , and the Logic of the Market*. Berkeley,CA:University of California Press.

Solinger,D. J. (2006). The Creation of a New Underclass in China and its Implications. *Environment and Urbanization* ,18(1),177—193.

Sparks,C. (2008). Media Systems in Transition: Poland, Russia, China. *Chinese Journal of Communication* ,1(1),7—24.

Spivak,G. C. (1996). *The Spivak Reader :Selected Works of Gayatri Chakravorty Spivak*. New York:Routledge.

Stafford,C. (1999). Separation,Reunion and the Chinese Attachment to Place. In F. N. Pieke & H. Mallee (Eds.), *Internal and International Migration : Chinese Perspectives* (pp. 315—330). Richmond:Curzon.

Steinmo,S. (2008). Historical institutionalism. In D. della Porta & M. Keating (Eds.),*Approaches and Methodologies in the Social Sciences : A Pluralist Perspective* (pp. 118—138). Cambridge:Cambridge University Press.

Stevenson,N. (2001). Culture and Citizenship: An Introduction. In N. Stevenson (Ed.),*Cul-*

ture and Citizenship(pp. 1—10). London: Sage publications.

Stevenson, N. (2003). *Cultural Citizenship: Cosmopolitan Questions*. Maidenhead: Open University Press.

Strand, D. (1990). Protest in Beijing: Civil Society and Public Sphere in China. *Problems of Communism*, 39(3), 1—19.

Sun, W. (2002). *Leaving China: Media, Migration, and Transnational Imagination*. Lanham, Maryland: Rowman & Littlefield Publishers, Inc.

Sun, W. (2004). Indoctrination, Fetishization, and Compassion: Media Constructions of the Migrant Woman. In A. M. Gaetano & T. Jacka (Eds.), *On the Move: Women and Rural-to-urban Migration in Contemporary China*(pp. 109—128). New York: Colunbia University Press.

Sun, W. (2008). The Curse of the Everyday: Politics of Representation and New Social Semiotics in Post-Socialist China. In K. Sen & T. Lee (Eds.), *Political Regims and the Media In Asia*(pp. 31—48). London and New York: Routledge.

Sun, W. (2008). Reconfiguring Media Discursive Space: Thirty Years of Discourse Change for Popular Newspaper in Mainland China. *The Chinese Journal of Communication and Society*(6), 71—92.

Sun, W. (2009). *Maid in China: Media, Morality, and the Cultural Politics of Boundaries*. London: Routledge.

Sun, X. (1988). The Take-Over and Transformation of the Old Press in the Years after Liberation. *Xinwen Yanjiu Ziliao* (*Journalism Research Material*)(43), 48—61.

Swidler, A. (1986). Culture in action: Symbols and Strategies. *American Sociological Review*, 51(2), 273—286.

Talbot, M. (2007). *Media Discourse: Representation and Interaction*. Edinburgh: Edinburgh University Press.

Tarrow, S. (1998). *Power in Movement: Social Movements and Contentious Politics*. Cambridge: Cambridge University Press.

Thompson, J. B. (1984). *Studies in the Theory of Ideology*. Cambridge: Polity Press.

Thompson, J. B. (1990). *Ideology and Modern Culture: Critical Social Theory in the Era of Mass Communication*. Cambridge: Polity.

Tong, J. (2011). *Investigative Journalism in China: Journalism, Power, and Society*. London: Continuum.

Tsagarousianou, R. (2001). 'A Space Where One Feels at Home': Media Consumption Practices among London's South African and Greek Cypriot Communities. In R. K. N. Wood (Ed.), *Media and Migration: Construction of Mobility and Difference* (pp. 158—172). London: Routledge.

Tsai, L. L. (2007). *Accountability without Democracy: Solidary Groups and Public Goods Provision in Rural China*. Cambridge: Cambridge University Press.

Turner, B. S. (1993). Contemporary Problems in the Theory of Citizenship. In B. S. Turner (Ed.), *Citizenship and Social Theory* (pp. 1—18). London: Sage Publications.

Turner, B. S. (1994). Postmodern Culture/modern Citizens. In V. B. Steenbergen (Ed.), *The Condtition of Citizenship* (pp. 153—168). London: Sage.

Turner, B. S. (2001). Outline of a General Theory of Cultural Citizenship. In N. Stevenson (Ed.), *Culture and Citizenship* (pp. 11—32). London: Sage publications.

Twining, D. (2011). Political Reform: China's Next Modernization? *The Washington Post* Retrieved 10 February, 2011, from http://www.washingtonpost.com/wp-dyn/content/article/2011/01/12/AR2011011204608.html

van Dijk, T. A. (1988a). *News Analysis: Case Studies of International and National News in the Press*. Hillsdale, New Jersey: Lawrence Erlbaum Associates, Publishers.

van Dijk, T. A. (1988b). *News as Discourse*. Hillsdale, New Jersey: Lawrence Erlbaum Associates.

van Dijk, T. A. (1991). *Racism and the Press*. London and New York: Routledge.

van Dijk, T. A. (1992). Discourse and the Denial of Racism. *Discourse & Society*, 3(1), 87—118.

van Dijk, T. A. (1997). Discourse as Interaction in Society. In T. A. van Dijk (Ed.), *Discourse Studies: A Multidisciplinary Introduction* (Vol. 2, pp. 1—37). London: Sage Publications.

van Dijk, T. A. (1998a). *Ideology: A Multidisciplinary Approach*. London: SAGE Publications.

van Dijk, T. A. (1998b). Opinions and Ideologies in the Press. In A. Bell & P. Garrett (Eds.), *Approaches to Media Discourse* (pp. 21—63). Oxford: Blackwell.

van Dijk, T. A. (2008). *Discourse and Power*. New York: Palgrave Macmillan.

van Gorp, B. (2005). Where is the Frame? Victims and Intruders in the Belgian Press Coverage of the Asylum Issue. *European Journal of Communication*, 20(4), 484—507.

van Gorp, B. (2007). The Constructionist Approach to Framing: Bringing Culture Back in. *Journal of Communication*, 57(1), 60—78.

Vanderstoep, S. W., & Johnston, D. D. (2009). *Research Methods for Everyday Life: Blending Qualitative and Quantitative Approaches*. San Francisco: Jossey-Bass.

Vennesson, P. (2008). Case Studies and Process Tracing: Theories and Practices. In D. della Porta & M. Keating (Eds.), *Approaches and Methodologies in the Social Sciences: A Pluralist Perspective* (pp. 223—239). Cambridge: Cambridge University Press.

Verba, S., Nie, N. H., & Kim, J. -o. (1978). *Participation and Political Equality*. Chicago: Chicago University Press.

Wagner, R. G. (2007). Joining the Global Imaginaire: The Shanghai Illustrated Newspaper *Dianshizhai Huabao* In R. G. Wagner (Ed.), *Joining the Global Public: Word, Image, and City in Early Chinese Newspapers*, 1870—1910 (pp. 105—173). Albany, NY: State University of New York Press.

Wakeman, F., Jr. (1993). The Civil Society and Public Sphere Debate: Western Reflections on Chinese Political Culture. *Modern China*, 19(2), 108—138.

Wakeman, F., Jr. (1998). Boundaries of the Public Sphere in Ming and Qing China. *Daedalus*, 127(3), 167—189.

Walzer, M. (1998). The Civil Society Argument. In G. Shafir (Ed.), *The Citizenship Debates: A reader* (pp. 291—308). Minneapolis: Univesity of Minnesota Press.

Wang, C. (2001). Social Identity of the New Generation of Rural Hobo and Merger of Urban and Rural. *Sociological Research* (3), 63—76.

Wang, F. -L. (2005). *Organizing Through Division and Exclusion: China's Hukou System*. Stanford: Stanford University Press.

Wang, F. -L. (2010). Conflict, Resistance and the Transformation of the Hukou System. In E. J. Perry & M. Selden (Eds.), *Chinese Society: Change, Conflict and Resistance* (3rd ed., pp. 80—100). London: Routledge.

Wang, H. (1998). Contemporary Chinese Thought and the Question of Modernity. *Social Text*, 16(2), 9—44.

Wang, H. (2003). Dangdai Zhongguo Huji Zhidu Xingcheng yu Yange de Hongguan Fenxi (Macro-Analysis of the Origin and Development of Household Registration System in Contemporary China). *Zhonggong Dangshi Yanjiu (Studies on the History of Chinese Communist Party)*, 16(4), 22—19.

Wang, J. (2008). *Brand New China: Advertising, Media, and Commercial Culture* Cambridge, MA: Harvard University Press.

Warde, A. (1989). Industrial Discipline: Factory Regime and Politics in Lancaster. *Work, Employment & Society*, 3(1), 49—63.

Warren, M. E., & Pearse, H. (Eds.). (2008). *Designing Deliberative Democracy: The British Columbia Citizens' Assembly* Cambridge: Cambridge University Press.

Weatherley, R. (2006). *Politics in China Since 1949: Legitimizing authoritarian rule*. New York: Routledge.

White, G. (1993). *Riding the Tiger: The Politics of Economic Reform in Post-Mao China*. Stanford, CA: Stanford University Press.

White, T. (1990). Postrevolutionary Mobilization in China: The One-Child Policy Reconsidered. *World Politics*, 43(1), 53—76.

White, T. D., Asfaw, B., DeGusta, D., Gilbert, H., Richards, G. D., Suwa, G., et al. (2003). Pleistocene Homo sapiens from Middle Awash, Ethiopia. *Nature* 423(6491), 742—747.

Wiarda, H. J. (1997). *Corporatism and Comparative Politics: the Other Great "Ism"*. New York: M. E. Sharpe.

Williams, R. (1961). *The Long Revolution*. Harmondworth: Penguin Books.

Williamson, J. (Ed.). (1990). *Latin American Adjustment: How Much Has Happened?* . Washington, D. C.: Institute for International Economics.

Williamson, P. J. (1999[1985]). *Varieties of Corporatism: A Conceptual Discussion*. Cambridge: Cambridge University Press.

Willis, P. E. (1977). *Learning to Labor: How Working Class Kids Get Working Class Jobs*. New York: Columbia University Press.

Winfield, B. H., & Peng, Z. (2005). Market or Party Controls?: Chinese Media in Transition. *Gazette*, 67(3), 255—270.

Wodak, R. (1995). Critical Linguistics and Critical Discourse Analysis. In J. Verschueren, J.-O. Östman & J. Blommaert (Eds.), *Handbook of Pragmatics* (pp. 204—210).

Wodak, R. (2001). What CDA is About ± a Summary of Its History, Important Concepts and Its Developments. In R. Wodak & M. Meyer (Eds.), *Merthods of Critical Discourse Analysis* (pp. 1—13). London: SAGE Publications.

Wood, N., & King, R. (2001). Media and Migration: An Overview. In R. King & N. Wood (Eds.), *Media and Migration: Construction of mobility and difference* (pp. 1—22).

London: Routledge.

Wu, G. (1994). Command Communication: The Politics of Editorial Formulation in the People's Daily. *The China Quarterly* (137), 194—211.

Wu, J. (2006). Nostalgia as content creativity: Cultural industries and popular sentiment. *International Journal of Cultural Studies*, 9(3), 297—306.

Wu, X., & Treiman, D. J. (2002). The Household Registration System and Social Stratification in China: 1955—1996. *On-Line Working Paper Series, California Center for Population Research, UC Los Angeles*. Retrieved from http://escholarship.org/uc/item/9081v2ph

Xiang, B. (1999). 'Zhejiang Village' in Beijing: Creating a Visible Non-State Space through Migration and Marketized Traditional Networks. In F. N. Pieke & H. Mallee (Eds.), *Internal and International Migration: Chinese Perspectives* (pp. 215—250). Richmond: Curzon.

Xiang, B. (2004). *Transcending Boundaries: Zhejiangcun: The Story Of A Migrant Village In Beijing* (J. Weldon, Trans.). Leiden—Boston: Brill Academic Publishers.

Xing, Q. (2005). Agricultural Tax to be Scrapped from 2006. *China Daily* Retrieved 5 June, 2010, from http://www.chinadaily.com.cn/english/doc/2005-03/06/content_422126.htm

Xu, F. (2000). *Women Migrant Workers in China's Economic Reform*. New York: St. Martin's Press, Inc.

Xue, J., & Zhong, W. (2003). Unemployment, Poverty and Income Disparity in Urban China. *Asian Economic Journal*, 17(4), 383—405.

Yang, G. (2009). *The Power of the Internet in China: Citizen Activism Online*. New York: Columbia University Press..

Yang, M. M.-h. (1989). Between State and Society: The Construction of Corporateness in a Chinese Socialist Factory. *The Australian Journal of Chinese Affairs* (22), 31—60.

Yang, Y., & Lee, C.-C. (2007). *Rent—seeking and Capture in Chinese Media*. Paper Presented at the International Communication Association 2007 Annual Conference.

Yao, Y. (2010). The End of the Beijing Consensus. Retrieved October 25, 2010, from http://www.foreignaffairs.com/articles/65947/the-end-of-the-beijing-consensus

Yeh, C. V. (2007). Shanghai Leisure, Print Entertainment, and the Tabloids, *xiaobao*. In R. G. Wagner (Ed.), *Joining the Global Public: Word, Image, and City in Early Chinese*

Newspapers,1870－1910 (pp. 201－233). Albany, NY: State University of New York Press.

Yu, X. (1994). Professionalization without Ganrantees: Changes of the Chinese Press in Post-1989 Years. *Gazette*, 53(1－2), 23－41.

Yu, X. (2002). Citizenship, Ideology, and the PRC Constitution. In M. Goldman & E. J. Perry (Eds.), *Changing Meanings of Citizenship in Modern China* (pp. 288－307). Cambridge, MA: Harvard University Press.

Zeng, F. (2007). *Negotiating E-NGO's Agenda: State Control, NGO's Media Strategies and Identity Construction in China*. Communication Unviersity of China, Beijing, China.

Zhang, L. (2001). *Strangers in the City: Reconfigurations of Space, Power, and Social Networks within China's Floating Population*. Stanford, California: Stanford University Press.

Zhang, X. (2007). *The Origins of the Modern Chinese Press: The Inuence of the Protestant Missionary Press in Late Qing China*. London & New York: Routledge.

Zhao, B. (1998). Popular Family Television and Party Ideology: the Spring Festival Eve Happy Gathering. *Media, Culture & Society*, 20(1), 43－58.

Zhao, B. (1999). Mouthpiece or Money-Spinner? The double life of Chinese television in the late 1990s. *International Journal of Cultural Studies*, 2(3), 291－305.

Zhao, D. (2004). *The Power of Tiananmen: State-Society Relations and the 1989 Beijing Student Movement*. Chicago: University of Chicago Press.

Zhao, Y. (1998). *Media, Market, and Democary in China: Between the Party Line and the Bottom Line*. Urbana and Chicago: University of Illinois Press.

Zhao, Y. (2000a). From Commercialization to Conglomeration: The Transformation of the Chinese Press within the Orbit of the Party State. *Journal of Communication*, 50(2), 3－26.

Zhao, Y. (2000b). Watchdogs on Party Leashes? Contexts and Implications of Investigative Journalism in Post-Deng China. *Journalism Studies*, 1(4), 577－597.

Zhao, Y. (2003). Transnational Cpital, the Chinese State, and China's Communication Industries in a Fractured Society. *Jovnost-The Public*, 10(4), 53－74.

Zhao, Y. (2008a). *Communication in China: Political Economy, Power, and Conflict*. Lanham, MD: Rowman & Littlefield Publishing, INC.

Zheng, Y., & Fewsmith, J. (Eds.). (2008). *China's Opening Society: The Non-state Sector and Governance*. London & New York: Routledge.

Zheng, Y., & Tok, Sow K. (2007). Harmonious Society and Harmonious World: China's Policy Discourse Under Hu Jintao. *Briefing Series* Retrieved March 13, 2011, from https://nottingham. ac. uk/cpi/documents/briefings/briefing-26-harmonious-society-and-harmonious-world. pdf

Zhou, M., & Cai, G. (2002). Chinese Language Media in the United States: Immigration and Assimilation in American Life. *Qualitative Sociology*, 25(3), 419—441.

Zhu, Y., & Berry, C. (Eds.). (2009). *TV China*. Bloomington & Indianapolis: Indiana University Press.

Zhu, Y., Webber, M., & Benson, J. (2010). *The Everyday Impact of Economic Reform in China: Management Change, Enterprise Performance and Daily Life*. New York: Routledge.

Zinken, J., & Musolff, A. (2009). A Discourse-Centred Perspective on Metaphorical Meaning and Understanding In A. Musolff & J. Zinken (Eds.), *Metaphor and Discourse* (pp. 1—8). New York: PALGRAVE MACMILLAN.

后　记

本书在我的博士论文基础上修改而成，它也是我在中国传媒大学五年（2007—2012）以及在澳大利亚麦考瑞大学近四年（2008—2012）学习过程的最终“作业”。我知道这份“作业”存在种种不尽如人意的地方，无论是宏观思路，还是具体分析，都难以让自己满意。我甚至一度羞于出版它，但它毕竟是我往日生活的一段记录，无论好坏，它见证了我曾经的努力和思考。

以“农民工”问题作为研究的主题，一是因为自身的成长经历使我对社会边缘群体问题始终持有一种敏感意识，同时也是因为硕士阶段所写的关于北京贫民社群文化实践的论文，奠定了我对这一问题的持续关注。“三年困难时期”死于饥饿和肝病的爷爷也曾在上个世纪四十年代为了逃避日伪政权的抓壮丁而去十里洋场的大上海做了被人瞧不起的“江北佬”。而自我有记忆起，父亲就在远方“讨生活”。八十年代改革开放的最初几年，在当时还是农村的浦东，他也当过几年他父亲当年做过的“江北佬”。而在不断激荡变革的现代中国，尤其在通往政治现代性的漫漫长路上，严格来说，我们每个人都是这个时代流动的“他者”，是那个要不断挣得社会主体性和人性尊严的“农民工”，一个没有故乡的漂泊者。在我看来，作为一个当代政治状况的隐喻，“农民工”的公民权境遇其实也是整个中国现实的真实表征，是这个想象共同体中每一个成员的命运的写照。

十多年来，如果我还有一点点进步的话，那么，这一切都与我的导师陈卫星教授无微不至的教导、支持和鼓励分不开。还记得十年前在南京中山陵，老师与我谈到中西历史和思想谱系的种种吊诡，至今都不敢说我与那时相比究竟是否有了一点点进步。陈老师坦荡乐达的生活态度，随和率性的待人之道，严谨开放的学术风格，亦师亦友的为师之道，堪称为人师表的典范。同时，我也要感谢我在澳大利亚麦考瑞大学的导师 Naren Chitty 教授。在澳学习期间，他始终在论文指导、行政程序、学术规范等方面给予了我无条件的支持和帮助。

衷心地感谢悉尼科技大学的孙皖宁教授、香港浸会大学的 Colin Sparks 教授和新南威尔士大学的 Hart Cohen 教授在论文评审阶段提出的准确、详尽、具有启发性的批评意见。同时，我也要感谢中国社会科学院卜卫研究员、中国传媒大学龙耘教授、孙英春教授、王四新教授、王锡苓教授，以及北京外国语大学展江教授、中国人民大学陈力丹教授在不同阶段对文稿提出的中肯的批评意见。感谢中国人民大学新闻学院的刘海龙教授多年来的鼓励和帮助。

感谢中国传媒大学传播研究院院长雷跃捷教授对我科研和教学工作的支持和鼓励，感谢我的同事惠焕云老师在出版行政程序方面提供的热情帮助，感谢传播研究院为本书的出版所提供的经费支持。感谢中国传媒大学出版社的赵丽华博士，在我们两次合作的过程中，她都以极高的工作效率和严谨认真的工作态度，树立了专业出版人的职业典范。感谢中国传媒大学出版社的副总编辑张毓强教授在书稿最后修改阶段提出的中肯建议。感谢朱振明、任孟山、陈娟、曹进、徐桂权等同门的相互砥砺。感谢董晨宇、周逵等好友的惺惺相惜。在澳大利亚学习期间，我有幸遇到了一群来自世界各地的好友，他们的陪伴让我度过了近四年美好的留学生涯。在此，我无法逐一提及他们的名字，但我想特别感谢我的大学同学刘延桓和他的太太 Sherry。至今记得，在我到达悉尼的第一天，是他们俩驱车带着我领略了那片神奇大陆的魅力。

最后，感谢我的父母，是他们用自己的青春、执着、汗水、爱和一生的光阴，支撑起这个清贫之家和我的人生。我把这本书献给他们。

黄典林

2016 年 8 月于中国传媒大学

图书在版编目(CIP)数据

公民权的话语建构——转型中国的新闻话语与农民工/黄典林著.
—北京：中国传媒大学出版社，2017.6
大众传媒与现代中国（第二辑）
ISBN 978-7-5657-1533-4

Ⅰ.①公… Ⅱ.①黄… Ⅲ.①新闻语言—关系—民工—研究—中国
Ⅳ.①G210 ②D669.2

中国版本图书馆 CIP 数据核字（2015）第 267808 号

公民权的话语建构——转型中国的新闻话语与农民工
GONGMINQUAN DE HUAYU JIANGOU——ZHUANXING ZHONGGUO DE XINWEN HUAYU YU NONGMINGONG

著　　者 黄典林
责任编辑 赵丽华
特约编辑 刘广东　朱晓瑞
封扉设计 郭　琳
责任印制 曹　辉

出版发行 中国传媒大学出版社
社　　址 北京市朝阳区定福庄东街 1 号　邮编：100024
电　　话 86—10—65450528　65450532　传真：65779405
网　　址 http://www.cucp.com.cn
经　　销 全国新华书店

印　　刷 北京中科印刷有限公司
开　　本 710mm×1000mm　1/16
印　　张 15.5
字　　数 302 千字
版　　次 2017 年 6 月第 1 版　　2017 年 6 月第 1 次印刷

书　　号 ISBN 978-7-5657-1533-4/G·1533　**定　　价** 65.00 元

大众传媒与现代中国（第一辑）

嬗变的新闻
—— 对中国新闻经典报道的叙述学解读

在“说”与“不说”之间
—— 上海沦陷区杂志《万象》研究

官营体制与话语空间
—— 《中央日报》副刊研究（1928—1949）

常识与洞见
—— 胡适言论自由思想研究

作为劳动的传播
—— 中国新闻记者劳动状况研究

大众传媒与现代中国（第二辑）

公民权的话语建构
—— 转型中国的新闻话语与农民工

当代视觉文化透视
—— 历史、文化、权力、本体

南京国民政府与民营报业

……

责任编辑：赵丽华
特约编辑：刘广东 朱晓瑞
封扉设计：郭 琳

中国社会在经历了三十多年的改革开放之后，发生了翻天覆地的变化。亿万农民工是这一社会巨变过程的参与者和见证者，但同时也是以发展主义为核心的改革进程中的边缘群体。在以户口为核心的等级化公民权体系中，农民工群体处于政治经济和文化上的双重“他者”地位，如何修补这一群体所集中体现出来的意识形态裂痕，成为改革时代执政党 — 国家和以媒体为核心的公共论争的焦点之一。本书围绕这一核心问题，对执政党 — 国家话语对农民工群体的意识形态重构，以及公共舆论围绕这一群体公民权状况的基本维度所展开的话语论争进行了系统研究。

上架建议：新闻传播

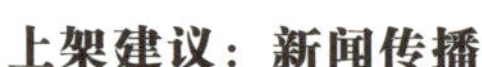
ISBN 978-7-5657-1533-4

9 787565 715334 >

定价：65.00元